卡多佐总统当政时期巴西经济改革研究

Cardoso
Zongtong Dangzheng Shiqi
Baxijingji
Gaigeyanjiu

叶桂平 / 著

图书在版编目（CIP）数据

卡多佐总统当政时期巴西经济改革研究/叶桂平著.—北京：经济管理出版社，2017.3

ISBN 978-7-5096-4977-0

Ⅰ.①卡… Ⅱ.①叶… Ⅲ.①经济改革—研究—巴西—现代 Ⅳ.①F177.71

中国版本图书馆CIP数据核字（2017）第036138号

组稿编辑：丁慧敏
责任编辑：丁慧敏
责任印制：黄章平
责任校对：王淑卿

出版发行：经济管理出版社
　　　　　（北京市海淀区北蜂窝8号中雅大厦A座11层　100038）
网　　址：www.E-mp.com.cn
电　　话：(010) 51915602
印　　刷：北京九州迅驰传媒文化有限公司
经　　销：新华书店
开　　本：720mm×1000mm/16
印　　张：15.5
字　　数：244千字
版　　次：2017年3月第1版　2017年3月第1次印刷
书　　号：ISBN 978-7-5096-4977-0
定　　价：59.00元

·版权所有　翻印必究·

凡购本社图书，如有印装错误，由本社读者服务部负责调换。
联系地址：北京阜外月坛北小街2号
电话：(010) 68022974　邮编：100836

序

历史是人民创造的,但一个国家的前进方向则与其领导人的才能、素质和胆识息息相关。在大洋彼岸的拉美和加勒比,无论是巴西这样的大国,还是加勒比这样的小国,国家领导人在其政治、经济、社会和外交事务中的地位和作用都是极为显赫的。

如果说智利是拉美经济改革的"开路先锋",那么巴西则是这一改革的"定海神针"。换言之,因为巴西在拉美 GDP 总量中的比重高达 1/3,所以,巴西经济改革的成败得失必然会对整个拉美的经济改革产生重大影响。

巴西的经济改革能否成功?拉美经济改革能否成功?这些问题都是值得讨论的,也是见仁见智的。我认为,世界上没有一个国家的改革成效是十全十美的。因此,就整体而言,拉美经济改革是成功的,不能因改革进程中出现了一些瑕疵而彻底否定这一改革的成效,更不能将该地区视为"重灾区"。

说到巴西的经济改革,我们不能忘记前总统费尔南多·卡多佐的"功劳"。他出生于 1931 年,是葡萄牙移民的后代,但其曾祖母则是黑人,因此他常说自己有点像穆拉托人(白人与黑人的混血儿)。

卡多佐在大学里学的是社会学专业。20 世纪 60 年代,依附论在拉美和非洲等地较为流行。当时,他被看作是一位以社会学理论研究依附论的左翼学者。国际上甚至有人称之为"马克思主义知识分子"(A Marxist Intellectual)。他曾说过:"指望资本主义发展解决大多数人的问题是不现实的……重要的问题是如何构建一条通向社会主义的道路。"1964 年，他被军政府驱逐出境，在智利和法国等地流亡了 4 年。

在流亡智利期间，卡多佐对发展问题进行了深入的研究，并与智利学者恩佐·法莱托出版了至今仍然在国际学术界享有很高声誉的《拉美的依附与发展》（Dependency and Development in Latin America）一书。他们在书中提出了"依附性发展"的概念，认为拉美国家可以通过组建国家资本、本国私人资本和外国资本参与的"三方联盟"来推动经济发展。在今天看来这一极为普通的观点，在当时可以被视为对依附论中正统观点的扬弃。由于他在学术上造诣很深，迄今为止，世界各地的 20 多所大学授予他名誉博士学位。

1993 年 5 月，卡多佐出任巴西财政部部长。在他的领导下，巴西实施了以控制通货膨胀为主要目标的"雷亚尔计划"。须知，在当时的大多数拉美国家，居高不下的通货膨胀严重损害了宏观经济的稳定。玻利维亚曾在 20 世纪 80 年代中期实施过"休克疗法"，以应对通货膨胀率超过 23000% 的恶性通货膨胀。

巴西的通货膨胀率未曾达到 5 位数，但 3 位数却是司空见惯的，有些年份高达 4 位数。巴西曾为遏制通货膨胀而实施了无数个稳定化计划，但都功亏一篑。

1993 年，卡多佐就任财政部部长。他认为，过去巴西政府实施的反通货膨胀计划都是以货币主义理论为基础的。根据这一理论，巴西和其他拉美国家的通货膨胀率居高不下的根源是严重的财政失衡。而卡多佐则将巴西久治不愈的通货膨胀归咎于两个方面：财政因素和结构性因素。这意味着，巴西的通货膨胀既是财政逆差得不到控制的结果，也是经济结构中各种问题不断恶化的结果。此外，他还认为，为控制通货膨胀而实施的工资和物价的指数化，能在一定程度上缓解恶性通货膨胀对消费者的影响，但难以从根本上消灭这一痼疾，有时反而会强化消费者对通货膨胀率的预期。

根据这一思路，卡多佐就任财政部部长后不久就组织其经济班子制订了"雷亚尔计划"。1994年7月1日，该计划正式出台。该计划的成功实施使他在1994年10月的总统选举中取得了胜利。1998年10月，他在总统大选中再次获胜，成为巴西历史上第一位民选连任总统。

根据巴西的宪法，卡多佐无法参加第三次总统竞选。在2002年10月27日举行的第二轮总统选举投票中，劳工党总统候选人卢拉以压倒性优势取胜。

在卡多佐当政的8年里，巴西经济发生了重大的变化。这一变化可归纳为以下四个方面：一是通货膨胀问题得到了解决，宏观经济形势日趋稳定；二是经济开放度不断提升，参与经济全球化的力度稳步提升；三是通过实施私有化等措施，强化了市场经济的作用；四是开始重视教育和医疗卫生事业的发展。2002年12月16日，卡多佐获得了联合国发展署（UNDP）设立的社会发展成就奖。他甚至是该奖设立后的第一个获奖者。

叶桂平博士早在2004年就开始研究卡多佐的经济改革政策及其成效。本书全面而深入地探讨了卡多佐在其当政8年实施的各项改革措施。诚然，巴西与中国的国情大不相同，但就改革的目标、内容和方式方法而言，中国可以从巴西的改革中获得一些启发和借鉴。真可谓他山之石，可以攻玉。

本书资料丰富，论据翔实，结构合理，提出了不少颇有新意的观点，是一本学术水平较高的专著。据我所知，迄今为止，在国内拉美研究界，本书是第一本论述卡多佐当政期间巴西经济改革的专著。

最后还应该提到的是，叶桂平博士在中国澳门地区工作。中国澳门地区是中国—葡语国家经贸合作论坛的常设秘书处所在地。1995年，卡多佐总统访问中国澳门地区，对中国澳门地区在中国与巴西和其他葡语国家关系中的"桥梁"、"平台"作用给予很高的评价。迄今为止，卡多佐是访问过中国澳门唯一的巴西总统。

中国澳门地区以其发达的博彩业闻名于世。近几年，中国澳门地区的另一角色正在引起国际社会的关注。2001年10月,中国澳门特别行政区时任行政长官何厚铧提出了把中国澳门建设成"海内外中小企业的经贸合作平台"的概念。这是中国澳门特别行政区政府首次正式使用"经贸合作平台"的提法。

巴西是世界上最大的葡语国家。历史上,中国澳门就在中国与巴西的双边关系中发挥了重要作用。19世纪初,葡萄牙要求澳门总督为巴西招募一批中国茶农。与此同时,中国湖北省的一些茶农因自然灾害而被迫外出谋生。因此,数百名茶农携带了一些茶树苗,经中国澳门前往巴西,最终在里约热内卢等地定居和从事茶叶种植。

2003年10月,中国中央政府在中国澳门举办了首届中国—葡语国家经贸合作论坛,为中国澳门发挥其"桥梁"作用提供了高层次的起点。这一论坛的性质是由官方举办、以经济合作为主题的非政治性国际经贸合作论坛。其宗旨是加强中国与葡语系国家之间的经贸交流与合作,发挥中国澳门联系中国与葡语国家的平台作用,促进中国、葡语系国家和中国澳门的共同发展。

2005年6月,何厚铧特首访问巴西。访问的目的之一就是要为中国澳门在中国与巴西之间发挥中介作用创造条件。卢拉总统在会见何厚铧时说,他对中国澳门在中国与葡语国家,特别是中国与巴西之间发挥的"平台作用"表示乐观并予以支持。

2016年10月11日,中国—葡语国家经贸合作论坛第五届部长级会议在中国澳门举行。中国国务院总理李克强在开幕式的主旨演讲中表示,中国—葡语国家经贸合作论坛以语言文化为纽带、以经贸合作为主题、以共同发展为目标,充分发挥中国澳门的独特优势和平台作用,对推动中国与葡语国家加强联系已经并将继续发挥重要作用。中国与葡语国家各有所长,又都处在国际航运大动脉上,中方"一带一路"合作倡议与许多葡语国家发展规划高度契合。中国愿同葡语国家一道,共筑更加坚实的经贸关系,携手打造不同社会制度、发展阶段、文化背景国家友好合作的典范。

  李克强总理还说,中国与葡语国家要加强各领域的人文交流,打造合作的新亮点。笔者认为,人文交流的形式是多方面的,应该包括学术领域。学术领域的交流,除学者进行互访和开展面对面的讨论之外,还应该包括出版各种形式的书刊(尤其是学术著作)。因此,本书的出版必将使大陆和中国澳门的读者对巴西获得更为深刻的认识,为推动中国与巴西和其他葡语国家的关系做出贡献。

江时学

中国社会科学院研究员

上海大学拉美研究中心主任

2017年1月于北京通州"翰墨时学"画室

前　言

20世纪90年代以来，经济全球化的浪潮汹涌澎湃，席卷着包括巴西在内的整个世界。巴西时任总统费尔南多·恩里克·卡多佐（Fernando Henrique Cardoso）当政时期正值历史上这一崭新时代。在这一大时代的背景下，卡多佐政府的经济改革措施同时经受巴西国内外政治经济环境的影响。

"雷亚尔计划"的成功推行，使卡多佐政府在短期内有效地抑制了通货膨胀。就长期而言，"雷亚尔计划"的最终目标是希望通过吸引国内外资金以及缩减政府支出，来达到经济增长与改善财政状况的目的，从根本上解决巴西的财政问题，同时对财富进行公平分配。然而，这种货币政策与财政改革的双轨并进战略却由于受制于国会内部错综复杂的政治生态，致使财政结构改革的法案迟迟未能通过，影响了改革进程以及消蚀了资本的信心。于是在单纯通过吸引外资进入、解决财政缺口与发展经济的策略下，巴西对外资过度依赖，在国际经济体系上呈现出其异常脆弱的一面。

20世纪90年代末，亚洲和俄罗斯的金融危机沉重打击了国际资本的投资信心，巴西国内一个政争式的延缓偿还债务声明，酿成了1999年的金融危机。此后，由于自身经济结构的缺陷，加之外部环境的影响，2002年巴西出现了金融动荡。虽然在国际多边金融机构的全力支持下平安渡过了金融危机和动荡，然而对外资的过度依赖却使巴西更难走出金融危机后的经济困境。新自由主义影响下的经济改革强调效率与市场竞争，但同时造成的负面效应就是过度剥削劳工、失业率增加与工作不稳定，加上政府财政困难，许多重要的社会政策（如就业、教育、医疗、所得分配等）均被忽略或无法执行，而这些社会问题的日益恶化，又反过来对经济改革的推行造成负面影响。

  本书试图通过对巴西政治经济发展进程的观察，回顾民主转型初期以来的巴西发展脉络，来探讨卡多佐总统当政8年的政治经济发展状况及其经济改革的成效。并通过探讨全球化时代背景下的国内外政治经济结构与角色互动，来阐述巴西20世纪90年代以来受新自由主义影响的改革原因、过程与结果。

目 录

第一章　导论 ……………………………………………………… 1

　　第一节　研究动机与目的 …………………………………………… 1
　　第二节　文献探讨与分析 …………………………………………… 10
　　第三节　研究方法 …………………………………………………… 16
　　第四节　研究架构 …………………………………………………… 17
　　第五节　章节安排 …………………………………………………… 24

第二章　卡多佐政府经济改革的背景 ……………………………… 27

　　第一节　民主转型初期的政治经济发展背景（1985～1994年） …… 27
　　第二节　影响卡多佐政府经济改革的因素 ………………………… 31
　　第三节　小结 ………………………………………………………… 63

第三章　卡多佐政府经济改革的具体运作 ………………………… 67

　　第一节　成功实施稳定经济计划——"雷亚尔计划" ……………… 67
　　第二节　完善金融体制改革 ………………………………………… 73
　　第三节　加大国有企业私有化改革的力度 ………………………… 76
　　第四节　加快对外开放的步伐 ……………………………………… 79
　　第五节　缩减人事支出的公共行政体制改革 ……………………… 103

第六节　税务及财政改革新方案 …………………………………… 107
　　第七节　其他改革的配套措施 ……………………………………… 111
　　第八节　经济改革改变了国家、资本的互动模式及角色 ………… 113
　　第九节　小结 ………………………………………………………… 119

第四章　卡多佐政府经济改革的困境：金融危机的爆发 ………… 123
　　第一节　1999年金融危机的爆发 …………………………………… 124
　　第二节　2002年的金融动荡 ………………………………………… 136
　　第三节　小结 ………………………………………………………… 146

第五章　卡多佐政府经济改革对社会发展的影响 ………………… 149
　　第一节　经济改革带来的"后遗症"——社会问题 ……………… 149
　　第二节　卡多佐政府的社会改革措施 ……………………………… 166
　　第三节　小结 ………………………………………………………… 171

第六章　卡多佐政府经济改革成效及问题 ………………………… 175
　　第一节　对卡多佐经济改革的一般评价 …………………………… 175
　　第二节　经济改革的积极成效 ……………………………………… 182
　　第三节　经济改革存在的问题 ……………………………………… 198
　　第四节　功大于过的改革 …………………………………………… 205

结后语 …………………………………………………………………… 211

参考文献 ………………………………………………………………… 219

后　记 …………………………………………………………………… 233

第一章 导 论

第一节 研究动机与目的

巴西位于南美洲东南部，地大物博，国土面积851万平方千米，是仅次于俄罗斯、加拿大、中国和美国的世界第五大国；拥有丰富的矿产资源，如铁、锰、铁矾土、铜、铅、锌等；人口众多，截至1995年已达1.6亿人，是拉丁美洲第一大国。它北邻法属圭亚那、苏里南、圭亚那、委内瑞拉和哥伦比亚，西接秘鲁、玻利维亚，南接巴拉圭、阿根廷和乌拉圭，东濒大西洋。海岸线长约7400千米。领海宽度为12海里，领海外专属经济区188海里。国土的80%位于热带地区，最南端属亚热带气候。北部亚马逊平原属赤道气候，中部高原属热带草原气候，分旱季和雨季。南部地区年均气温16~19℃。

20世纪90年代以来，经济全球化的浪潮汹涌澎湃，巴西总统费尔南多·恩里克·卡多佐（Fernando Henrique Cardoso）当政时期正值历史上这一崭新的时代。这一时代既带来了推动经济发展的机遇，也带来了对经济发展造成破坏的风险。处于这个史无前例的时代，对于巴西这个发展中国家，究竟是危机还是转机？国家应该采取什么样的发展策略？而所采取的这些策略的绩效又如何呢?

卡多佐当政后期,正值亚洲金融危机席卷全球之际,世界各主要经济体大多面临衰退的挑战,各种经济问题日益凸显。然而,令人讶异的是,在1997年亚洲金融危机和1998年俄罗斯金融危机中仅受轻微影响的世界第八大经济体巴西,却在1999年初爆发了近年来少见的经济危机。另外,1999年危机后不久,2002年巴西再次发生金融动荡。

拥有如此丰富的资源和发展条件,巴西的发展进程却如此坎坷,应该说有其历史发展与结构上的因素。与其把1999年初的金融危机和2002年的金融动荡视为突发事件,倒不如把其视为近年来政治经济发展历程中巴西所显现出的一种典型特征,其肇因应该与20世纪90年代以来费尔南多·科洛尔·德梅洛(Fernando Collor de Mello)和卡多佐两位总统为应对经济全球化而实施的经济改革和自由化政策,促使国家在这一国际背景下与其他国内外组织或国家互动后所产生的问题与结果。

1999年巴西金融危机的爆发,除了受上述国际金融危机的波及外,最直接的导火线是巴西国内的政治纷争以及由政治纷争演变成州政府与联邦政府的债务危机,特别是巴西第三大州米纳斯吉拉斯州(Minas Gerais)时任州长、前巴西总统伊塔马尔·佛朗哥(Itamar Franco)于1999年1月6日宣布延期90天偿还联邦政府债务后直接引发了债务危机。在佛朗哥宣布延期偿还积欠联邦政府的150亿元债务后,股市随即下跌5%,紧接着第二大州里约热内卢(Rio de Janeiro)也紧随其后,宣布延期偿债180亿元,股市开始不断下跌。1999年1月13日,巴西股市已下跌7.6%,当日外逃资金高达10亿美元,迫使中央银行宣布扩大汇率浮动区间,直至1999年1月29日,原本由1美元兑换1.12~1.22雷亚尔已贬为1美元兑换2.14雷亚尔,贬值41%。这些现象立即造成国际债权人对巴西偿债能力及能否履行国际货币基金组织(IMF)财政改革计划产生了怀疑,使得资金急速外流,至1999年1

月21日，外资已流出近70亿美元；至1999年2月2日，巴西连续更换了两位中央银行行长。

到1999年底为止，巴西外债高达2316亿美元，到2000年底总债务已占国内生产总值（GDP）的50%，为全球负债较多的国家之一。由于经济衰退、货币贬值和通货膨胀，巴西国家财富减少27%。1999年巴西在世界GDP中的排名已由第八位降至第十位[①]。

那么，造成危机的原因究竟是什么？是卡多佐政府施行的政策本身存在内在缺陷，还是受其他因素影响？联邦政府与地方政府之间的博弈和国际因素是否也造成了影响？学术界对卡多佐总统执政时期施行的经济改革措施的评价褒贬不一：卡多佐总统对外开放的经济改革政策是否真的出现了问题，还是巴西自身的历史发展与结构所固有的问题所致？

一般认为，这次巴西金融危机的原因，主要是近年来受新自由主义影响，推行经济改革后财政严重恶化，经济增长减慢，税收减少，商品原料价格的下跌使政府收入剧减。然而，最使国库吃紧的，是政府债务利息的急速增加。紧盯美元的汇率政策，导致政府必须以高至50%的利率来吸收资金、稳定雷亚尔，此举造成政府债务利息的猛增。而高利率对经济活动的窒息作用进一步恶化了政府的税收。上述原因使联邦政府与州政府因财政问题而关系紧张，经济状况恶化之后这种关系更加紧张，最终导致米纳斯吉拉斯州宣布延期偿还债务，产生了如同俄罗斯那样因冻结债务而产生的负面效应，成为此次金融危机的导火线。

此外，已有数十年历史的依附论或许能为我们提供一个透过表面现象探索问题本质的理论。面对以西方大国垄断为基础的新的两极分化更趋严重的局面，世界经济的"中心"与"外围"之间的差距越来越大，重新认识卡多

[①] 陈子钊、王玉晴、张明蒂：《浴火重生的巴西》，《输出入金融》1999年总第83卷第7期。

佐依附论的产生背景及原因，对于有关学者根据新的现实来扬弃和发展这一理论，使之更有效地服务于欠发达的外围国家和地区的发展，可能不无裨益。

因此，本章试图通过对巴西政治经济脉络的研究，通过兼顾历史动态发展与静态结构制约的途径，从巴西前总统卡多佐执政时期（1995～2002年）的政治经济发展脉络，来探讨这一阶段的政治经济发展。其中，究竟是怎样的背景与国内外结构因素，导致卡多佐政府经济改革的政策在巴西推行与深化？而这样的改革又造成什么样的政治、经济和社会结果？与此同时，本章还将对卡多佐总统是一位依附论的尊崇者还是新自由主义的推崇者进行深入的探讨。

自1822年独立以来，由于深受殖民统治的影响，巴西政治经济的行为主体为政府、农商寡头政治组织及国际分工体系下的贸易对象；通过农商寡头政治组织把持政府职位和推行有关政策，来满足国际资本分工体系下的外国需求[1]。况且，殖民地时期的农业结构不仅决定了国家的经济发展形态，也影响了整个社会经济结构，形成了当地农庄大地主施行农业现代化的生产方式和经营方式。相对于一般的小农传统耕作方式（他们只生产传统粮食，仅供糊口），前者以生产经济作物为主，并以出口方式赚取利润，形成现代化大型农业生产的大地产制，同时把握国家的经济命脉，这在无形中使巴西呈现经济结构二元化。国家也直接或间接地鼓励商业性的、大规模的、资金密集型的现代化农业的增长，而忽视传统的、小规模的、自给自足的、劳动力密集型农业的发展。

自20世纪30年代热图利奥·多内莱斯·瓦加斯（Getúlio Dornelles Vargas）执政后，由于受1929年世界经济大萧条的影响，政府深感与殖民统治时期的经济紧密结合的传统初级产品出口导向的经济发展模式的局限性，转

---

[1] Maddison, Angus, Associates, "The Political Economy of Poverty, Equity, and Growth: Brazil and Mexico", New York: Oxford University Press, 1992.

而实行以国家为中心,本国资本、外国资本和劳工共同致力于本土工业的"四方成长同盟"发展模式。①巴西的大规模工业化也正式启动。这一发展模式在20世纪60年代遇到了以下问题:当时巴西经济逐渐衰退,不但经济增长停滞,儒塞利诺·库比契克·德奥利维拉(Juscelino Kubitschek de Oliveira)总统的扩张性经济政策导致的通货膨胀逐渐失去控制,1964年通货膨胀率已超过100%,且国际收支也因出口不景气及资本流入减少而面临困境。

面对这种经济发展停滞的形势,当时主要的经济计划官僚受依附论的影响和指导,认为发展中国家经济要发展,必须摆脱来自工业中心国家的经济剥削,由国家主导工业发展,采取自给自足的进口替代工业化策略,摒除对国际贸易的过度依附。基于这样的政策思考,巴西以丰富的自然资源及广大的内部市场为工业发展的基础,成功创造了20世纪70年代前后的巴西经济奇迹。

自1964年起,为了加快经济发展,军政府为资本家排除各种障碍,劳工

---

① 彼得·埃文斯(Peter Evans)在分析卡多佐的依附发展途径时,把巴西依附发展现象的结构放在由跨国公司、巴西政府和巴西本土民间团体三者所构成的"三方联盟"(The Triple Alliance)中加以分析。根据他的定义,"依附发展"是指外围的资本累积与某种程度的工业化。依附发展是一种特殊的依附,以跨国公司、巴西政府和巴西本土民间团体三者所构成的"三方联盟"为主要结构。

在这个三方联盟中,跨国公司、国家机关和本土资本之间的关系并不像许多低度发展论者或无发展的增长论者所说的那样是一种沆瀣一气或狼狈为奸的剥削联盟,事实上是一种"既联合,又斗争"的互动。跨国公司对外围国家的投资固然拥有资金和技术方面的优势,但却仍然要尊重外围国家的主权,遵守外围国家的相关法令,同时要靠当地人来为它们拉拢地方关系,打开当地市场。就此而言,国家机关和地方资本对于跨国公司并非没有一定的制衡力量。以国家机关的立场来说,每一个外围国家的执政者都希望在自己执政期间获得民族工业的发展和国家的富强。因此,如果本土的企业家争气的话,国家机关没有理由不帮自己人的忙。只是当自身缺乏资本累积能力时,政府才不得不借助跨国公司的力量来促进本国的工业化。

通过分析埃文斯的"三方联盟"概念可以发现,他把巴西当时的政治和经济体制中的主要行为者设定为跨国公司、国家机关和本土资本。而事实上,由于时空不同,不同时期组成这三者的成员并不一定相同;在民粹政府执政时期,国家机关所选择的合作对象就可能包括有利于动员群众的劳工团体。更何况,同一时段不一定只有"三"联盟,可能是由国家机关、跨国公司、本土资本和劳工阶级组成的"四方联盟";如果情势更为复杂,可能会出现"五方联盟"、"六方联盟"。因此,我们将国家机关为了经济发展或基于当时政治经济的时空背景所组成的这种关系称之为"成长同盟",其成员可能有三个,也有可能超过三个。

被排除在经济活动之外,经济发展改行以国家、本国资本和外国资本三者为主的"三方成长同盟"的模式。巴西实行的政策旨在摆脱依附,但因资本不足而需要外资注入,因此形成了巴西学者多斯·桑托斯(Dos Santos)所说的第三阶段依附——"技术—工业依附"①,在技术与资金上进一步依附跨国公司。

这种以外资为主的依附发展模式,在20世纪70年代两次石油危机后因国际局势的转变而逐渐成为以外债为主的发展,至20世纪80年代债务危机暴露出发展的局限性,也因此渐受多边国际金融机构的影响,国家主导经济活动的能力下降,"三方成长同盟式"的发展模式也因此不再起作用。

---

① 多斯·桑托斯认为,依附的历史形式依据世界经济发展的基本模式、资本中心所主导的经济关系类型与其对外扩张的方法以及在受资本中心对外扩张所构成的国际经济环境中,这些依附国家内部的经济关系等三个变量,可将依附的形式分为殖民式依附、金融—工业式依附及技术—工业式依附。

殖民式依附是指被殖民的土地、资源和人力为宗主所垄断,用来弥补宗主国的不足,其对外输出的根本目的亦是如此。而金融—工业式依附则是指盛行于19世纪的霸权的资本中心国对外扩张的目的与方法,是透过对外围国家初级原料与农产品的投资,以供应其国内消费,而这些外围国家生产的产品并非本国所需,而是供投资国使用。以上两种依附形式主要是通过出口部门来实现的,生产的内涵由霸权中心的需求决定,通过出口的增长来改善中心国家的国内生活水平。技术—工业式依附形成于第二次世界大战结束之后,即跨国公司向发展程度低的国家进行投资,借助其技术优势和资金掠夺当地资源。这种新型依附形式会对外围国家造成以下影响:

a. 工业的发展是依附出口部门赚外币来购买所需设备与材料。形成传统出口部门继续存在、限制内部发展的农工寡头集团与外资为主的公司并存的"尾大不掉"之势。即使是在20世纪30年代或40年代拉美国家用复式汇率来抑制出口部门增长时,其效果也不佳。

b. 工业发展受财政收支波动的严重影响,并带来赤字。其原因包括:高度垄断的国际市场贸易关系,原料产品的价格被肆意压低,工业制品价格被刻意抬高,造成从事原料出口的外围国家的收支不平衡。国内重要经济部门大多受外资控制,其利润大多汇回本国,于是造成贸易赤字,同时不利于进口工业化设备。对外资高度依附。为抵消赤字和刺激投资,必须利用经济发展所需的外资。不过,利用外资以抵消赤字的效果有限。其原因如下:一是借贷外资会使进口产品与本地商品发生竞争;二是引进的技术多为中心国家所需产品的技术,而并非当地当时最迫切需要的技术,外资常用于对本国经济发展并不急需的部门。

c. 工业发展受中心国家技术垄断的严重制约。外围国家的工业发展在很大程度上依赖于进口先进的设备和材料,但中心国家并非把这些设备和材料卖给外围国家,而是把设备和材料变为一种投资和资金,使外围国家的发展继续受中心国家的控制,并通过这种方法进入受拉美国家进口替代政策严格保护的国内市场,而后更借着这些原本对国内企业的各种优惠保护,获取巨额利益。

第一章　导　论

在民主转型初期，由于受国际货币基金组织贷款条件带来的经济衰退影响，接连实施的数个整治通货膨胀的非正统稳定计划也一一落空。1990年上台的科洛尔采取的稳定计划同样遭到失败，但与以往不同的是，在改革过程中，科洛尔迈出了经济自由化改革的步伐，开始实施经济对外开放战略，其短期目标是反通货膨胀和稳定宏观经济，长期目标是建立自由市场经济。在科洛尔被弹劾后，虽然他的很多改革方案没有被接任的副总统佛朗哥继续执行，但科洛尔已为巴西的自由市场经济结构转型打下了基础。

1988年宪法在经济政策方面具有浓厚的保护主义色彩，对外商投资加以大力限制[①]，致使继任总统在推行经济自由化改革及吸引外资以发展经济政策时面临许多宪法层次的障碍，必须经过烦琐的修宪过程与更多的利益交换，才能达到改革的目的。

佛朗哥继任总统后随即推出了"立即行动计划"（Immediate Action Program）[②]，企图健全政府财政，重整公私部门间的关系，但由于各种改革措施受制于高通货膨胀，人民对政府的任何改革都不具有信心。因此，佛朗哥总统认识到，要实行任何改革，必须先解决通货膨胀问题。而直到卡多佐任财政部长推行"雷亚尔计划"后，巴西的通货稳定计划及深入的经济结构改革才初步取得成效。在成功抑制通货膨胀后，卡多佐政府又陆续推行相关的配套改革，希望能彻底改善巴西的财政状况。

1999年1月爆发的金融危机可以被视为是对巴西20世纪90年代整个经济改革的一次考验。通过对1999年金融危机内外环境因素的剖析可以发现，

---

① 巴西1988年宪法把资本划分为本国资本和外资，并加以差别待遇，对按照巴西法律建立的企业给予优惠待遇。而对外资企业，则明文规定限制外资投资和再投资，限制外汇汇出；法律同时规定，采矿权仅限于本国资本。宪法第170条和第171条分别规定了对巴西本土企业的特殊保障；宪法第172条和第176条则规定了对外资的限制。相关规定直到1995年8月才被废除。

② 佛朗哥总统的"立即行动计划"主要包括削减开支，有效利用财政资源，健全税务制度，增加政府收入，促使地方政府履行对中央的债务，严格监控州立银行，整顿联邦银行，继续进行国营企业的私有化。

巴西的改革披着解决通货膨胀问题的外衣，受到多数群众的支持①，但也由于相关的结构改革受到政治阻挠而进度迟缓，迫使卡多佐采取大举利用外资"抢先发展"的策略，长期以来累积的社会经济问题终于受到国内外政治经济因素刺激而爆发。

然而，巴西并没有像经济学家预测的那样经济出现崩溃，消费物价水平在短暂上涨后已止升回跌，当时短期外资虽然大量外逃，但1999年却有290亿美元的外资投入巴西，是近10年来最多的。一般认为，这是卡多佐4年来结构性改革的成效，银行体系稳固，公共部门每年总收入增加、私有化过程带来资金并同时减少国家损失，加之当时农畜业产品的大量出口与物价平稳的环境因素配合，使巴西安然渡过了难关②。

但巴西渡过此次难关并不意味着巴西的改革完美无缺。为渡过这次危机，巴西不但没有对引发危机的外资敬而远之，反而通过更多的借贷和接受国际货币基金组织更苛刻的条件来稳定金融。由于现今的发展模式过度倚重外资，一旦国际政治金融局势有任何风吹草动，外资的快速流动就会对其经济增长与金融稳定造成重大影响；而"雷亚尔计划"所造成的财政金融各种问题仍未解决，且依然要面对长久以来积累的种种社会问题，如贫富差距悬殊、高失业率等，都对这个新发展模式的前景提出质疑。

针对巴西这样的政治经济发展背景，本书的研究目的主要着重于以下探讨：

（1）通过对巴西政治经济发展历史演变的回顾，结合当前全球化背景下国内外政治经济结构，探讨卡多佐当政时期巴西所采取的重对外开放、促私

---

① 卡多佐的经济改革主要以"雷亚尔计划"（Plano Real）的形式出现，采取解决通货膨胀与财政结构改革二元双轨并进的策略。计划实施后，在短期内成功遏制了通货膨胀，从而使卡多佐因稳定货币的功绩而当选总统。1998年底，在连续不断的世界经济危机的威胁下，卡多佐的支持率进一步上升，民意支持率从年初的40%升至46%，支持"雷亚尔计划"的民众高达60%。

② Juan de Onis, "Brazil New Capitalism", in Foreign Affairs, 2000, 79 (3).

有化等改革的成因。究竟这种改革方案是基于简单的政策设计,还是在当时的结构下不得已的选择?本书试图整合政治与经济的观点,分析政治经济体系中行为者如何在变迁的结构中互动,且它们的互动对整个政策又产生什么影响,其间是否存在某种因果关系?

(2) 在整个经济发展的进程中,国家在不同阶段扮演着不同的角色,其国家作用的体现受限于其国内政策制定过程和政治体制,甚至主要政治行为者的意志和意识形态。而国家的自主性也同样受限于其国内社会体系,在全球化背景下更受国际社会体系的制约。在何种国际环境下巴西朝着对外开放的自由市场经济迈进?国内环境又对这样的政策给予何种反应,是扮演催生的角色,还是欲迎还拒呢?本书试图从国家政策的形成过程及国家、国际环境、国内环境三者间的互动关系,来探讨卡多佐经济改革措施是如何在巴西出现和运行的。

(3) 对巴西经济发展而言,在新自由主义的影响下,它的改革究竟是一剂振衰起弊的强心针,还是一只吞噬改革中的弱势群体、披着羊皮的狼?现行发展出现的政治、经济和社会后果,国家应如何应对?巴西经济发展的前景如何?与社会脉络是契合还是对抗?这是本书讨论的重点。

(4) 卡多佐当政时期的对外经济关系如何?在当政的8年中,卡多佐如何发展与中国的关系?同时,对于同是葡萄牙殖民地、被认为是巴西发展与中国和葡萄牙关系的"桥梁"、居住着很多巴西侨民的中国澳门,在当政期间卡多佐是如何评价的?在探讨卡多佐当政时期的对外经济关系的同时,本书也将探讨巴西与中国、巴西与中国澳门的关系。

第二节 文献探讨与分析

国内外有关对卡多佐当政 8 年的经济政策做出评价的文献并不多,且主要以探讨 20 世纪 90 年代巴西经济发展和困境为主。这些文献大致可以分为两类:一类是以国内因素为切入点的讨论,另一类以国际因素为切入点。

一、以国内因素为切入点

这一类文献在分析巴西经济发展和困境时认为,巴西发展之所以会陷入困境,原因在于国家以往错误的经济发展政策,如进口替代工业化(Import Substitution Industrialization,ISI)政策的持续深化,非正统的稳定计划,对整个经济发展导向的错误引导,由此产生外债负担沉重和分配不均的问题[①],预算赤字和中央银行过度受政府操控导致货币快速增长进而酿成严重的通货膨胀循环。而 20 世纪 90 年代以来,政府为稳定货币而实行的高利率、币值高估和财政严重赤字的政策,成为新一波危机的根本性因素。地区经济发展不平衡:仅占全国面积 1/10 的东南部地区的收入就超过全国国民总收入的 60%。区域发展不均将是经济发展最大的问题。

有些学者不仅分析经济因素,还分析政治因素,他们认为,除经济本身的问题以外,巴西的政治制度和政党制度,即总统制下的多党制政治运作模式,是导致难以形成经济发展政策的主要因素,尤其是巴西的政党林立,更是经济政治稳定的一大限制。在这些制度因素中,许多学者认为,国会对法

---

① 吕银春:《巴西经济》,转引自苏振兴:《拉丁美洲的经济发展》,经济管理出版社 2000 年版。

案的议决权，对经济发展最具影响力，其中鲍尔（Power）与鲁亚（Rua）更对国会议员本身的意识形态做深入调查，以分析国会议员个人意识形态中对新自由主义的支持与立法行为间的关系。

除了对经济和政治因素的分析以外，施耐德（Schneider）则以"政企关系"（Business – State Relation）作为研究巴西经济改革成败的主要因素。施耐德认为，受新自由主义影响，企业（Business）积极驱动巴西的改革，政府与企业的合作可以加速改革并降低改革成本，但是并非如同其他途径将企业视为利益团体或游说团体，而是视新自由主义为其压力下的产物。也不像新多元论认为企业只是众多行为者之一，而非中心角色。狄欧尼斯（Juan de Onis）同样认为，只要企业与国家各司其职，自然能使经济顺利发展起来。

学者苏拉（Sola）则提出以"财政危机"来解释巴西经济发展的问题。他认为，经济增长并非自由化改革中经济稳定计划的必然结果。巴西并没有能力推动这些战略，因为在源自20世纪70年代的财政危机和国家能力受损的背景下，国家本身就是一个问题，从而无法断定国家是经济转型的主要机构，新自由主义者忽视此点，误认了许多转型的前提。因此，正确地说，财政危机才是促成国家金融、收支和政治、行政能力重建的因素。有些学者把巴西的经济自由化政策放在民主化进程中加以讨论，中国台湾地区学者蔡东杰认为，民主转型前的巴西经济在全球化和自由化的国际经济局势中，因长期管制式的经济发展模式而缺乏必要弹性，民主转型后又受制于精英控制的政府决策变动不定以及政治局势始终不稳定，使巴西经济发展前途堪忧。

此外，也有文献认为，巴西的经济发展已经是一种意识形态之争。弗莱夏·德·利马（Flecha de Lima）认为，巴西的经济发展有其一脉相承的"支持发展的意识形态"（Prodevelopment Ideology），卡多佐虽然是以新自由主义外表从事经济改革，但仍然是国家发展主义者，一旦结构改革完成，将是一个让卡多佐成为与昔日瓦加斯、库比契克和埃内斯托·盖泽尔（Ernesto Geisel）

一样伟大的现代化发展英雄的好时机。蒙特罗（Montero）用同样的观点来分析巴西钢铁业的私有化，认为钢铁私有化是巴西各种政治力量斗争的结果，不但不是新自由主义的成功，而是"新发展主义国家论者"（Neodevelopmentalist）的一种战略，这个战略可同时满足劳资双方和国家的利益。

从此类文献所涉及层面的深度和广度来看，有的认为政策失误是出现经济问题的根本所在，上升至制度层面，然后是国家与资本的关系、财政危机以致民主化的过程，最后甚至升至不同意识形态间的争论。

这些文献分别从不同层次对巴西的经济发展和危机作出详细分析，认为巴西经济发展陷入"瓶颈"的原因在于政府的错误政策或政府本身的管制能力不足，无法面对并克服危机。而政府管制能力受制的原因则可能来自制度层面的政治运行，例如对于巴西的总统制却配上拥有悠久历史的意识形态分歧的多党林立政党制的情况；有的学者专门探讨微观层次的国会议员意识形态与立法行为之间的关系对经济政策的影响；有的学者探讨政商关系对经济改革的影响；还有的学者探讨民主化进程和意识形态的争辩对经济发展的影响。

然而，这些观点虽然对经济发展和经济危机产生的内部因素做了深入的探讨，但一国经济所面临的发展"瓶颈"甚至在出现危机时，其因素可能来自外部环境，如巴西1999年金融危机的爆发，虽然时任总统卡多佐与前总统佛朗哥的政治斗争是爆发点，但造成危机的却是国际社会对巴西的信心减弱而导致资金大量外流，外资不稳定才是危机最根本的因素。因此，这些观点忽略了国际因素的重要性，对于问题的解释显得不够完整。

二、以国际因素为切入点

有别于前述文献，这一类文献认为巴西经济发展的问题出在国际体系上。早期的文献以"依附论"为代表。巴西学者多斯·桑托斯曾对"依附"这个名词作了界定："依附是一种制约的情境,在这种情况之下,某些国家的经济受到另一些国家的发展和扩张所制约。在两个或更多个经济体之间,以及这些经济与世界贸易间互相依赖的关系之中,如果有些国家能够扩张与自我延续,而其他国家的扩张与自我延续仅为优势国扩张的反映,这种关系一旦成立,就形成了依附的关系,这种关系对依附国的发展,可能有正面,也可能有负面的影响。"他强调,依附是世界资本主义扩张的一个结果与过程。这些国家的内部结构是世界经济的一部分,"国家经济"的概念需要整合进世界商品、资金、劳动市场,而体系中一部分的发展是建构在其他部分的发展上,称之为"联系发展"(Combined Development),而且是不平等联系。

而此种不平等联系的"中心—外围"(Metropolis - Satellite)不仅存在于世界层次,而且渗透到各个国家经济、政治和社会生活的每一层面。这些国家的金融和出口中心是世界经济体系中心都会的卫星,然而对国内人口及生产区而言,它却是中心都会。地方首府是国家中心都会的卫星,但其本身尚有其他地方性的小卫星环拱,这种都会和卫星的连锁关系使体系内的每一部分都能紧密地扣连起来;而世界性的都会借着全国性和地方性都会中心,强制维持世界体系的垄断结构和剥削关系。

较之于第一类文献,依附论者指出,把巴西的发展独立于国际环境来研究是错误的,必须把世界当成一个整体,才能了解欠发达国家之所以发展缓慢,其障碍不在于内部因素,而在于外部因素。也就是说,中心国家资本主义的社会结构"制约"欠发达国家的社会结构,使两者的关系成为不平等的分配关系,进而形成依附,导致其发展受限。

由于依附论者把依附现象视为经济体系之间的关系,认为欠发达国家的经济发展是由中心国家的经济发展决定的,所以依附国缺乏动力、无法自主,终究要陷入发展停滞的泥潭。由依附论得出的政策结论也难以落实,如彻底改变"内部结构"①，更有甚者主张采取社会主义路线，以达到经济自主的目的②。此外，依附论者过分强调世界经济市场对外围国家发展的制约，而忽略了对其内部政治因素运作与阶级互动的考虑③，以及认为欠发达国家将陷入一个无法发展的恶性循环困境之中④。据此并无法解释许多第三世界国家发展迅速的事实，同时也引起了依附论者本身的检讨，于是卡多佐等提出依附型国家也有发展机会的依附发展论。

卡多佐和法雷多（Faletto）试图通过辩证的方法指出传统现代化理论和依附论的局限性，并通过"历史—结构"的研究，明确指出国家内部的社会、政治、经济间发展的关联性，以及这些因素与国际因素间的互动过程，同时导引出依附的缘由和存在的问题。并特别强调不同时空下会形成不同的"依附情境"，同时在依附情境中也有"发展"的可能，但依附发展并不意味着社会朝更理想的方向迈进。

而后，学者埃文斯（Evans）将此途径落实为分析问题的概念架构，根据研究课题或研究对象的特性，做更细致的处理。他以跨国公司、巴西政府和巴西本土民间团体三者所构成的"三方联盟"（The Triple Alliance），来分析巴西依附发展现象的结构⑤。根据他的定义，"依附发展"是指外围的资本累积与某种程度的工业化。

虽然依附发展论已经修正了传统依附论者的发展停滞宿命论，但仍认为

---

① Dos Santos T., "The Crisis of Development Theory and the Problem of Development in Latin America", in H. Bernstein (Ed.) Underdevelopment and Development, Bungay: Richard Clay (The Chaucer Press) Ltd., 1973.

② Fernando Henrique Cardoso and Enzo Faletto, "Dependency and Development in Latin America", CA: University of California Press, 1979.

③ Theda Skocpol, "State and Social Revolution: A Comparative Analysis of France, Russia, and China", New York: Cambridge University Press, 1979.

④ Andre G. Frank, "The Development of Underdevelopment, in Latin America: Underdevelopment Revolution", New York: Monthly Review, 1969.

⑤ Peter Evans, "Dependent Development: The Alliance of Multinational, State, and Local Capticalist in Brazil, Princeton", NJ: Princeton University Press, 1979.

像巴西这样的第三世界国家的发展，仍是各国的资源、情境等历史的偶然因素汇集的结果，并非所有国家均有依附发展的机会，国家的发展仍深受国际环境的制约，这样的论述依然有着严重的局限性。

除依附与依附发展理论外，20世纪90年代的全球化也对巴西的政治经济发展产生了影响。可以从国际金融机构（如国际货币基金组织等）对巴西经济危机的处理上看出经济全球化对巴西的影响。国际金融机构凭借其雄厚的资源，迫使巴西进行新自由主义式的经济改革①。

而全球化对巴西最具体的体现则可从国际资本的流动中窥出端倪。自1982年墨西哥债务危机、1994年墨西哥金融危机、1997年亚洲金融危机、1998年俄罗斯金融危机以来，每当危机发生，大量国际资本就从巴西外逃，巴西经济和金融稳定大受影响，从亚洲金融危机开始，经济学家就预测下一个发生危机的国家是俄罗斯、巴西或南非。

以国际资本流动来探讨巴西经济改革的相关文献认为，巴西经济改革的主线在于采取开放市场的政策来吸引外资，进而促进经济增长，但问题在于它是通过大量吸收流动快的短期投资以填补资金缺口的方式来实现的。其政策以吸引外资、增强投资者信心为主，因此严重限制了财政和货币政策的广度②。

国际资本的流动的确能解释巴西在短期内屡受国际金融危机冲击、最终酿成金融危机及巴西在受新自由主义影响下的改革过程中所造成的各种问题，但巴西的经济问题有其历史的脉络和结构性问题，也就是第一类文献中所说的，从政策、制度、国家、意识形态等各个层次观察，仅从国际环境制约和资本流动的层面观察是无法找出巴西经济发展问题的动态因素，也无法处理

---

① Luiz Carlos Bresser Pereira, "Economic Crisis and State Reform in Brazil", Boulder, Colorado: Lynne Rienner, 1996.

② Morais Lecio, "Alfredo Saad Filho and Walter Coelho, Financial Liberalism, Currency Instability and Crisis in Brazil: Another Plan Bites the Dust", in Capital & Class, No. 68, Summer 1999.

巴西未来发展时的整体问题。

由以上所述的两大类文献来看，巴西经济发展的过程和问题其实牵涉的层面颇为广泛，发展主义意识形态指导下的经济政策衍生的许多经济社会问题；在民主转型和全球化过程中，由于国家领导人的意识形态及国会中政党林立、立场殊异；中央与地方财政收支划分不清等诸多结构性和制度性因素限制了巴西以最得力的措施迎接国际环境挑战的能力，因而导致政治经济问题和许多社会问题丛生。从国际制约因素和资本流动的角度来看，虽然可以解释经济问题的主要原因，却忽略了国内因素的历史纵深和制度限制。

仅从某一方面分析巴西经济发展中的问题只能得出片面的结论，不能全面理解巴西经济发展的整个进程。唯有以一个涵盖整体、动态与结构的分析架构，才能对巴西卡多佐任期的经济发展做最完整的观察。

第三节　研究方法

从第二节的文献探讨可以发现，任何一类文献仅从一个角度加以分析，如个人、制度、国内体系、国际体系，都无法对巴西的经济发展问题做出完整的结论，只能了解局部的而不是全面的过程。

因此，本书将整合政治与经济的观点，探讨巴西政治经济发展的演变以及整体结构中的角色互动与结构限制，探讨卡多佐当政时期政治经济发展政策与社会后果，拟重点分析国内体系中相关组织的运作，也将关注国际环境和压力以及国内阶级结构化的经济与政治组织化间的利益互动关系。

本书主要采用历史研究的方法，围绕卡多佐当政8年的经济政策及其影响因素，通过分析与归纳对具体的经济改革成效进行评价。拟采取文献分析法进行个案研究,同时辅以比较研究,以揭示卡多佐当政 8 年的经济改革方针的指向与演变。

第四节 研究架构

一、结构的观点

人类社会由许多结构组成,结构是由人类的集体行为汇聚而成的,结构与结构之间相互联系、相互影响。结构中的行为者具有自利的属性,依此属性做理性抉择,而各个行为者基于这一方式互动呈现出其结构性关系,这一结构限制了行为者的行为,而行为者的行为又反过来改变结构,因此产生的结果与结构可能既不符合任何行为者的意图,也非任何行为者所能预见。社会科学工作者即通过观察这样的结构关系,掌握个体与总体政治、经济行为或现象的特质,以说明导致政治、经济或社会变迁的整体因果关系。

从这样的角度分析问题,必须特别重视"政治体制"和"经济体制"这两个制度性结构问题,政治体制和经济体制将决定相关行为者间的结构关系和互动模式的主要性质,因而对该社会出现的政治和经济问题产生决定性影响。结构赋予行为者不同的禀赋(Endowment)。政治体制中的主要行为者包括国家机关、政党、利益集团和选民;而经济体制中的主要行为者包括国家机关、厂商、消费者和劳动者等。两种结构相互渗透和影响,进而呈现各个行为者基于自利动机的关系和互动。而任何政治体制和经济体制都处于国际政治体系和经济体系,故而一个国家的政治经济问题亦深受国际政治体系和经济体系相关性质的影响①。

就巴西的情况来看，自从1955年库比契克总统建立起"三方成长同盟"以后，即基本维持经济高增长，而随着国际局势的变化，经济增长出现困境。20世纪60年代时任巴西总统若昂·贝尔希奥·马克斯·戈拉尔特（João Belchior Marques Goulart）试图实行"左倾"的经济政策，但却面临体系中既得利益者的全力反扑，虽然"左倾"的政策较重视公平与分配，照顾的对象较为广泛，却因为这些需要照顾者与体系中主要行为者禀赋上的悬殊差异，无法改变结构。军政府的上台结束了改变既定运作模式的尝试，继续实行原来的发展策略。

1973年和1979年两次世界石油危机的爆发使依靠外资发展的巴西经济问题完全浮现，军政府企图维持固有的大规模发展策略，却因时空结构转变而使促成"三方成长同盟"成功的各个行为者各自的利益转变或受结构影响而有所增减，国家大力吸引外资使得本国资本利益受到严重影响，而整个政策又无法争取新的支持者，如群众或劳工阶层的支持，最终导致同盟的瓦解和军政府的上台。

二、国家自主性

国家在政治经济发展中扮演的角色一直是各个理论学派争议的焦点。在国内社会和国际社会中，各个行为者间的互动关系影响国家资源的利用和分配模式。

学者斯高齐波（Skocpol）认为，自由主义和马克思主义均将国家看作一个争夺基本社会和经济利益的舞台。因拥有制止经济冲突和社会冲突中的强制手段，国家成为这个特殊政治竞合舞台（Political Cooperation and Competi-

---

① 肖全政：《政治与经济的整合：政治经济的理论基础》，中国台北桂冠图书股份有限公司1994年版。

tion Arena)①。

从传统依附论来看，依附性国家是资产阶级的国家，代表着资产阶级的利益，且必须将这种利益置于世界体系；其统治阶级不一定在民族国家中，且国家的动力都来自国家领土之外，无论其是民主政体还是威权政体②。依附性国家的国家性质基本上是在国际分工和资本主义资本积累的过程中充当依附经济体的行政管理工具，并通过"国家"这一角色使中心国家更有效地剥削他国资源③。

这些途径都不把国家看成一个自主的结构，一种具有自身逻辑和利益的结构，其利益不一定同社会统治阶级或政治体系中所有成员的利益相同或融为一体。在这些途径中，国家处于一种派生的位置，国家被剥夺了逻辑，同时缺乏一种经济之外的动机和力量来源，仅成为一个因变量，故而也不可能出现现行统治阶级或组织与国家之间产生根本的利益冲突。

针对上述说法，米力班（Miliband）、普兰查斯（Poulantzas）、安德生（Anderson）、瑟尔伯恩（Therborn）、欧菲（Offe）等提出了"国家的相对自主性"（Relative Autonomy of the State）的论点。他们认为，如果统治者想要推行各种符合整个统治阶级利益的政策，他们就必须摆脱统治阶级和个人的控制。因此，斯高齐波认为，应该把国家界定为"以行政权威为首，并由该行政权威在某种程度上妥善协调的一套行政、治安和军事组织"。任何国家都从社会吸取资源，利用这些资源来创立和维持强制组织，而这些强制组织也只能在分裂为阶级的社会经济关系和本国及国际经济活动的背景下运作；

---

① Theda Skocpol, "State and Social Revolution: A Comparative Analysis of France, Russia, and China", New York: Cambridge University Press, 1979.
② Bill Warren, "Imperialism: Pioneer of Capitalism", London: New Left Book, 1980.
③ Andre G. Frank, "Economic Crisis and the State in the Third World", in Development Discussion Paper, 30, University of East Anglia (England), February 1979.

而行政和强制组织亦是这种国家的权力基础①。以垄断上述权力为基础,国家拥有的禀赋与其他行为者并不相同,因而扮演着更积极、主动的角色,与其他行为者存在着各种共生或互克的结构关系与互动模式②。

若从这样的观点来看,巴西的政治经济发展史简单来说其实就是一部以国家为中心的互动史。从独立早期至瓦加斯的"新国家"成立前,巴西的经济是借由国家与农业寡头集团的密切合作,在国际分工体系下逐步发展经济。而后至军政府崩溃前后的泛国家发展主义时期,即是以国家为中心,分别基于当时的时空脉络,与外国资本、本土资本及工人阶级等组成促进经济发展的"成长同盟",彼此间的关系如前文所述,是既合作又斗争的状态,各个行为者基于自己的利益最大化来行动,但仍受制于当时的时空背景,由国家决定谁可以成为成长同盟的一员,谁是被完全排斥在外而失去攫取利益的机会。

就国内的阶级互动而言,卡多佐和法雷多强调,在观察社会现象时应注重特殊性,而非一般性。不同的资源与历史情况会造成不同的依附结构,尤其要重视彼此间和内部的阶级斗争,关注的焦点在于社会关系,而非浮泛的经济表象③。同时,每一个国家过去的历史,包括阶级结构与统治结构,也制约着一国对于变迁的响应④。

在卡多佐的历史结构研究理论背景下,社会结构中其实存在着两股力量:一股是自我存续(Self‐perpetuation)的机制;另一股是变化的可能性。社会结构一方面对社会过程施加结构的限制并且鼓励重复既有的行为方式;另一

---

① Theda Skocpol, "State and Social Revolution: A Comparative Analysis of France, Russia, and China", New York: Cambridge University Press, 1979.
② 肖全政:《政治与经济的整合:政治经济的理论基础》,中国台北桂冠图书股份有限公司1994年版。
③ Fernando Henrique Cardoso and Enzo Faletto, "Dependency and Development in Latin America", CA: University of California Press, 1979.
④ Martin Carnoy, "The State and Political Theory", Princeton, NJ: Princeton University Press, 1984.

方面社会结构也制造出各种矛盾和社会紧张,为社会运动和促进变迁的意识形态开启了可能性。所以,对于依附情况的分析,不仅要指出社会再生产层面的结构性限制,而且要勾勒出变迁的机会,这些机会是根植于既有结构发展之时创造出来的社会利益和意识形态。在这样的一种过程中,居于劣势地位的社会群体和阶级及居于劣势地位的国家,可以起来反抗既有结构中的优势利益者。

观察外资在巴西经济发展中的作用,可以发现,外资的力量并非仅作用于经济领域,而同时对整个社会关系产生重大影响。巴西工业化进程一开始,外国直接投资便扮演着相当重要的角色,这不仅与巴西过去遭受殖民统治的历史有关,而且与巴西拥有广大的市场、藏量丰富的天然资源、跨国公司最理想的投资对象有关。巴西推行的进口替代工业化政策吸引了大量外资。结果导致外国直接投资金额过于庞大,对国家经济运作影响甚巨。1930~1970年,大量外资之所以流入,主要是为了避免进口限制。与此同时,因巴西鼓励外国人在巴西投资设厂,帮助推动其国内工业化,使跨国公司在被保护的国内市场上逐渐获取垄断利润。

此外,外资大多投入资金密集型或技术密集型的工业部门,而很少投入劳动力密集型工业部门,这与劳工薪资过高和工会的影响力强大有关,因为投入资金密集型工业部门可减小劳工罢工的威胁。其结果是,外资的流入并未创造更多的就业机会,反而在就业人口的供给超过就业机会时失业率便成为严重的经济问题。另外,外资流入反而造成整个经济对外来技术的依赖,由于国内技术水平与外来技术水平差距过大,技术转移当然不易,这也造成了严重的财富分配不均,甚至国内经济命脉完全掌握在外国人手中,尤其是当跨国公司的生产量超过国内私人企业的总生产量时,经济依附程度不断加深。

三、国际和历史时间的脉络

如果结构的观点意味着对各种关系的注重,则跨国关系和既定的国家中不同处境组织间的互动关系亦是值得讨论的焦点。国家机关和国内社会处于国际体系之中,在国际社会体系扩张的历史过程中,强国利用其有优势的政治实力或经济实力,创造"国家利益",改变弱国的政治、经济、社会甚至文化结构关系。弱国内各种社会性结构关系因而崩溃、重组或强化[1]。在此过程中,国家充当国内外政治行为国家间接触、联合和冲突的媒介与主体的角色[2]。

除了从历史过程来观察不平等或竞争的跨国关系对一个国家和其国内阶级结构的影响以外,斯高齐波认为,从"世界时间"(World Time)层面上看,同样需要重视历史秩序和世界历史变迁的影响。这种影响主要来自两方面,一方面是先发生的事件会对后来的事件产生影响,可能是一种后来行为者的学习或模仿作用;另一方面是具有世界历史意义的重大突破(Breakthroughs),如工业革命等。在分析跨国关系对国内的影响时,国家不仅因受到国际因素的影响而调整其在国际舞台上的行动,同时更可能扮演一个将跨国影响传送进入国内的角色。

当代信息工业的发展对全球化时代的到来起着同工业革命一样的影响,同时也对传统的国家角色带来相当大的变化。在探讨全球化对国家的影响时,新左派与新自由主义者认为,在经济全球化的环境下,传统国家既不能有效控制本国内部事务,也不能满足本国国民的跨国要求,尤其是"在全球经济下的传统民族国家已成为不自然,甚至不可能的经济实体";经济全球化正

---

[1] Theda Skocpol, "State and Social Revolution: A Comparative Analysis of France, Russia, and China", New York: Cambridge University Press, 1979.

[2] 肖全政:《政治与经济的整合:政治经济的理论基础》,中国台北桂冠图书股份有限公司1994年版。

通过建立生产、贸易和金融的跨国家体系，推动"经济的非国家化"①。

在这种没有国界的经济体系下，国家的功能已弱化为介于强大的跨国公司和区域经济间的"媒介机构"，国家主权和政治权威将听命于全球化下的经济力量。经济全球化最终将形成一个超然于国家主权的社会经济组织，取代传统的民族国家，并成为世界经济和政治的主体②。

国家的角色是否会如同这些超全球化学派学者的看法一样"凋零"，是十分值得怀疑的，但从巴西20世纪90年代的发展来看，国家充当国内外政治行为者间接触、联合和冲突的媒介与主体的角色，显然有了质的变化。

在巴西，国家在经济发展中的角色已从20世纪80年代以前的直接参与生产、联合本国资本和外国资本压制劳工的角色转变为单纯的政策制定，强调以公共开支刺激经济增长，并同时解决教育、医疗服务和贫穷问题，经济增长的重担则是由包括本国资本和外国资本在内的私人资本来承担的。但很重要的是，国家仍然维持对宏观经济政策的控制权，掌握重要的国营单位、石油和电力的生产及规范公共服务等权力，在与资本家和劳工的互动中继续追求其利益。

无论如何，国家仍是主要的行为者，尽管它面临很多挑战且因无法处理这些挑战才导致全球化。只是当国内经济被纳入全球经济后，可能分化其社会和经济体制本身，而且造成认同冲突与政治正当性问题，国家是否有能力解决这些问题，由当时的结构与互动而定，以目前巴西发展的情况来看，问题恐怕还会继续恶化下去。

本书主要以巴西作为"国家"，卡多佐本人及其政府领导班子作为特定的"人物"为基础，通过探讨"经济改革"这一变量，对"金融危机"、"社会问题"和"经济发展"作为因变量的影响，并且对改革的具体成效进

---

① Ohmae K., "The End of the Nation State", New York: Free Press, 1995.
② 洪朝辉：《全球化——跨世纪的显学》，《问题与研究》2000年第39卷第8期。

行反思这样的思路来进行研究。全书拟通过对巴西政治经济发展途径的观察，回顾巴西独立后的政治经济发展脉络，探讨卡多佐当政8年的政治经济发展状况及经济改革取得的成效。另外，本书还试图在上述理论框架结构下，探讨卡多佐政府对外经济关系的发展，同时结合该阶段巴西与中国的关系，力图对中国澳门的"桥梁"和"平台"角色进行论述。

第五节 章节安排

本书分六章。

第一章导论说明本书的研究动机与目的，对相关的理论与文献提出分析与探讨，阐明所运用的研究方法，并提出本书的研究架构。

第二章探讨卡多佐政府经济改革的背景因素，其改革的实行与深化的过程受制于国际政治经济环境的变迁、国内政策制定过程与政治体制，甚至主要政治行为者，包括卡多佐本人及其经济领导班子主要代表的意志与意识形态。第一节探讨巴西民主转型初期的政治经济发展背景，并引出卡多佐总统上台前巴西经济发展存在的问题，包括高通货膨胀等情况。第二节讨论影响卡多佐政府经济改革的因素，重点从国际影响因素和国内影响因素两个层面探讨。具体包括探讨多边国际金融机构、区域经济一体化趋势等国际影响因素以及探讨巴西不同于欧洲各国的总统制下多党政治运作模式，极端分裂的政党体系对推行新自由主义式改革的影响和卡多佐政府如何在这样的政治过程中通过执政同盟在国会中取得推行改革政策的主导权，进而推动整个经济的结构性改革，并探讨个人因素在改革推行过程中的影响力，包括卡多佐本人的思想转型及其经济领导班子主要成员的经济学思想，以及国会议员对改革的态度及其转变等国内影响因素。第三节为小结。

第三章探讨卡多佐政府经济改革的具体运作，以及从主要政治经济行为者的互动来看，改革的由来、深化及未来的可能发展趋势。第一节说明卡多佐政府如何通过成功实施"雷亚尔计划"，如何调整体制与如何施行政策改革来稳定经济与吸引外资以及其所付出的代价。第二节讨论卡多佐政府完善金融体制改革的政策。第三节探讨卡多佐政府在加大国有企业私有化改革的力度举措。第四节讨论卡多佐政府加快对外开放的步伐的有效措施，具体包括进一步推进贸易自由化进程，积极拓展对外经济合作关系，并探讨该时期巴西和中国经贸关系的发展以及中国澳门的"桥梁"和"平台"角色。第五节讨论卡多佐政府为缩减人事支出的公共行政体制改革措施。第六节探讨该阶段巴西的税务及财政改革新方案的内容。第七节探讨卡多佐实施的"巴西四年前进计划"和在鼓励中小企业发展方面所做的一些配套改革措施。第八节重点讨论巴西经济发展模式的转型，国家、资本和劳工三个主要行为者如何互动，进而形成新的"准三方成长同盟"，同时如何在互动的过程中受新自由主义影响而进行改革，并且使改革日益深化。第九节是小结。

第四章以巴西1999年初的金融危机和2002年的金融动荡为例，探讨这一新型发展模式的互动过程与造成的政治经济后果。通过对1999年和2002年金融危机及金融动荡时巴西国内外因素的分析，讨论改革长期以来积累的经济社会问题如何受国内外政治经济因素的影响而爆发，巴西政府如何处理危机，再从巴西政府实行的政策展望巴西经济发展的前景。

第五章分析巴西经济改革对国内社会造成的影响。第一节探讨卡多佐政府经济改革所带来的社会问题，说明政治改革与经济改革在复杂的国内社会环境下并未如预期那样解决既有的社会问题，反而因失业率的不断上升使收入分配不均的问题变得更为严重。为应对这样的局势，第二节着重就巴西政府对社会经济发展造成的社会后果所做的反思与改革做了评述。第三节为小结。

第六章分析卡多佐政府经济改革成效及问题。第一节主要把现时国内外学者或评论家对卡多佐当政时期所取得的经济改革成效的评价进行了一般归纳。第二节和第三节分别深入探讨卡多佐政府当政时期经济改革成效和改革中所存在的问题。第四节则指出本书对卡多佐政府经济改革的看法，认为总体而论，卡多佐当政 8 年的经济改革对巴西来说应该是功大于过，是有成效的。

最后是本书的结后语。试图从历史结构的观点出发，通过对巴西政治经济发展的历史脉络的回顾及全球化浪潮下的国内外政治经济结构与角色互动，探讨巴西在卡多佐总统执政 8 年期间实行经济改革的几个问题。其实，这也是对巴西受新自由主义影响而进行改革的启动、运作与影响做简单的回顾。

第二章 卡多佐政府经济改革的背景

第一节 民主转型初期的政治经济发展背景（1985～1994年）

1985年文人执政后，深孚众望的新任总统坦克雷多·内维斯（Tancredo Neves）在就职前夕因病猝逝，继任总统若泽·萨尔内（José Sarney）虽原为副总统，但仅作为派系与地域平衡下的竞选考虑搭档，民意支持率并不是很高。但也因其本身的正当性不足，使他更加积极推动各种改革。

当时组成执政联盟的两派对新政府未来经济发展政策的看法并不完全相同：萨尔内持中间偏右的路线，而财政部长迪尔森·富纳罗（Dilson Funaro）则是由中间偏左的巴西民主运动党主席兼众议院议长尤利西斯·基玛拉耶斯（Ulysses Guimarães）指派的，他是一个国家主义式①的商人②，希望巴西承袭

---

① 在本质上，国家主义就是一种研究治国之道和治国之术的政治学说。国家主义主张必须保留国有经济在国民经济中的主体地位，由国家控制重要经济资源，以国家计划的方式制订就业计划，逐年解决迫在眉睫的大规模失业问题。引自百度百科网，http://www.baike.baidu.com/view/79641.htm，2007年1月1日。

② Flecha de Lima and Paulo - Tarso, "Liberalism Versus Nationalism: The Prodevelopement Ideology in Recent Brazilian Political History (1930 - 1997)", in Presidential Studies Quarterly, Vol. 29, No. 2, June 1999.

昔日国家发展主义模式的发展政策。

在经济改革方面，巴西虽然在 20 世纪 80 年代后期实施过若干个非正统①的稳定经济计划②（如 1986 年的"克鲁扎多计划"和 1987 年的"布雷塞尔计划"），其包括削减政府开支和裁员，采取诸如降低国内利率、以指数化调整工资以抵制通胀压力及限制进口等与国际货币基金组织的要求大相径庭的措施。1989 年 1 月的"夏日计划"（Plano Verão）同样包括冻结物价和工资并实行小规模的国有企业私有化。这些措施使 1985 年和 1986 年的巴西经济出现上升的势头，但 1987 年起通胀率再度回升，改革的成效非常有限。由于政府无力恢复经济增长并满足民众对经济稳定的社会需求，执政的巴西民主运动党（PMDB）在 1988 年的市政选举中遭到失败，表明民众对当时政府及其经济政策不满。

在政治方面，萨尔内政府在 1985 年废除了工会结社禁令，并允许政治人物自由转换政党或在选举时进行政党结盟，从此巴西政党体系恢复了军政府

---

① 20 世纪 80 年代以来，发展中国家为了获得国际货币基金组织（IMF）和世界银行（WB）的援助贷款，必须同意其附带的经济稳定计划和结构调整计划。经济稳定计划主要是推行限制总需求的政策，如采取紧缩性的财政与货币政策，包括缩减政府预算开支、冻结工资或降低实质工资水平、减少货币供给及提高国内利率等。结构调整计划则主要是采取减少贸易保护的措施，提高本国经济的开放程度，实行自由化价格体制，对公共部门的收入和支出结构进行改革，解除政府管制，减少政府对生产活动的参与，等等。美国学者威廉姆森把上述政策归纳为九个领域的具体做法，被称为"华盛顿共识"（The Washington Consensus）。简言之，这九个领域包括紧缩性财政政策、削减公共支出、税收、金融自由化、汇率、贸易自由化、外国投资、私有化和解除管制等。由于国际货币基金组织和世界银行的影响力，即使在政策施行结果上招致许多批评，但仍然成为国际上广为接受的主流经济调整政策。然而，这些政策对通过经济增长而取得政权的许多发展中国家而言却难以推行，紧缩性的财政金融政策虽然能改善国际收支平衡，但却会降低总产出，使经济增长趋缓，失业率上升，直接影响政权的支持率，使执政者难以接受这样的政策。因此，一些发展中国家（如巴西和阿根廷）采取另一套经济调整策略，由政府大力干涉经济活动，使国家的经济发展能完全由国家主导，学者称之为非正统（Heterodox）的稳定计划。

② João Sayad, "An Overview of Contemporary Brazilian Economy", in http：//www.mre.gov.br/cd-brasil/itamaraty/web/economia/panorama/apresent/apresent.htm, September 13, 2006.

前百花齐放的状况①。此外，废除工会结社的禁令促使社会多元化，包括自主工会、宗教组织、原住民运动、妇女组织、环保运动、强大且批判性的媒体及无地农民运动在内的社会力量的释放和社会运动的兴起，增强了市民社会挑战以往寡头式的决策和政治的能力②。与军政府时期"三方成长同盟"③较为明确的联合与互动模式相比较，民主转型后初期的发展模式明显表现出一种朝自由市场经济转型的趋向，只是其成果常被政治妥协与大得出奇的通胀率所掩盖。

在民主转型初期，巴西政治虽然已经朝着民主方向发展，逐渐改变过去那种国家占主导地位、联合占优势地位的外资和本国企业家的"三方成长同盟"发展模式，但新的政治运作模式尚未浮现，传统的政治与经济精英为了维护其阶级利益，实行全国和解政策，维护对政权的控制，继续把工人阶级排斥在重大决策之外④。

1988年制定的新宪法中本国企业受到特别保护，外资受到歧视。新宪法把资本划分为本国资本和外资企业，差别对待非常明显：按巴西法律建立的企业享有优惠待遇；而法律明文规定，限制外国资金投资和再投资，限制外汇汇出；法律同时规定，采矿权仅限于本国资本⑤。

在对公共部门的改革方面，立法规范公务员法典，以物价波动连动法保障军人、公务员、教职员工的待遇。财政改革和租税改革的影响最大。由于

---

① Power Timothy J., "Brazilian Politicians and Neoliberalism: Mapping Support for the Cardoso Reforms, 1995 – 1997", in Journal of Interamerican Studies and World Affairs, Vol. 40, No. 4, 1998.

② Kenneth Maxwell, "Brazil in Meltdown", in World Policy Journal, Vol. 16, No. 1, 1999.

③ 从1964年起的巴西军政府时期，政府为了取得正当性而加快经济发展，为资本家排除各种障碍，而劳工被排除在经济活动之外，经济发展模式转换成以国家、本国资本和外国资本三者为主的"三方成长同盟"。

④ Maria Helena Moreira Alves, "Dilemmas of the Consolidation of Democracy from the Top in Brazil: A Political Analysis", in Latin American Perspectives, Vol. 15, No. 3, 1988.

⑤ 巴西《宪法》第170条和第171条对巴西本土企业给予特殊照顾；而《宪法》第172条和第176条则对外资加以限制。

受地方压力的影响,中央税源减少,地方税收增多,使中央执行能力大受影响,且地方乱开支票,却要联邦政府埋单,导致赤字大增①。

1990 年科洛尔上台后开始实施经济对外开放战略。其短期目标是反通货膨胀和稳定宏观经济,长期目标是建立自由市场经济。在贸易改革方面,采取的主要措施包括制订"工农业生产竞争计划",引导资金投向具有国际竞争力的工农业产品的生产,提高产能,以增加实际收入,促进储蓄和投资;减少国家对经济的干预,亦即放松对工业的管制,加强内部竞争,实行国有企业私有化;进口自由化,废除国家信息法,开放信息市场,降低关税,修改引进技术法和专利法,扩大企业引进技术和专利的自主权,允许外资参与国家垄断的经济部门的投资与开发②。

这些改革受制于各种交错的政治和区域利益,而且各种既得利益者的抵抗也大大超过预期。此外,私有化的进程亦受限于贪污横行、民众对政府政策了解有限,甚至出现不信任政府以及宪法亦限制外资介入的比重,导致改革进展迟滞。科洛尔个人的威权人格与主要幕僚缺乏经验,以及与传统政治势力的对立,都是改革不力的因素③。

在反通货膨胀方面,陆续颁布"科洛尔第一计划"和"科洛尔第二计划"(Collor Plan I、II),内容主要是以物价冻结及相关的非正统货币政策及财政政策,企图在百日内将通货膨胀率降至 10% 以下。然而,两次计划都在物价冻结期结束后,反使通货膨胀迅速飙升而宣告失败。

虽然这两次改革最终都失败了,科洛尔本人也因贪污案而被弹劾,并使

---

① David Fleischer, "The Cardoso Government's Reform Agenda: A View from the National Congress, 1995 – 1998", In Journal of Interamerican Studies and World Affairs, Vol. 40, No. 4, 1999.

② Sola, Lourders, "The State, Structural Reform, and Democratization in Brazil", in William C. Smith et al. eds., Democracy, Markets and Structural Reform in L. A., Rienner Press, Boulder, Colorado, 1994.

③ Flecha de Lima and Paulo – Tarso, "Liberalism Versus Nationalism: The Prodevelopement Ideology in Recent Brazilian Political History (1930 – 1997)", in Presidential Studies Quarterly, Vol. 29, No. 2, June 1999.

经济的结构性改革暂缓下来,但与萨尔内政府时期的经济稳定化计划相比,科洛尔在改革计划中加进了经济开放及自由化的结构性改革策略,也为在受新自由主义影响下的巴西经济改革打下了基础。

科洛尔总统被弹劾下台后,继任的佛朗哥总统接续科洛尔的脚步,继续推进自由化进程,并力图进一步降低关税,继续推动私有化,巩固在"南方共同市场"(Mercado Común del Sur, Mercosur)的发展,并且开始展开对1988年宪法中的某些经济议题的修正①。佛朗哥最大的优点在于善用顾问及幕僚,他先任用卡多佐为外交部长,后又说服他改任财政部长,最终还成功推行"雷亚尔计划"(Real Plan),以顺利降低通货膨胀率。当然,也因此无意中将卡多佐送上总统的宝座。

第二节 影响卡多佐政府经济改革的因素

卡多佐当选总统后,除了继续深化稳定货币的"雷亚尔计划"外,也认识到若要从根本上解决巴西经济发展的困境,在当时的国内外形势下,必须进行结构性改革,也就是推动社会保障、公共行政体系、税制和政治制度等全方位的改革,才能从根本上解决财政问题。他希望通过经济增长来开源,通过缩减不必要的开支来节流,进而达到收支平衡和减少外债的目的。而这些改革的实施则有赖于对政治制度等相关制度的改革。

然而,要推动这些改革先要得到国会的支持。巴西国会中政党林立,国

---

① Flecha de Lima and Paulo-Tarso, "Liberalism Versus Nationalism: The Prodevelopement Ideology in Recent Brazilian Political History (1930–1997)", in Presidential Studies Quarterly, Vol. 29, No. 2, June 1999.

会议员分别代表联邦政府和地方政府的利益。欲了解其政治生态，必须从一种动态的角度观察，因为巴西的政治势力具有高度的流动性，国会议员经常转换政党，同时国会几乎每天都有新的政治联盟产生。为了谋取各自的利益，这些政治人物和政党对不同的议题和在不同的时期，产生不同的结合与对抗，这都对卡多佐政府的经济改革产生重大影响。但在回答如何扫除改革的制度性障碍之前，我们先要探讨促使卡多佐政府推动经济改革的国际因素。

一、卡多佐政府经济改革所面临的国际因素

巴西之所以能从1988年宪法中奠定国家发展主义的经济结构，逐渐在新自由主义的路上迈进，其原因可追溯到军政府时期的经济发展策略，20世纪70年代两次石油危机形成的国际环境以及80年代末国际区域经济一体化的趋势。两次石油危机形成的国际环境促使20世纪80年代以美国里根（Reagan）政府和英国撒切尔夫人（Thatcher）政府为首的新自由主义经济政策，通过国际货币基金组织等多边国际金融机构的贷款条件[①]，直接影响巴西的经济发展政策，也限制了巴西的经济结构调整。而区域经济一体化的趋势，则促使巴西周边国家的自由贸易改革，通过相互依存的贸易关系来影响巴西的自由化政策，同时也进一步深化巴西的经济改革。

（一）多边国际金融机构（包括世界银行和国际货币基金组织等）的影响

1964年4月巴西军政府取得政权后，为了追求经济高速增长，政府放弃

---

① 多边国际金融机构（如世界银行、国际货币基金组织等）的主要功能，包括监督全球汇价、贷款以及政策建议。这两个机构在从事信贷行为时，常会要求接受贷款者必须自己提出改善经济或清偿债务的计划，或配合其所提出的相关计划（如结构调整、金融改革等），以此附带条件作为贷款与否或多寡的依据，这对于急需资金的要获得贷款者构成极大的限制，也是国际多边金融机构对要求获得贷款者的自主性影响最大的一种做法。

了长期推行的市场保护政策,改善吸引外资的环境,企图以引进外资和鼓励出口的政策,通过更多的国际贸易来取得经济发展所需的资金。

20 世纪 60 年代以来,进入巴西的外资的主要类型及所占比重如表 2.1 所示。

表 2.1　1961~1986 年巴西长期外资的类型

年份	双边贷款（%）	多边贷款（%）	私人银行贷款（%）	外债比重（%）	外国直接投资（%）
1961~1965	57.1	7.8	-3.2	61.7	38.3
1966~1970	15.1	16.2	29.0	60.3	39.6
1971~1975	5.3	8.1	52.0	65.4	34.6
1976~1980	3.0	4.4	66.7	74.1	25.9
1981~1982	5.2	6.1	61.2	72.5	27.5
1983~1986	2.1	20.2	54.9	77.5	23.0

资料来源:改编自 Barbara Stallings, "The Role of Foreign Capital in Economic Development", In Gary Gereffi and Donald L. Wyman eds., Manufacturing Miracles: Paths of Industrialization in Latin America and East Asia. Princeton, N.J.: Princeton University Press, 1990.

由表 2.1 我们可以看出,20 世纪 60 年代以来,巴西外商直接投资(FDI)占全部外资的比重呈逐年下降的趋势,而外债的比重却逐年上升。尤其值得注意的是,在外债中,私人银行的贷款 20 世纪 60 年代后期还出现了快速增加的态势,直至 1982 年墨西哥债务危机前,几乎已占全部外资的 60% 以上。

而这一时期巴西私人银行贷款迅速增加的主要原因在于,自 1973 年世界石油危机后,主要石油输出国出现了大量资金盈余,国际上石油美元充斥,石油输出国通过把石油美元存入工业国家的银行,再转贷给急需资金的发展中国家。当时主要工业国家的国内利率水平非常低,有时甚至出现实际利率为负的情形①，这种情况促使工业国家的银行倾向于贷款给愿意支付较高利息的发展中国家。在两次石油危机期间，巴西的经济政策主要是继续推动第二阶段进口替代工业化政策，而在资本不足的情况下，只得通过对外举债进口大量资本货物（Capital Goods）以达到其深化进口替代的目标，通过外债来发展本国经济。

这样的发展模式在20世纪80年代初出现了问题。自1982年起主要石油输出国的现金账户开始出现赤字，导致国际金融市场上石油美元的回流，发展中国家融资渠道开始变窄，无法继续通过举债融资的方式来弥补其现金账户的赤字②。1982年英阿马岛战争爆发，美国与拉美各国因立场不同而产生裂痕，欧美地区的商业银行在处理拉美的债务问题时举棋不定。墨西哥就是在这种形势下于1982年8月单方面对外宣布停止偿还外债，最终引发了债务危机。

与此同时，巴西的贸易伙伴也受经济不景气的影响，减少了对巴西的进口，导致巴西原本打算通过贸易盈余来偿还外债的计划彻底落空；加上美国在第二次石油危机之后采取扩张性财政政策以维持经济增长，并且为了抑制财政赤字与通货膨胀而采取紧缩性货币政策、调高利率，引起其他西方国家跟进，带动国际利率不断上升，伦敦银行隔夜拆借利率由1975年的6.1%上升至1979年的12.2%，至1981年已经达到16.7%③。这些显然对以私人银行贷款且以浮动利率为主的巴西影响甚大，导致巴西在进口资本货物时的费用大增，同时必须用更多的钱去偿还债务。在这样的国际环境下，当时的巴西军政府为了赢得1982年的选举，不愿直接面对当时严重的经济问题，而寻

---

① David P. Calleo, "The Bankrupting of America: How the Federal Budget is Impoverishing the Nation", New York: William Morrow and Company Inc., 1992.
② Paul R. "Krugmanand and Maurice Obstfeld, International Economics: Theory and Policy", New York: Harper Collins, 1991.
③ 宫国威：《拉丁美洲区域整合之今昔》，《输出入金融》1999年第83卷第7期。

求可以迅速填补资金缺口的方式，就是进一步借贷①。由于上述原因，我们从表2.1可以看到1982年债务危机后私人银行贷款急剧下降，取而代之的是多边贷款的比重不断上升。

这就是当时若奥·费格雷多（João Figueiredo）总统为解决20世纪70年代巴西政府为达到经济高增长目标而造成的高通货膨胀率、高外债和高经常账户赤字的"三高"问题②。为了解决这一问题，从1983年起，巴西只得向国际货币基金组织求援，以求获得必需的资金。

国际货币基金组织在1983年初与巴西达成协议，只要巴西满足下列四项要求，则至1985年，国际货币基金组织将给巴西提供59亿美元的贷款③：

（1）缩减一半的财政赤字，包括削减公共部门赤字占国内生产总值的比重，由1982年的6.6%降至1984年的0.3%，预计1985年财政盈余相当于国内生产总值的2.9%。

（2）逐渐取消出口及农业的利率补贴。

（3）增加小幅贬值速度，以符合国内通货膨胀率。

（4）经常账户赤字要降到1982年一半的水平，且要有60亿美元的贸易收支盈余。

国际货币基金组织这次对巴西贷款设置的要求，简单地说，在宏观经济层次上要采取紧缩性财政政策，削减财政赤字，缩减公共部门支出，以达成降低消费与刺激储蓄等目的；在结构调整方面则要求减少出口补贴，进一步实行贸易自由化、货币小幅贬值等，以促进出口从而进一步积累外汇。这些措施的施行就是要求巴西向新自由主义经济改革的方向迈进。

---

① Abraham F. Lowenthal, "Partners in Conflict: The United States and Latin America in the 1990s", Baltimore, Maryland: The John Hopkins University, 1990.

② 就1980年的情况来看，巴西当年的国内生产总值增长率虽然达到了8.5%，但通货膨胀率已达3位数，约为110%，外债超过500亿美元，经常账户赤字达130亿美元。

③ 顾莹华：《巴西经济的发展与危机》，中国台湾中华经济研究院1992年版。

为了满足国际货币基金组织提出的要求，巴西采取紧缩性的财政和货币政策及严格的进口管制措施，这使得巴西遭遇近50年来最严重的经济衰退，实际国内生产总值下降3.5%，而人均国民收入也下降了大约5.4%[①]。这使得民主转型后的巴西政府对国际货币基金组织所要求的紧缩性财政政策非常反感，于是采取一系列与国际货币基金组织的要求大相径庭的改革计划，也就是所谓的非正统稳定经济计划（如1986年的"克鲁扎多计划"、1987年的"布雷塞尔计划"、1989年的"夏日计划"及1990年的"科洛尔第一计划"和"科洛尔第二计划"），这些计划的共同点是，在计划初期，尤其是在价格管制期间，能暂时压制通货膨胀，但当物价冻结期结束后通货膨胀迅速飙升，计划也宣告失败。由于这些非正统的稳定计划遭到失败，促使当时主事的技术官僚意识到必须对宏观经济加以限制，因为除了进行深度正统改革外，确实已别无他法[②]。

国际多边金融机构的影响力在卡多佐政府实施自由化改革后同样扮演着巩固与深化的角色。1998年卡多佐总统竞选连任之前，由于亚洲金融危机和俄罗斯金融危机等国际经济形势的影响，以及国内左派候选人刘易斯·伊纳西奥·卢拉·达席尔瓦（Luiz Inacio Lula da Silva）的有力挑战，卡多佐的连任局势虽然乐观但不稳定。当时国际货币基金组织、世界银行和美洲发展银行（IDB）联合与卡多佐签下一纸三年415亿美元的援助计划，协助巴西稳定当时的经济形势，这笔援助非常有助于巴西解决1999年初的金融危机。一般认为，这是国际多边金融机构为支持巴西继续进行新自由主义式改革及支持执行改革政策的卡多佐竞选连任的重要举措。

---

① 顾莹华：《巴西经济的发展与危机》，中国台湾中华经济研究院1992年版。
② Lourders Sola, "The State, Structural Reform, and Democratization in Brazil", in William C. Smith et al. eds., Democracy Markets and Structural Reform in L. A., Boulder, Colorado: Rienner, 1994.

（二）区域经济一体化的趋势

同一时期，在拉美次区域体系方面，区域一体化的进程也同样制约着巴西的改革进程。

拉美国家在第一阶段进口替代出现问题后，在20世纪60年代即开展区域一体化的尝试，试图通过区域资源的整合与市场共享，解决在资金不足、技术缺乏和市场狭小等方面的发展问题。自20世纪60年代军政府上台以后，巴西为了加强政府的正当性，全力发展经济，十分强调对外贸易的重要性。

1957年前后，包括巴西在内的许多拉美国家原拟扩大既有的双边贸易优惠协议，但依据"关税贸易总协议"（GATT）的规定，除非组成自由贸易区或关税同盟，否则不得违反最惠国待遇原则；此外，南美洲国家为应对"欧洲经济共同体"成立所带来的农、工原料出口的冲击，以及为扩大市场以解决进口替代问题，巴西、阿根廷、巴拉圭、乌拉圭、秘鲁、墨西哥、智利等国于1960年共同签署"蒙得维的亚条约"（Tratado de Montevideo），成立"拉丁美洲自由贸易协会"（Latin American Free Trade Association，LAFTA）。但由于会员国基于保护国内工业的心态而不愿开放国内市场、依然采取内向型的经济发展策略、产业缺乏国际竞争力、各国经济结构相似，彼此竞争性大于互补性以及大国只顾在扩大市场后利用既有优势争取自身利益而不愿意进行利益协调，导致拉丁美洲自由贸易协会在贸易自由化方面的进程远不如预期[1]。不过，以拉丁美洲传统的高度保护主义来看，拉丁美洲自由贸易协会的努力已为这些国家的市场自由化开了先河。

20世纪80年代的债务危机导致巴西的时期成为"失去的10年"（The Lost Decade），拉美经济在国际经济中的重要性大减，同时也给邻国的经济带

---

[1] 宫国威：《拉丁美洲区域整合之今昔》，《输出入金融》1999年第83卷第7期。

来相当影响。美国为协助解决拉美各国的债务问题，先是在 1985 年提出加强拉美国家偿债能力的"贝克计划"（The Baker Plan），在施行效果不佳后又推出以勾销债务及"债权—股权转换方案"（Debt Conversion Schemes）来抵减债务国本息负担的"布雷迪计划"（The Brady Plan），促使拉美国家经济体的经济有所改善，但也被迫接受援助国的要求，朝更自由化与市场开放的方向前进。

20 世纪 80 年代世界经济的结构性改革和民主化为区域一体化创造了良好环境，加上欧洲共同体于 1986 年通过"欧洲单一法"（The Single European Act），定于 1992 年底建立欧洲共同市场；1989 年"美加自由贸易协议"（The Canada – United States Free Trade Agreement）正式生效，1990 年又加入墨西哥形成"北美自由贸易协议"；亚太地区也于 1989 年成立"亚太经济合作会议"（Asia Pacific Economic Cooperation，APEC），这些情况使拉美国家普遍感到加强区域经贸合作的重要性，若不积极提升自身的经济竞争力，充分利用本身区域的合作潜力，形成更开放和一体化程度更高的市场，势必会被孤立于世界经济体系的外围地位①。

为应对世界经济区域化趋势，在萨尔内总统任内巴西就开始加强与阿根廷的经济关系，并于 1989 年决定组建共同市场。巴西与阿根廷过去由于民粹色彩浓厚或军事威权统治，贸易上多采取保护主义以扶持国内产业，20 世纪 80 年代前参与区域一体化的目的在于扩大本国市场，建立区域性贸易壁垒以对抗第三国的竞争。经过 20 世纪 80 年代的债务危机，深受危机伤害的巴西和阿根廷两国深深体会到单一发展中国家在当前国际经济架构下的脆弱性，认为两国若不组建关税同盟并进行政策协调，将无法增强出口竞争力及加大国际谈判筹码，对外资的吸引力也将不如北美、西欧或亚太地区。

---

① 苏振兴：《拉美区域经济合作的发展趋势》，《拉丁美洲研究》1993 年第 4 期。

科洛尔总统上台后也支持这项一体化计划,于1990年7月与阿根廷总统卡洛斯·梅内姆(Calos Menem)签署文件,决定提前至1994年底成立共同市场,并邀请乌拉圭和巴拉圭两国加入,经过协商后,四国元首于1991年在巴拉圭首都亚松森签署"亚松森条约"(Tratado de Asunción),成立"南方共同市场",以此推动四国间商品、劳务、资本自由流通、对外统一关税及共同的贸易政策。

1994年12月,美洲34国元首于迈阿密高峰会上提出成立"西半球自由贸易区"的构想,于2001年4月20~22日在加拿大举行的第三届美洲国家高峰会议上再次确认,商定将于2005年1月前完成"美洲自由贸易区"的相关谈判,并于同年12月正式成立。美洲自由贸易区(Free Trade Area of the Americas, FTAA)拟结合"北美自由贸易区"(North American Free Trade Agreement, NAFTA)、"中美洲共同市场"(Central American Common Market)、"加勒比海共同市场"(Caricom)、"安第斯共同市场"(Andean Common Market)及"南方共同市场"为一体,建立北起阿拉斯加、南至阿根廷火地岛的"美洲自由贸易区",区内人口将超过8.54亿,全区生产总值高达13兆美元(约占全球经济总量的1/3),将是全球最大的自由贸易区。若一体化成功,将是全球最大经济体,与"欧盟"(EU)、"亚太经济合作组织"(APEC)鼎足而立,在国际上将扮演举足轻重的角色。

筹划成立美洲自由贸易区的主导力量是美国。美国倡议建立自由贸易区的目的,是利用拉丁美洲的市场潜力和传统势力范围与欧盟和日本相抗衡,其出发的基点即以美国、加拿大和墨西哥组成的"北美自由贸易区"为基础,向南推进扩大,进而囊括除古巴以外的所有美洲国家。巴西和阿根廷等拉美国家则希望通过与美国、加拿大等发达工业国家的联合,增强各国在该地区的经济地位和竞争力①。美国的出发点是美国的贸易利益和市场占有，而拉美国家也同样在20世纪80年代以来经济自由化改革的背景下，期望通过区域内的自由贸易获取利益及美国的初级产品市场和资金流入，同时拉美国家早已对美国有极高的贸易依存度，对于美国的呼吁，无法不加以附和。

拉美国家20世纪80年代深受债务危机之苦，经济困境使得这些国家朝自由化的方向改革，其中最早调整的是智利，早在20世纪70年代后期就推动贸易改革，玻利维亚也从1985年开始调整经贸政策。20世纪80年代后期，几乎整个拉丁美洲都已经开始进行自由化调整②。

巴西为扩大市场与贸易而组建南方共同市场及准备加入美洲自由贸易区，也因在一体化进程中获取经济利益而继续深化一体化的内涵和自由贸易进程。周边国家的自由化转变及区域经济一体化的发展迫使巴西不得不朝自由市场的改革方向前进。

二、影响卡多佐政府经济改革的国内制度结构因素

在国际环境朝自由市场改革的大趋势下，巴西也朝着同样的方向前进，但

---

① 其实巴西与美国在建立美洲自由贸易区的方式和时间上存在颇大的分歧，尽管双方都认为拉美市场是两国重要的出口利益区，但美国希望以逐步扩张北美自由贸易协议的方式进行，在吸纳智利后，再逐一让拉美其他区域经济一体化组织及国家加入，最后在2005年完成美洲自由贸易区的建构。而巴西基于其国家出口利益，反对美国这种"轴心—轴辐"（Hub‐and‐Spokes）式的整合方式，更不能接受美国是轴心，而巴西只是轴辐的地位。由于巴西主要的出口利益在于南方共同市场而非北美自由贸易协议，故巴西希望由其先主导将南方共同市场扩张为南美洲自由贸易区（South American Free Trade Area），然后再统合由巴西主导的南美洲自由贸易区与美国主导的北美自由贸易协议，最后达到建构美洲自由贸易区的目的，在这样的程序下，才能确保巴西的主导地位和利益，同时也不急于2005年前成立。

② 从墨西哥的例子来看，墨西哥自从1993年与美国和加拿大签署北美自由贸易协议之后，成为美国新自由主义市场改革的样板。早在20世纪80年代早期，墨西哥的政治精英就为了解决1982年的债务危机，不得不接受国际货币基金组织的条件进行新自由主义经济改革，以换取新的贷款及外债偿还期的调整。1983年以来执政的德拉·马德里（Miguel de la Madrid）政府、卡洛斯·萨利纳斯·德戈塔里（Carlos Salinas de Gortari）政府，均逐步深化新自由主义经济改革，包括转投资、解除管制、贸易自由化、放款对外资的设限和改变农业社区的土地所有权制度。每一项目的推动都代表国家逐步放弃其对经济的干预。

是巴西并非在国际环境的制约下即刻完成改革，相反地，改革的过程反映的不只是各种利益的纠葛，更受制于巴西的政治体制与政治运作的结构性因素。

卡多佐政府企图根本解决巴西的经济发展问题，大举推动经济自由化、社会保障、公共行政体系、税制和财政、政治制度等全方位的结构性改革，通过开源节流来达到收支平衡和减少外债的目的。而这些改革的推动则有赖于政治制度等相关制度的改革，当务之急就是争取国会的支持。巴西国会中政党林立，其议员分别代表联邦政府和地方政府的利益，且巴西的政治势力具有高度的流动性，国会议员经常转换政党，同时国会几乎每天都有新的政治联盟产生。为了谋求各自的利益，这些政治人物和政党对不同的议题和在不同的时期，产生不同的利益结合，这些政治结合对卡多佐政府的改革议程有时是推动力，有时却是阻力。因此，在探讨巴西的经济改革时，我们必须先对巴西改革的国内结构性因素加以讨论，也就是对巴西国内的政党体系运作及历史发展、现今政党体系的结构性因素以及这样的政党体系如何影响对卡多佐政府的改革与有何影响等问题进行探讨。

（一）巴西政党演变对改革的影响

如前文所述，巴西的政党是一群为了追寻各自利益的个人或组织的结合体，巴西政治人物更换政党旗帜的情形非常普遍，即使政党名称中包含着"民主"、"社会"、"进步"等词汇，也不代表该党的属性与这些党名相关。

巴西的现代化政党出现甚迟，且政党体系制度化的情形也非常差。在摆脱殖民统治的帝国时期（1822～1889年），巴西有两个政党，即巴西党和葡萄牙党，前者以地主为主，主张自由主义和地方分权；后者则以葡萄牙人后裔为主，主要诉求是反对巴西独立。巴西党在1850年演变成保守党和自由党，从1853年起成立协调内阁，轮流执政，代表独立后的社会经济精英的利益。1889～1930年的第一共和时期，全国只有一个政党，即保守党。作为精英控制其利益的组织，这个政党受巴西当时最有权势的圣保罗州（São Paulo）和米纳斯吉拉斯州的经济利益所左右①。

1930 年南里奥格兰德州（Rio Grande do Sul）的总统候选人瓦加斯落选后，不满圣保罗州和米纳斯吉拉斯州长期把持国政，联合贫穷的东北各州、不满圣保罗州的米纳斯吉拉斯州总统候选人和军人，共同发动军事政变，推翻第一共和，成立由瓦加斯独裁的民粹政权，也结束了此前的一党垄断。1945 年瓦加斯被军人推翻后，巴西的政治势力分为支持与反对瓦加斯的两股力量：前者由以工业家、官僚和政客为主的社会民主党（Partido Social Democrático，PSD）及以工人为主的巴西工党（Partido Trabalhista Brasileiro，PTB）所组成，后者则由以自由宪政主义者为主的国家民主联盟（União Democrático Nacional，UDN）。

1964 年军政府上台，为便于统治，它把所有政党集中分类为支持军政府的"国家革新联盟"（Aliança Renovadora Nacional，ARENA）及代表左派和反对军政府的"巴西民主运动"（Movimento Democrático Brasileiro，MDB）。国家革新联盟 1979 年前占国会的绝大多数议席，但内部却分为许多派系，代表不同区域的利益，而巴西民主运动则由许多不同意识形态的组织集合而成的。1979 年费格雷多政府为了获得选举的胜利，促使国会通过了政党改革法，废除党禁，企图使反对势力分化从而削弱其力量。党禁开放后，巴西民主运动改名为"巴西民主运动党"（Partido do Movimento Democrático Brasileiro，PMDB），而国家革新联盟则改名为"社会民主党"（Partido Democrático Social，PDS）。1984 年因不满党内所推举的总统候选人，许多社会民主党党员另行成立"自由阵线党"（Partido da Frente Liberal，PFL），与巴西民主运动党结盟，共同推举内维斯为总统候选人并赢得选举。

---

① Roett Riordan, "Brazilian Politics at Century", in Julio Cesar Pino's Brazil under Cardoso, Susan K. Purcell and Riordan Roetteds eds., Boulder, Colorado: Lynne Rienner Pub., 1997.

第二章 卡多佐政府经济改革的背景

由于在民主转型后的历次选举中表现不佳,社会民主党于1993年与"基督教民主党"(Partido Democrático Cristao, PDC)合并,组建"进步改革党"(Partido Progressista Reformador, PPR),1995年又合并"进步党"(Partido Progressista, PP),成立"巴西进步党"(Partido Progressista Brasileiro, PPB)。

另外,虽然巴西民主运动党在1981年并入"人民党"(Partido Popular, PP),且在1986年的国会选举中获得多数席位,但由于该党包含了各式各样的政治人物,从保守的地方政治领袖、地主到自由主义者、马克思主义者,本身在政策上的意见有分歧,因此党内许多人,包括当时代表圣保罗州的参议员、卡多佐总统等,脱离该党成立"巴西社会民主党"(Partido Social Democrático Brasileiro, PSDB)。

在代表传统工人利益的政党方面,1979年后分别有"民主工党"(Partido Democrático Trabalhista, PDT)、"巴西工党"(Partido Trabalhista Brasileiro, PTB)以及"工党"(Partido dos Trabalhadores, PT)。前两个政党和1964年前的巴西工党有传承的渊源,代表传统劳工的利益;后者则是1964年后巴西经济快速扩张与工业化而培养出的一批高素质劳工所创建的政党,以阶级为基础,期待工人从政府传统的控制中解放出来。虽然他们所推出的总统候选人卢拉已连续三届选举败北,但仍有不可忽视的力量[①]。

此外,巴西还有许多以领袖个人魅力为号召的政党,如前总统科洛尔为了参加总统选举而在1990年组成的"国家复兴党"(Partido de Renovação Nacional, PRN),但这一类政党通常会随着领导人的起伏而兴衰,如国家复兴党在科洛尔下台后迅速销声匿迹。

从1995年和1998年两届联邦参众议院选举中席位的分布中可以看出巴西国会中的政党生态。

---

① Roett Riordan, "Brazilian Politics at Century", in Julio Cesar Pino's Brazil under Cardoso, Susan K. Purcell and Riordan Roetteds eds., Boulder, Colorado: Lynne Rienner Pub., 1997.

表 2.2 1995 年和 1998 年联邦参、众议院政党席位的分布

		1995 年				1998 年			
		众议院	参议院	总席位	比重（%）	众议院	参议院	总席位	比重（%）
泛执政同盟	巴西民主运动党（PMDB）	107	22	129	21.7	86	21	107	18.0
	自由阵线党（PFL）	89	19	108	18.2	110	24	134	22.6
	巴西社会民主党*（PSDB）	62	10	72	12.2	97	14	111	18.7
	巴西进步党**（PPB）	88	11	99	16.7	79	7	86	14.5
	巴西工党*（PTB）	31	5	36	6.1	22	3	25	4.2
	自由党（PL）	13	—	13	2.2	10	—	10	1.7
	小计	390	67	457	76.9	404	69	473	79.6
反对派	工党（PT）	49	5	54	9.1	50	5	55	9.3
	民主工党（PDT）	34	6	10	6.7	22	4	26	4.4
	巴西社会主义党（PSB）	15	1	16	2.7	14	2	16	2.7
	巴西共产党（PCdoB）	10	—	10	1.7	9	—	9	1.5
	社会主义人民党（PPS）	2	1	3	0.5	7	1	8	1.3
	小计	110	13	123	20.7	102	12	114	19.2
	其他政党	8	1	9	1.5	7	—	7	1.2
	无党派	5	—	5	0.8	—	—	—	0.0
	总计	513	81	594	100.0	513	81	594	100.0

注：*这三个政党是卡多佐的核心同盟，从选举时就同为竞选团队，其他政党则是在立法过程中会给予支持的友善政党。

**巴西进步党在 1994 年选举时仍是进步改革党（PPR）和进步党（PP），进步改革党（PPR）和进步党（PP）在众议院及参议院中分别占 52 席和 6 席及 36 席和 5 席，两党于 1995 年合并为巴西进步党（PPB），形成如表 2.2 所示的席位总额。

资料来源：Folha de São Paulo, 1996 & 1998. 转引自 Power, Timothy J., "Brazilian Politicians and Neoliberalism: Mapping Support for the Cardoso Reforms, 1995–1997", in Journal of Interamerican Studies and World Affairs, Vol. 40, No. 4, 1999.

从表 2.2 可以看出，当时巴西最大的政党已经由巴西民主运动党转为自

由阵线党，且卡多佐所属的巴西社会民主党也已经跃居第二大党。而当时在巴西国会中占有席位的政党至少有13个，但是几乎没有一个政党的席位能超过20%。

巴西的政党体系极为松散。依据学者曼瓦宁（Mainwarning）① 的分析，巴西的平均有效政党数高达8.7个。为何会造成这样的分裂体系，主要原因包含选举制度的影响、政治人物对政党的依归并不重视以及精英间的意识形态差异与分布十分广大，难以整合。而这些因素也同样对日后卡多佐政府推动自由市场取向的改革有重大影响。

巴西的选举制度为"开放式名单比例代表制"②（System of Open-list Proportional Representation），每一州都是单一大选区复席，席位按人口比重分配，但确保每州至少8人，因此，每州应选席位为8~70个不等，也造成了国会中议席的不成比例性，人口少的小州如北部、中西部及东北部均有过度代表的问题，而大州则呈现代表不足的现象。当时，巴西27个州中有20个州有过度代表的问题，而这些州掌握了国会中近50%的席位。这样的状况造成许多财政调整法案在国会中轻易就被这些少数州的代表所否决。然而，议席不成比例性并不容易改变，一方面，政府倾向给予小州过度代表性，以弥补其经济上的弱势，增加其在联邦层次的影响力③；另一方面，政府为维持其多数同盟，也必须与其合作。且若要修正议席的不成比例性，修宪过程必

---

① Scott Mainwarning, "Brazil: Weak Party, Feckless Democracy", in Scott Mainwarning and Timothy R. Scully eds., Building Democratic Institutions: Party System in Latin America. Stanford: Stanford University Press, 1995.

② 巴西的"开放式名单比例代表制"是指在投票当天，选民的一票既可投给某一候选人，也可投给他所代表的政党或政党同盟。政党的候选人名单并没有列在选票之上，选民必须将心目中的理想候选人的名字或号码写在选票上，政党的票数是以其所提出的各候选人的得票数加总计算，再依据政党比例名单分配议席。

③ Roett Riordan, "Brazilian Politics at Century", in Julio Cesar Pino's Brazil under Cardoso, Susan K. Purcell and Riordan Roetteds eds., Boulder, Colorado: Lynne Rienner Pub., 1997.

须有国会议席的 3/5 方能通过,等于要这些州的代表放弃权利,实在困难重重①。

"开放式名单比例代表制"同时造成政党候选人同室操戈的情形。候选人在广大的选区中只需求取足以当选的票数即可当选,故其选举时的对手往往不是其他政党,而是与自己票源重叠的同一政党候选人。同时只要利益契合,不同政党却联合竞选的情形非常普遍,1994 年的联邦议员选举就有接近一半的候选人是以多党联合竞选的模式参加的。有些候选人则偏好以小党的名义参选,以提高其个人在州、市等地方的支持度。这些问题都造成候选人弱化其政党倾向,而联合竞选则让选民根本无从得知候选人的政党。

除了政党倾向不明显外,巴西组织政党极为容易、选举时没有门槛也是造成政党极度分化的重要原因。巴西《宪法》第 17 条也保障了政党的自由成立与运作,只要有 101 个创党党员、正式的组织计划,然后向最高选举法庭(Tribunal Superior Eleitoral, TSE)注册,12 个月内在 9 个以上的州,每个州有 1/3 的市里有党的组织,即可成立一个政党,因此巴西 1989 年有 22 个政党推举候选人参选总统。1993~1994 年国会提出增加德国式 3%~5% 政党选举门槛的宪法修正案,却因国会不支持而遭否决。

此外,政党同盟、分裂情形频繁,依据学者尼哥劳(Nicolau)的统计,巴西政党的选举变异性②佩德生指数(Pedersen Index)1986~1990 年为 30.5,1990~1994 年为 16.6,远远高于欧洲国家 1985~1996 年的平均数字

---

① Lourders Sola, "The State, Structural Reform, and Democratization in Brazil", in William C. Smith et al. eds., Democracy Markets and Structural Reform in L. A., Boulder, Colorado: Rienner, 1994.

② 选举变异性(Electoral Volatility)是一个化学术语,意指某种物质从一种状态向另一种状态的迅速转变,如液体变气体。用于选举活动,指选票在两种选择间的变动,或者从某一党转向另一党,或从投票转向弃权,因此可定义为"在选举政党的制度中,由于个人投票转移而引起的净变化"。计算方法是计算每个政党当次选举所获得的选票与上次选举相比的比重变化,再将之除以 2 所得的数据即是其选举变异性,数字越高表示变异性越高,选民的政党忠诚度越低。

第二章　卡多佐政府经济改革的背景

11.0①。如此高的数字意味着政治人物极低的政党忠诚度,在立法过程或选举时常常转换政党或做非政党取向的选择。这也表示巴西的政党体系内存在力量强大的利益团体,它们以区域或二级组织为基础,影响力量远远超过政党界限。

巴西每个政党依其形成的过程与主要根据地,各有其代表的利益。当时,主要支持卡多佐政府进行经济改革的政党,包括巴西民主运动党、巴西社会民主党、巴西进步党及自由阵线党,都是代表传统州和地方政府的利益,由传统的政治人物领导,如巴西民主运动党的领导人是前总统、前参议院主席萨尔内;巴西进步党的领导人则是前圣保罗州州长保罗·马卢夫(Paulo Maluf),主要以圣保罗州为集中地;工党也是以圣保罗州为集中地;巴西社会民主党的领导人为当时的总统卡多佐,也是圣保罗州的参议员,支持者主要集中在圣保罗州和塞阿拉州;以劳工为基础的民主工党则以南里奥格兰德州和里约热内卢州为主;自由阵线党的领导人则是前众议院议长安东尼奥·卡洛斯·玛格汉斯(Antônio Carlos Magalhães),这是一个以东北各州为基础的政党。

各个政党对卡多佐政府推动改革的态度,主要仍是以个人或地域的利益为主,不一定就支持其执政同盟。以总统卡多佐为首的巴西社会民主党支持者主要集中在圣保罗州和塞阿拉州,所以许多时候就不支持卡多佐的经济自由化政策,因为圣保罗州的传统工业集团深怕自由化会影响它们产品的竞争力。反之,以东北保守势力为主的自由阵线党却是卡多佐自由经济改革的最大支持力量,因为自由与竞争似乎可以为贫困的东北地区带来经济利益。

由于政党与政治人物结盟的目的不在于政党的政纲或意识形态,而是区域或个人的利益,政治人物担任中央民意代表或公职的目的主要在于从联邦

---

① Kinzo, "Maria D'Alva G. and Simone Rodrigues da Silva, Politics in Brazil: Cardoso Government and the 1998 Re-election", in Government and Opposition, No. 34, Spring 1999.

获取利益并输回地方，促使其在地方选举或政治中赢得更大利益。据统计，1996年有116位联邦参众议员返乡参加地方的选举，寻求地方的政治职位，这个数字接近全部议员的1/4。因此，近乎任何意识形态的政党与政治人物，只要利之所趋，都可以组成选举或政治同盟①。如当时的执政同盟包括最多席位的自由阵线党，其意识形态属于中间偏右，巴西民主运动党则是多种意识形态的混杂组合，巴西社会民主党则是中间或中间偏左的立场，工党为偏左派政党，巴西进步党和自由党则为右派政党，这六个政党的意识形态在政党光谱上由左至右均有，但依然可以组成执政同盟。

由于国会议员重视地方利益，且多寻求地方官职，使得国会中议员替换率极高，其中又以南部及东南部传统工商业州为甚，导致国会议员对议事过程并不熟悉，也没兴趣熟悉，公共听证会及委员会效果皆不佳。议员只有一个目的，就是在立法上制定更多有利于自己代表的地方利益的条款，因此卡多佐政府在推动改革时，必须不断考虑这层传统的扈从关系网络与利益交换②，才能顺利通过改革法案。

由于政党与政治人物只计较个人及区域利益、选举制度及政党属性不清造成政党体系极端分化，促使卡多佐政府在推动改革时无法形成坚固的改革阵线，必须不断通过传统的利益交换与职位笼络，才能在改革路上缓缓前进，

---

① 但这样的情形并未发生在主要的左派政党中。巴西三个主要左派政党（工党、社会主义人民党和巴西共产党）的凝聚力都非常高，如工党对党员的规范从候选人的甄拔开始，候选人必须遵守工党的党纲与政策，要求与党的一致并降低个人主义，该党发展出基层组织以吸收最新民意。

② 扈从主义（Clientelism）是指地位不平等的个人或团体之间为了利益交换而形成的非正式的权力关系。扈从主义在巴西的行政立法协商过程中扮演着非常重要的角色。扈从主义之所以会形成，主要原因包括：其一，国会中有许多议员来自传统扈从关系强烈的地区，如北部或中西部较穷困的州，又因为国会中的不成比例性造成这些议员的集体影响力不容小觑。其二，国会议事过程也造成扈从主义高涨，由于巴西国会中后排板凳议员（Back - Bencher）发挥作用的空间不大，促使他们许多时间花在争取私人及选区利益上。其三，对许多巴西穷人而言，公共服务是可望而不可即的，因此，对于这些人来说，政治人物是他们获取公共资源的唯一渠道，而他们也因此以对政府法案的支持来换取资源，以实现他们对选民的承诺。也因此很难区分议员对政府的要求是立法所需还是个人利益的追求，这也助长了扈从主义的滋长。

且由选举组成的执政联盟并不稳定，随时会因为不同议题与利益出现而产生新的结合或分裂。1995年卡多佐总统凭着其成功压低通货膨胀的"雷亚尔计划"而登上巴西总统的宝座，顺利促成国会通过争议性较低的经济改革"五大修正案"（Big 5 Amendments），即开放石油、电信、电力、天然气的民间经营与外国投资的国民待遇，但卡多佐总统还趁势于1996年再推出关系整个经济结构改革的社会保障改革、公共行政改革及税务改革，不过，各党议员均害怕得罪公务员及支持者而影响当年10月的地方选举成果，最终在国会惨遭否决。审议改革方案的那天，许多执政同盟的议员均未出席。

（二）执政联盟式的总统制对改革的影响

巴西的行政立法关系属于多党制下的总统制，与欧洲多党制下的内阁制和美国的两党式总统制运行方式十分不同①。由于国会没有固定的支持者，加上复杂政党生态与行政立法互动模式，总统必须在国会建立一个广泛的执政同盟，并需努力维系此执政同盟的稳固，以确保他们可以提供必要的立法支持。但是也因为要维系执政同盟的稳固，必须付出许多政治协商成本，否则极易形成政治僵局。面对时常出现的政治僵局，巴西曾经试图改革，企图采取"共同统治"（Condominium）的内阁国会共治式政治体制，可惜并没有

---

① 在多党制下的内阁制中，由于没有任何一个政党能获得国会过半数的席位而取得单独组阁的权力，多半采取联合内阁的方式，以求取执政同盟可以在国会中取得多数席位，顺利推行政策。在总统制的运作下，行政立法则是处于一种相互制衡（Check and Balance）的关系，政治权力由总统及国会分享，但是政治责任却由执掌行政权的总统承担；总统与国会议员由不同的选举选出，各有其正当性，所以与总统同一政党的国会议员不见得一定要支持总统的政策，议员为了本身的利益，随时可以改变支持总统与否，因此总统必须花费许多心力与成本在建构执政同盟上。这样的行政立法关系和内阁制下的多党制在运作上极为不同。且在美国的两党式总统制中，基本上总统还是从民主党与共和党两党的竞争中选出，一旦成为党的总统候选人，即名义上成为该党的政党领袖，在国会中还是有党的固定支持，以便推动政策。但是像巴西这样的多党总统制国家的政治运作较为少见，现实的例子不多，相关的研究文献也不是很多。

成功①。

在巴西经济改革过程中，面对经济危机确实需要一位强势总统，然而要建构一个稳固的执政同盟并不容易，而且往往需要极大的利益交换与繁复的协商过程。况且执政同盟的基础主要建构在总统的个人声望上，一旦总统声望下降，执政同盟就很容易分崩离析，一个最明显的例子就是科洛尔总统末期被弹劾时的境况。

在这种制度下，一旦总统难以在国会中取得多数支持，为了顺利推动改革，总统可以采取的手段包括诉诸公投立法和跳过国会，采取"临时措施"（Medidas Provisórias，MPs）②。

从表2.2可以看出，组成执政核心同盟的巴西社会民主党、自由阵线党和巴西工党1995年只占国会36.5%的席位，离推动改革所需的3/5的修宪门槛差距很大。因此，从科洛尔时代就开始采用一些临时措施来加速改革的推行。卡多佐总统甚至在就任前一个月就采取临时措施，以便在就任后即可顺利推动改革③。不过临时措施基本上还是需要国会的立法支持，尤其是涉及结构改革的修宪案，否则时限一到仍然面临失效的命运。

因此，在这样的制度下，致力于推动宪法修正仍是正途，卡多佐本人基

---

① 为了避免政治僵局，巴西各界在20世纪80年代中期就曾经讨论过改用内阁制，但在1988年宪法通过后所举行的制度选择公民投票中还是遭否决，仍继续实行总统制。1992年科洛尔被弹劾后，国会与科洛尔的内阁曾经协商成立一种"国会式政府"（Congrssional Government），形成一种"非正式的议会主义"（Informal Parliamentarism），通过国会支持的内阁执政，达成一个不用总统统治的"共识政治"（Consensus Politics）。"共识政治"将创造一个由国会绝对多数组成、容纳所有政治光谱的政党和单元，采用一种接近一致决议的决策规则。这种"共识政治"称为"共同统治"（Condominium），企图借着行政立法合一的运作来恢复政党体系的正当性。然而这个没有积极行动的自我政变式战略并没有发生实质效果，只是让政府的统治能力更加衰弱。

② 临时措施是1988年宪法第62条赋予巴西总统的特殊权力，当总统遇意外需要和紧急状况时，可以采取具有法律效力的临时性措施，但必须立即交由国会追认。临时措施不仅可以让行政命令实现一些与立法目的相同的事宜，更能影响国会的立法议程。由于临时措施必须在发布后一个月内送交国会审查，所以临时措施的优先性凌驾于其他法案之上。

③ 卡多佐1994年当选总统后，即在当年12月12日以当时总统佛朗哥的名义发布一项临时措施的税法改革。此外，他也在就任当天发布了一项临时措施，改革当时政府的行政结构。

于其1993～1994年财政部长任职期间大力推动改革修宪的不成功经验，决定顺从巴西传统的扈从政治网络，采用职位交换、小幅财政支出等利益交换的方式换取议员的支持以推动修宪。并将议题依争议性分成争议性较低的修宪案与争议性较高的修宪案，议题数量越少，涉及的利益也越少，则反对者也越少，先推动争议性较低的和比较有共识的法案，所以1995年11月顺利通过开放外资参与投资国内国营天然资源的"五大修正案"。然而，之后的社会保障改革、行政改革及税务改革，则受当年有地方选举，关系各候选人的群众支持基础而最终无法通过。

三、卡多佐政府经济改革中的个人因素

除了国际环境因素和国内制度结构因素的影响外，卡多佐政府经济改革的推动还包括国内许多个别行为者，这些行为者在国内外环境的影响下，也对改革的推动或深化产生影响，其中最主要的个别行为者莫过于掌握行政权的总统卡多佐和其执政的政府领导班子，以及众多拥有立法权的国会议员。巴西总统卡多佐早期是著名的"依附论"提出者，当时具有明显的左派改革色彩，然而为何会在20世纪90年代一改过去立场，反而被认为是新自由主义改革最重要的推行者，这一直是巴西左派人士攻击的目标以及学界难以理解的问题。下面我们将试图对这个疑问进行回答。卡多佐的经济改革思想显然也不是由他一个人构思出来的，因而本节还将对卡多佐领导班子的背景和思想进行分析。此外，巴西的国会议员基于前述的政党和区域利益，又为何最终会支持实施新自由主义式的改革，是哪些议员支持，又是哪些议员反对？其动机与背后的利益何在？

（一）卡多佐执政理念的转型

卡多佐生于1931年的巴西里约热内卢（Rio de Janeiro），1949年进入巴

西圣保罗大学社会学系,受教于著名的社会学家弗洛雷斯坦·费尔南德斯(Florestan Fernandes)并获得博士学位。之后他留在该校任教至1964年,军事政变后被逮捕,禁止在大学教书,并流亡智利。在流亡期间,他曾在联合国拉丁美洲经济委员会(Economic Commission for Latin America,ECLA)设于智利圣地亚哥(San Diego)的"拉丁美洲社会经济研究所"做研究,1967年返回圣保罗大学教书。20世纪70年代末起,他开始担任圣保罗州参议员,1988年因不满其所属政党"巴西民主运动党"的政策取向,脱党另行成立"巴西社会民主党"。1992年任外交部长,1994年任财政部长,推行"雷亚尔计划",在3个月内成功将原本达到三位数的通货膨胀率降至一位数,使他声望日益上升,当年代表巴西社会民主党当选巴西总统,并于1999年获得连任。

1. 有别于传统"依附论"的"依附发展论"

卡多佐一向被认为是"依附论"的宗师,他在早期的著作中认为,像巴西这样的发展中国家,其发展的模式,主要是结合了两个传统上看起来是分开的而且互相冲突的概念,也就是发展与依附。这种发展模式中,巴西、巴西本国私人资本和外国资本,这三者是经济增长最主要的推动者,三者的联合关系中国家角色最重要。这种所谓的依附发展模式和国际资本主义发展息息相关,即在20世纪60~70年代促成新的国际分工(New International Division of Labor),以及跨国公司开始把生产线外移到第三世界的外围国家,并将市场对准生产地。这种国际资本的组织变迁,其背后原动力是跨国公司与国家策略(State Strategy)。在某种程度上,跨国公司的利益开始与依附国家内部的繁荣互为兼容。在这个意义上,跨国公司有助于国家发展。这种看法

第二章 卡多佐政府经济改革的背景

有别于传统依附理论所强调的经济帝国主义的剥削与经济发展停滞①。卡多佐通过辩证的方法,指出了传统现代化理论与依附理论的局限性,并借"历史—结构"研究途径②,明确指出拉美国家内部的社会、政治、经济间发展的关联性及这些因素与国际因素间的互动过程,同时导引出依附的原因与存在的问题。并特别强调不同时期有不同的"依附情境",同时在依附情境中也有"发展"的可能,但依附发展并不意味着国家一定朝更理想的方向迈进,通常发展的结果可能是更依附,同时也付出极大的经济社会成本。因此,想要通过资本主义的发展解决诸多的社会问题并不符合实际,社会主义式的发展模式才是可能解决问题的根本之道。

他当时的著作当中带着许多社会民主与左派的色彩。然而,当他担任巴西财政部长至连续担任两届总统时,却成为巴西实行新自由主义式改革最主要的推动者。这样的思想转变可以从他 2000 年的文章中看出:

"整合进贸易、金融和科技全球化潮流的经济机会,对发展中国家稳定

---

① Fernando Henrique Cardoso, "Associated – Dependent Development: Theoretical and Practical Implications", in A. Stephen, eds. Authoritarian Brazil: Origin, Policies, and Future. New Haven: Yale University Press, 1993.

② 卡多佐提出的"历史—结构"论述是以社会过程为基础,强调社会生活的多元化,认知社会结构是人类行为汇集后的产物,并受社会运动(Social Movement)的形成而转型。同时,也重视发展与历史脉络的联结,"历史—结构"研究途径不只强调社会生活的结构情境,也重视受冲突、社会变迁与阶级斗争所造成的历史结构转变。传统依附理论认为,结构并非奠基于社会团体间平等与合作的关系,相反地,应该是一种不平等与剥削的关系,而且只要这些结构存在,不平等与剥削就会维持稳定与持续,然后产生更多的低度发展与依附。卡多佐认为这样的看法没错,但是却忽视发展所带来的结果。从"历史—结构"研究途径来看,依附的形式不是不变的,从社会"自我存续的机制"以及"变迁的可能性"这两个角度来分析,可以指出依附的形式可以改变,具有改变的可能性以及在不同时空所存在的形式。因此,对具体情境的分析需要对依附国的社会、经济剥削程度、工业化、资本积累程度以及本国经济与国际市场如何联系等加以深入了解,更强调国际阶级、团体与本土层次的关系与互动。在相同的国际发展脉络下,各历史情境不同的国家有不同的自然资源,并入世界资本体系的时间不同、国家内部在不同时刻、不同阶级间的合纵连横、意识形态、是否合作对抗外国势力等,在研究时要特别重视历史与空间的多样性。"历史—结构"途径解释的正确性由其描述的现实社会和政治过程的结构与变迁趋势所检证。这样的解释十分贴近实际历史发展的过程,并仰赖其能力范围来告诉政治、社会行为者在相对的情境中可能的问题解决方式。

的经济增长及生产结构现代化非常必要。"①

这样肯定经济与全球一体化的论调，与他昔日强调不平等交换的论著②背道而驰，确实令许多评论者难以理解和捉摸③。

2. 从"依附性发展"到"融入经济全球化的发展"理念

面对国内外左派人士的强烈批评，卡多佐认为这是非战之罪，因为卡多佐曾连续两次击败代表巴西左派参选总统的工党领导人卢拉，造成左派执政的愿望不断落空，也造成卡多佐在推动改革时与左派协商变得十分困难④。同时，面对外界对他政治态度转变的批评，他强调自己并不仅是一个新自由主义改革者，而是一个比新自由主义改革者更具内涵的社会民主支持者。正如华盛顿共识之父、英国经济学家约翰·威廉姆森（John Willamson）也不认为卡多佐政府是新自由主义政府。他指出："对卡多佐政府的指责是不公正的。卡多佐政府不是小国家（Estado Minimalista）。他提高了社会领域支出。"如要划分，他认为卡多佐政府是社会—民主主义政府。

---

① Fernando Henrique Cardoso, "An Age of Citizenship", in Foreign Policy, Summer 2000.

② 20世纪60年代的卡多佐认为，发展中国家与工业国家间的交易并不平等，更非现代化理论所谓的"互赖关系"（Interdependence），可以以银行家与借贷者间的关系作为比拟：银行家需要顾客，就像顾客需要银行家，但是由于关系结构中彼此占据的位置不同，这两者之间的"相互关系"有着本质上的差异。同样的思考也适用于对世界市场中"互赖"的经济体彼此关系的分析。资本主义确实是一个世界体系，然而其中一些国家却拥有比它们领导地位更大的影响力，以及对生产和资本积累关键部门接近不留余地的掌控，例如技术和财务部门。

③ 美国斯坦福大学的政治学学者帕克汉（Pakenham）就批评卡多佐的立场让人难以捉摸，他无法理解卡多佐为何能够在没有驳斥马克思理论或他自己所谓的依赖发展观点前，就轻易改变其政治态度。帕克汉认为，社会学家应该发展一套可以检证事实的理论，然后通过事实再来检验其理论的有效性。从目前的状况来看，既然卡多佐在检证并发现其理论的错误，就应该承认错误，选择另一个可替代的理论。许多评论者认为，卡多佐是放弃马克思主义的叛徒，同时更羞于承认其背叛，社会学家费欧力（José Luiz Fiori）则认为，卡多佐以一个马克思社会主义学者的身份在20世纪60~70年代获得极高的成就，即使当时的论述对于他担任总统期间的所作所为有着相当激烈且合理的指控，但他仍然是一个马克思主义者，只是他不可饶恕地用马克思主义为新自由主义及跨国籍资本主义精英服务，他就是美国哲学家霍克（Sidney Hooker）所说的典型放弃社会主义理想的马克思主义者。

④ 卡多佐曾经在演说中表示，"我所面临的一个主要的困难就是我击败了卢拉，由于他是一个左派的象征，所以造成我跟左派的每次协商都变得十分复杂"。

第二章 卡多佐政府经济改革的背景

事实上,从卡多佐曾经提出的"历史—结构"研究途径可以发现,他并非企图建立一个通则化的理论,或通过某个单一理论来指导他所关注的社会改革。相反地,他特别强调社会生活结构情境的制约,同时也重视冲突、社会变迁与阶级斗争所造成的历史结构转变。所以,他认为现今的环境与昔日的环境不同,自然会做出不同的政策决定。就好像昔日巴西在民主转型前夕,许多人对当时的反对精英面对军政府近乎完全控制转型进程所表现出的无能为力而感到不满。但是,卡多佐在1983年巴西社会科学会上所发表的演说指出,虽然他和其他许多民主人士尽最大的努力,军政府仍然能够完全控制民主转型的进程,面对这个令人难过的事实,唯有接受事实,同时进一步与他们合作,才有机会把民主人士的努力纳入改革的议程。

确实,卡多佐是遵循着马克思在"路易·波拿巴的雾月十八"(The Eighteenth Brumaire of Louis Bonaparte)所表述的马克思传统,即"人们自己创造自己的历史,但是他们并不是随心所欲地创造,并不是在他们自己选定的条件下创造,而是在直接碰到的、既定的、从过去承继下来的条件下创造"。[1]

因此,是否可以认为卡多佐的工作是了解当时所处的环境,接受无法改变的事实,通过他可以改变的事物来创造之后的历史?如果从这个角度来观察,就比较能接受卡多佐为何从20世纪60~70年代浓厚的社会主义色彩的改革者角色转变为90年代巴西市场经济改革的主要推动者。而在其所推动的经济改革与结构调整皆循序渐进时,却再度提出纯粹市场中心论者只重视资源最佳配置,却不顾社会公平、正义的批评[2]。

不过特别要强调的是,无论他强调自己是一个社会民主信奉者也好,还是新自由主义改革者也罢,我们从他当政时期所采取的改革手段、改革的情

---

[1] Karl Marx, "The Eighteenth Brumaire", New York: International Publishers, 1963.

[2] Fernando Henrique Cardoso, "An Age of Citizenship", in Foreign Policy, Summer 2000.

形与结果来看，由于社会层次的问题日益严重，收入分配不均、贫富差距，确实使他看起来较像一个新自由主义改革的施行者。

（二）卡多佐政府领导班子的执政理念

要研究卡多佐政府的经济改革，除了对卡多佐本人的思想进行研究外，还需要对他的政府领导班子的经济思想进行研究。因为经济政策的制定并非卡多佐一人，或者作为两届政府财政部长的佩德罗·马兰（Pedro Malan）一人。我们需要研究卡多佐任内组建的一个非正规建制的经济学家委员会作为顾问班子，其成员多为里约热内卢天主教大学（Pontificia Universidade Catolica，PUC）出身的学者和前政府官员，如前中央银行行长古斯塔沃·佛朗哥（Gustavo Franco）、弗朗西斯科·洛佩斯（Francisco Lopes）和阿米尼奥·弗拉加（Armingo Fraga）等，他们均来自里约热内卢天主教大学经济学系，他们制定的政策都以稳定为主要目标[①]。

在巴西，经济学界如以地域进行划分，大致可分为两个学派：以圣保罗大学为核心的经济学派和以里约热内卢天主教大学为核心的经济学派。其中，后者几乎都有在美国学习和执教的背景。里约热内卢天主教大学邀请英国、美国大学的教授来巴西执教是司空见惯的。例如，号称"华盛顿共识"（Washington Consensus）之父的英国经济学家约翰·威廉姆森就曾在里约热内卢天主教大学任教，并与后来成为卡多佐总统财政部长的佩德罗·马兰成为同事。

原财政部长佩德罗·马兰是一位巴西经济学家，1965年在里约热内卢大学取得政治学学士，1973年在美国加州大学伯克利分校取得经济学博士学位。1993年9月至1994年12月，担任卡多佐总统的首任中央银行行长；

---

① 张宝宇：《2002年巴西形势述要》，中国社会科学院拉丁美洲研究所，http://ilas.cass.cn/xingshi_fx/Untitle-11.htm，2006年11月29日。

第二章 卡多佐政府经济改革的背景

1995年1月至2002年12月，正式担任巴西财政部长。在其任内最为人所知的就是协助卡多佐总统策划"雷亚尔计划"，成为卡多佐政府经济改革的"杰出工程师"之一。目前他在巴西的第三大私人银行——Unibanco银行担任行政委员会委员职务。

而卡多佐政府最后一任中央银行行长阿米尼奥·弗拉加是约翰·威廉姆森在里约热内卢天主教大学执教时的硕士研究生。后来，他还获得美国普林斯顿大学经济学博士学位。1991年6月至1992年11月，他担任巴西中央银行国际事务部主任，在巴西开放资本市场、加强央行调控外汇市场上发挥过突出的作用。此外，他在出任巴西中央银行行长前，还曾担任过国际金融大炒家索罗斯（Soros）门下的基金总管，并兼任美国哥伦比亚大学的教授。

弗朗西斯科·洛佩斯则在1967年从里约热内卢联邦大学取得经济学学士学位，1970年和1972年分别在美国哈佛大学获经济学硕士和博士学位。1995~1998年任巴西中央银行行长[1]。

古斯塔沃·佛朗哥1956年生于里约热内卢，1979年和1982年分别在里约热内卢天主教大学获经济学学士和硕士学位，1985年和1986年在美国哈佛大学获硕士学位和博士学位。1986~1993年，他先后在里约热内卢大学担任教授、研究员和顾问等工作，主要研究领域为通胀、稳定政策和国际经济学方面。1993~1999年，他曾先后就任巴西财政部经济政策处副秘书长、国际事务部主管和巴西中央银行行长[2]。

从上述卡多佐政府的经济领导班子成员的简历可见，卡多佐政府决策领导班子中的这些核心人物的学术背景大都与欧美有关，他们先后毕业于美国和欧洲的知名大学，并都在国外进行过欧美主流经济理论的研究，而且较多

---

[1] Francisco Lopes Pinto, Wikipédia, "A Enciclopédia Livre", http://pt.wikipedia.org/wiki/Francisco_Lopes_Pinto, September 12, 2006.

[2] Gustavo Franco, Wikipédia, "The Free Encyclopedia", http://en.wikipedia.org/wiki/Gustavo_Franco, September 12, 2006.

受美国新自由主义经济学思想的影响，因此在制定改革政策和措施时习惯于引用西方经济学的理论。然而，他们难免会因此缺乏对本国经济现状、深层次经济问题的深入了解①。另外，当时巴西国内一些主张发展经济理论也被这些政策决策班子和崇拜西方经济学的学者们视为"左派激进"主张而不屑一顾。正因国内经济改革理论研究的滞后使新自由主义和华盛顿共识"乘虚而入"②。这些从卡多佐政府执政时期所制定的经济改革政策中可见一斑。

四、巴西国会对改革所持的态度

巴西经济改革之所以受新自由主义的重要影响，除了以卡多佐总统为首的行政单位外，国会的立法支持也十分重要。上述种种因素造成巴西极端分裂的政党制，对于国会的运作与卡多佐政府的改革推动造成相当大的影响。正如前文所强调的，巴西国会议员的立法行为取向不仅受党派和区域利益的影响，国会议员本身的偏好也极大地影响着改革的进程。以下就这几个变量与巴西经济改革的关联性与影响做一浅析。

学者鲍尔把罗德里格斯（Rodrigues）和鲁亚（Rua）分别在1987年和1995年针对国会议员所做的调查报告与自己所做的调查研究加以比较后发现，20世纪90年代新自由主义改革的支持者已较1987年修宪时多出3倍，且这些新自由主义改革的支持者分散在各个政党，不分右派、左派和中间派。而来自落后地区的议员较来自工业化地区的议员而言是支持改革的，较年长

---

① 虽然在不同时期，新自由主义经济思想的国内国际政策侧重点不同，但从总体上讲，仍存在一些共同点：一是强调市场化，认为自由竞争的市场经济是资源有效配置的最佳方式；二是强调私有化，认为私有制是市场经济有效运行的基本前提；三是反对政府干预经济生活，反对建立福利国家，认为政府干预侵犯个人自由，福利国家导致懒惰和道德崩溃；四是反对社会主义，认为以资本主义国家为主导的国际经济、政治秩序是合理的，为了维护这种秩序和价值观念，不惜采用强权政治和霸权主义。

② 吴志华：《再谈巴西经济改革》，载张小冲、张学军：《走进拉丁美洲》，人民出版社2005年版。

的议员较支持改革，不过关联性似乎不太明显。①

按照这些学者所做的研究，20世纪90年代巴西国会议员朝向新自由主义的态度转变如表2.3所示。

表2.3 1987年和1997年巴西国会议员的经济态度倾向

	罗德里格斯1987年的调查[a]（样本数435）（%）	鲍尔1997年的调查[b]（样本数158）（%）
自由主义者	40.0	55.7
社会民主主义者	39.0	36.1
温和社会主义者	15.0	7.6
极端社会主义者	6.0	0.6
总计	100.0	100.0

注：a. 只调查众议院。
b. 包含众议院和参议院。
资料来源：Power Timothy J., "Brazilian Politicians and Neoliberalism: Mapping Support for the Cardoso Reforms, 1995-1997", in Journal of Interamerican Studies and World Affairs, Vol. 40, No. 4, Winter 1998.

通过比较1997年和1987年鲍尔和罗德里格斯的调查结果可以看出，自认为是自由派的议员与自认为是社会主义者的议员比例由1987年的2:1增加到1997年的7:1，且自认为是自由派的人数已超过半数，反观自认为是社会主义者的人数则减少10%以下。可见，这些国会议员在对自由化的经济改革态度上有很大的转变。

这些自认为是自由派的议员并非集中在固定的一两个党派，而是分散在不同的党派，也印证了本章"执政联盟式的总统制对改革的影响"所做的一些结论。

---

① Power Timothy J., "Brazilian Politicians and Neoliberalism: Mapping Support for the Cardoso Reforms, 1995-1997", in Journal of Interamerican Studies and World Affairs, Vol. 40, No. 4, Winter 1998.

表 2.4 1987 年和 1997 年经济自由主义者在各主要政党中所占的比重

政党	罗德里格斯 1987 年的调查（样本数 435）		鲍尔 1997 年的调查（样本数 158）	
	百分比（%）	人数	百分比（%）	人数
巴西民主运动党	29.0	233	43.8	32
自由阵线党	62.0	101	70.0	40
巴西社会民主党[a]	31.0	36	59.4	32
社会民主党、巴西进步党[b]	78.0	31	94.7	19
民主工党	9.0	22	60.0	5
其他小右翼政党[c]	62.0	26	75.0	8
其他左翼政党[d]	0.0	22	0.0	22
总计	40.0	435	55.7	158

注：a. 1987 年巴西社会民主党尚未成立，但其成员多来自当时的巴西民主运动党，这里的数字是将后来加入巴西社会民主党的成员算入巴西社会民主党，但未将其从巴西民主运动党中扣除，所以巴西社会民主党的这 36 个议员重复计算两次。

b. 1987 年巴西社会党在陆续分裂与合并后，1997 年党名已变为巴西进步党。

c. 1987 年，小右翼政党包括巴西工党、自由党、基督教民主党；1997 年，则是指巴西工党和自由党。

d. 1987 年，左翼政党包括工党、巴西共产党、巴西社会党和 PCB；1997 年，则是指前三者加上社会主义人民党。

资料来源：Power Timothy J., "Brazilian Politicians and Neoliberalism: Mapping Support for the Cardoso Reforms, 1995 – 1997", in Journal of Interamerican Studies and World Affairs, Vol. 40, No. 4, Winter 1998.

从表 2.4 可以看出，按照以时间作为变量来看，1987～1997 年这 10 年间，几乎所有政党对自由经济的支持都有明显上升，尤其是巴西社会民主党的变化最大，增加的比重接近 1 倍。主要原因可能是巴西社会民主党在 1988 年创党时，原属于巴西民主运动党的反对过去军政府势力的改革派，以西欧社会民主政党自居，可以归类于中间偏左的立场。但 20 世纪 90 年代前后的巴西通货膨胀危机促使巴西社会民主党的主要创始人受到法国和西班牙社会主义政党转型的影响，支持接受市场及较为紧缩的财政政策，因此巴西社会民主党在政党光谱上应该已属于中间政党；此外，巴西民主运动党在卡多佐的第一任期原本并非很支持卡多佐的政策,但却有逐渐加以支持的倾向,甚至在1998年为了避免左派候选人卢拉获胜,决定不推出自己政党的总统候选人,以支持卡多佐连任①,导致寻求党内总统提名的前总统佛朗哥只能改选米纳斯吉拉斯州州长,间接加深两人的心结。

表2.5 1995年和1997年国会议员属性与经济自由主义间的关系

属性		自认为是自由派的比重（%）	对经济非国家化态度的平均得分a（0~100）	立法行为支持卡多佐改革法案的平均分数b（-100~100）
政党	巴西民主运动党	43.8	59.03	72.97
	自由阵线党	70.0	67.63	87.53
	巴西社会民主党	59.4	73.33	87.93
	巴西进步党	94.7	64.21	73.03
	民主工党	60.0	56.00	-34.60
	小右翼政党	75.0	62.50	84.78
	左派政党	0.0	35.00	-80.39
	核心执政同盟c	65.3	69.57	87.07
	反对同盟d	11.1	38.89	-66.08
区域	北部	52.0	58.33	61.15
	东北部	58.7	67.14	57.34
	中西部	50.0	61.00	55.15
	东南部	61.4	55.95	43.59
	南部	46.7	60.91	32.33
年龄	40岁及以下	54.5	52.50	37.70
	41~50岁	40.0	57.35	37.94
	51~60岁	56.1	62.00	55.01
	61岁及以上	59.6	63.18	57.74

---

① Power Timothy J., "Brazilian Politicians and Neoliberalism: Mapping Support for the Cardoso Reforms, 1995-1997", in Journal of Interamerican Studies and World Affairs, Vol. 40, No. 4, Winter 1998.

续表

属性	自认为是自由派的比重（%）	对经济非国家化态度的平均得分[a]（0~100）	立法行为支持卡多佐改革法案的平均分数[b]（-100~100）
全体国会比重	55.7	61.00	49.18
人数	158	150	517

注：a. "非国家化"（Desestatização）意指在经济发展的过程中逐渐减少国家的控制，评量的分数为0~100。

b. 立法行为支持卡多佐改革法案的平均分数意指1995~1996年国会议员对卡多佐所推出的改革法案支持的程度。投赞成票得1分，投反对票或未投票得-1分，弃权得0分。然后将其加权至100%，从最反对（-100）到最支持卡多佐的法案（100）所做的统计。

c. 核心执政同盟指巴西社会民主党、自由阵线党和巴西工党。

d. 反对同盟包括工党、巴西共产党、巴西社会党、社会主义人民党等左翼政党加上民主工党。

资料来源：Power Timothy J., "Brazilian Politicians and Neoliberalism: Mapping Support for the Cardoso Reforms, 1995-1997", in Journal of Interamerican Studies and World Affairs, Vol. 40, No. 4, Winter 1998.

而主要倾向于自由经济改革的几个政党，则包括自由阵线党、巴西社会民主党、巴西进步党、巴西民主运动党，恰恰就是卡多佐总统当政时期的泛执政同盟。另外，如果加入地域与年龄的变量，则可发现更多巴西国会议员的属性与自由经济改革的关系。

从表2.5可以看出，从巴西政党取向来看，除了由民主工党和左翼政党所组成的反对同盟外，基本上各个政党都支持非国家化的经济政策，并且也在相当程度上支持卡多佐的改革法案。但是即使是卡多佐的三个核心执政同盟政党也未必完全支持卡多佐所提的各项改革法案，可见还有其他影响因素。

若从区域的角度来看，来自较落后的北部、东北部和中西部地区的国会议员较支持非国家化的经济政策及卡多佐的改革法案，这与一般认为这些地区需要国家经济保护的传统印象不同，原因可能是卡多佐的执政同盟在这些区域的传统力量很强，尤其是自由阵线党和巴西民主运动党。次之是较为贫穷的区域，是传统扈从关系较为发达的地区，由于需要利益交换，也比较支持拥有资源的卡多佐政府。反之,来自南部和东南部传统经济较发达地区的国会议员反而较不支持自由化和卡多佐的改革政策,除了害怕自由化政策使他们既有的经济优势减弱外,还由于劳工为数众多,这些地区更是传统反对势力(如工党、民主工党)的大本营,所以他们根本就不认为他们是经济上的自由派。

年龄变量所反映出来的差异不太明显,若加入政党变量交叉分析后似乎影响力更小。若从统计数字来看,年纪较大的议员较倾向支持改革和自由化,这与一般的预期不同。这可能跟许多资深议员均源自国家革新联盟——社会民主党这个右翼政党脉络,所以较支持自由化政策的经济改革。①

通过对党派、区域及年龄三个变量的考量以及加上时间坐标后的比较可以看出,这10年来受到国内外经济环境的影响,巴西国内支持新自由主义式改革的国会议员比重已大幅提高,其中最主要的变量是政党,但也受到区域变量的影响,至于国会议员的年龄则相关性不是很强。其中政党除了左派政党外,大多政党已支持新自由主义式改革,只是这种新自由主义的倾向究竟是因为卡多佐总统个人高声望和高支持率所带来的一种风潮和利益的结合,还是已经深化为国会议员个人的意识形态,在鲍尔的研究中似乎还看不出来,应该说,还需要对此的长期演变加以观察。

第三节 小结

经济改革受新自由主义影响,并在巴西推行,委实受到许多国内外环境

---

① Power Timothy J., "Brazilian Politicians and Neoliberalism: Mapping Support for the Cardoso Reforms, 1995–1997", in Journal of Interamerican Studies and World Affairs, Vol. 40, No. 4, Winter 1998.

因素的影响和制约。从宏观的国际结构因素来看，主要是多边国际金融机构的贷款条件和区域经济一体化的趋势。

由于巴西军政府时期以来即实行利用外资来推动第二阶段进口替代化的策略，采取一种联合国家、外国资本和本国企业"三方成长同盟"的经济发展模式，并以国家为核心，通过外国企业的资金和技术与本国的资本结合，来达到经济最终增长的目的。然而这样的发展模式在20世纪70年代两次石油危机中都有很大的限制，国际经济不景气导致主要工业国大多采取财政紧缩政策，巴西当时为了刺激经济增长但反其道而行之，采取扩大内需的"第二次国家发展计划"，资金来源顿时出现问题，国际上适时的石油美元注入逐渐将巴西推向以债务为主的发展导向。债务高度膨胀与通过印制钞票还债，带来了高度通货膨胀的后遗症，而国际石油美元的匮竭和利率高涨，使巴西的债务发展策略的缺陷进一步浮现。

为了解决当时的经济困境，卡多佐总统转而向国际货币基金组织求援，被迫接受国际货币基金组织提出的改革条件，实行紧缩性财政政策，削减财政赤字，缩减公共部门支出，减少出口补贴，进一步实行贸易自由化，实行货币小幅贬值，等等。这些措施的实行也迫使巴西经济改革向新自由主义的方向迈进。

在区域经济一体化方面，20世纪60年代拉美国家在实施第一阶段进口替代面临困境后，即开始研究区域一体化的发展目标，成立"拉丁美洲自由贸易协会"来解决市场狭小和资金不足所带来的问题，然而由于各国产业结构大致雷同，竞争性大于互补性，各国对于开放市场态度犹疑，所以早期的一体化成效并不如预期。

20世纪80年代的债务危机导致拉美国家的整体经济竞争力下降，以美国为首的西方国家陆续以"贝克计划"和以勾销债务及"债权—股权转换方案"抵减债务国本息负担的"布雷迪计划"来解决拉美国家的债务问题，促使拉美国家改善经济体制，但也被迫接受援助国的要求，朝更自由化和市场开放的方向前进。

随着欧洲、北美和亚太经济一体化步伐的加快，拉美国家普遍感到加强区域经贸合作的重要性，若不积极提高自身的经济竞争力，充分利用本身区域的合作潜力，形成更开放与一体化程度更高的市场，势必会被孤立于世界经济体系而处于外围地位。巴西正是顺应了这股一体化风潮，与阿根廷、巴拉圭和乌拉圭共建南方共同市场，最终与美国等整合成美洲自由贸易区，这都将继续制约与深化巴西未来自由市场改革的方向。

在国内制度、结构、环境方面，由于政党和政治人物只计较个人和区域利益、选举制度和政党属性不清造成政党体系极端分化，导致巴西的总统制度运行上常面临许多障碍。卡多佐总统在推动改革时因极化的政党体系无法形成坚固的改革阵线，必须不断以传统的利益交换和职位笼络，才能顺利推动改革，并且由于选举组成的联合政府并不稳定，随时会因为不同议题和利益而出现新的结合或分裂，导致涉及国会议员根本利益的改革法案均无法过关，也阻碍了巴西经济结构改革的进程。

从微观的个人层次来看，卡多佐总统受限于当时的国内外政治经济环境，在新自由主义影响下，不得已而实行经济改革，希望在解决巴西的通货膨胀问题和进行经济结构改革之后进一步促进社会公平正义的社会投资方案，以达到他心目中的"新公民权时代"。此外，卡多佐政府的经济改革政策也非其个人所能完成，因此除了对卡多佐本人的研究外，本章还对卡多佐政府的经济领导班子主要成员进行研究，初步认为卡多佐政府经济领导班子成员的学术背景大多与欧美有关，并大多受新自由主义经济理论思想的熏陶。

而执掌立法权力的国会议员则因为政党、地区等利益而支持新自由主义改革，这些新自由主义改革的支持者分散在各个政党，不分右派、左派和中间派，但不包括民主工党、工党、巴西共产党等左派反对联盟；而来自北部、东北、中西部等落后地区的议员则较工业化的南部和东南部州支持新自由主义的改革；较年长的议员则较支持改革，不过关联性不太明显。

除了国际环境因素、国内制度结构因素外，包括总统和国会议员在内的国内许多个人行为者（当然还包括其他行为者，如本国企业家、跨国公司、教会、大众传播媒体等），都对新自由主义式改革有相当程度的影响，其中前两者通过互动的过程深化改革，这些我们将会在第三章有关卡多佐政府经济改革的具体内容中再进行详细讨论，而其他行为者也依其特性发挥其影响力。例如，媒体经常会通过对政治人物或国会的报道和监督而对改革产生影响。巴西的媒体一向具有极大的影响力，最为人称道的表现是1985年大力支持当时巴西社会民主党总统候选人内维斯，促使内维斯知名度大涨，轻易击败军政府推出的总统候选人，也间接促成巴西的民主转型。有些学者甚至认为其已经渐渐取代政党成为民众接近政治的通道，同时也为监督政治运作的重要机制。1996年巴西国会否决卡多佐的社会保障改革法案后，巴西新闻（Jornal do Brasil）和伊斯多耶（Isto É）杂志等都撰文大力谴责当时的政党体制和政治人物只顾自己的选票，却忽视全国人民的利益，为卡多佐政府改革的正当性进行辩护。

总的来说，这些行为者都基于各自的利益而选择在适当的议题上支持新自由主义改革；反之，也会在改革侵害他们的利益时退出支持改革的同盟，巴西虽然有左派政党持续反对卡多佐政府的改革，但由于势力太小，无法在全国性的选举中赢得大选，所以只能迟缓改革进程，却不足以阻挡其他受益于巴西经济自由化改革的利益共同体。所以在当时的国内外环境影响下，巴西的改革得到继续深化。

第三章 卡多佐政府经济改革的具体运作

由于各种改革措施都受限于过高的通货膨胀,巴西民众对政府的任何改革都没有信心,因此时任总统佛朗哥认为,要推动任何改革都必须先设法解决通货膨胀问题。但要解决严重的通货膨胀问题并不是一件容易的事,在说服卡多佐从外交部长转任财政部长之前,一年就更换了四位财政部长。而巴西货币稳定计划的成功以及深度的经济结构改革,则是在卡多佐担任财政部长,开始推行"雷亚尔计划"后才初见成效。在成功抑制通货膨胀后,卡多佐又陆续推行相关的配套改革,期待够彻底改善巴西的财政状况。

本章将着重围绕卡多佐总统上台时所推行的几项重要的经济改革内容进行探讨,并重点探讨卡多佐当政8年所进行的经济改革方案的运作机理。

第一节 成功实施稳定经济计划 ——"雷亚尔计划"

一、"雷亚尔计划"的具体内容

1994年初,正值佛朗哥担任总统任期,在当时的财政部长卡多佐的领导下，巴西采取了一系列措施以稳定经济。这项主要针对通货膨胀改革的计划，泛称"雷亚尔计划"（又称"黑奥计划"）。而参与设计该计划的有波修·阿利达（Pérsio Arida）、安德烈·拉腊·雷森德（André Lara Resende）、伊德玛·巴哈（Edmar Bacha）、古斯塔沃·佛朗哥（Gustavo Franco）、佩德罗·马兰（Pedro Malan）、温斯顿·佛瑞区（Winston Fritsch）和弗朗西斯科·平托（Francisco Pinto）①。

这个计划开始于1993年底，作为一项新的稳定计划其整体可分三个阶段实施：1993年底至1994年2月为第一阶段，主要目标是整顿公共财政，实现1994年联邦财政预算平衡。为此，政府采取了建立"紧急社会基金"（Emergency Social Fund, FSE），也就是"财政稳定基金"（Fiscal Stabilization Fund, FEF）的前身，来加强税收征管，开征金融交易税，重新安排各州欠联邦政府的债务，紧缩政府开支等多种措施，实现预期目标②。

1994年3~6月为第二阶段，主要目标是对价格形成机制进行协调，确立新的价格形成机制。以往的稳定计划都采取冻结物价的办法，导致物价滞后于通货膨胀。结果政府有关部门作为国家经济的代理人，制定各种指数来纠正物价、合同和税负。与以往旨在消除通货膨胀的其他计划不同的是，"雷亚尔计划"并没有采取传统的冻结物价的办法。它最重要的举措是，为了确定全国价格形成机制，需要将各种指数统一起来，于是，政府创立一种新的指数——实际价值单位（UVR），其是国内三种主要物价指数（即经济研究所基金会的圣保罗城消费物价指数、巴西地理统计局的全国广义消费物价指数和瓦加斯基金会的物价总指数）的平均值③。中央银行每天公布第二

---

① Plano Real, Wikipédia, June 2006, pt. wikipedia. org/wiki/Plano_ Real.
② David Fleischer, "The Cardoso Government Reform Agenda: A View from the National Congress, 1995 – 1998", in Journal of Interamerican Studies and World Affairs, Vol. 40, No. 4, 1999.
③ 联合国拉美经济委员会：《拉美、加勒比经济概览，1994 – 1995 年》，第163 页。转引自苏振兴：《拉丁美洲的经济发展》，经济管理出版社2000 年版。

天的实际价值单位对克鲁扎多雷亚尔的日牌价。工资一律按 1993 年 11 月至 1994 年 2 月这 4 个月的平均值转换成实际价值单位，电力、电信、石油、水等的价格和公共收费也照此办法转换成实际价值单位，同时，政府鼓励私营部门将其价格进行转换。这种逐步、有序的价格调整对经济运行产生了较好的效果。

"雷亚尔计划"的第三阶段始于 1994 年 7 月 1 日，即正式发行新币雷亚尔，并实行与美元挂钩的固定汇率制。1 雷亚尔与前一天（即 1994 年 6 月 30 日）的一个实际价值单位等值，即 1 雷亚尔等于 2750 克鲁扎多雷亚尔。在汇市上，1 雷亚尔兑换 1 美元，以达到维持货币信用的目的。政府承诺发行的雷亚尔全部由中央银行的国际储备作为支撑，但不保证雷亚尔与美元可以进行同价兑换①。

可以说，1995 年初上台的卡多佐政府开局并不顺利。由于受墨西哥金融危机的冲击，1995 年初流入巴西的外资明显减少，巴西股市和汇市发生剧烈动荡，政府不得不用国际储备来维持汇率，当年 1~4 月外汇储备减少 65 亿美元。尽管如此，政府在汇率政策上依然面临两难处境。自实行"雷亚尔计划"以来，巴西的本币已明显升值，并带动进口激增和外贸逆差加大等情况。继续维持固定汇率进一步加剧上述局面；采取贬值的措施将可能导致通货膨胀的反弹。为应对这种困境，卡多佐政府先后采取了五项措施：①修改汇率制，允许雷亚尔在规定的幅度内进行浮动，实际上是由原来的固定汇率制改为爬行盯住的有管理的固定汇率制。②将 100 种工业品的进口关税提高 70%，并对汽车进口实行限制。③采取提高利率及其他相应措施限制国内消费的扩张。④紧缩联邦开支，压缩国有企业投资 60 亿雷亚尔。⑤向国会提交改革方案，推动结构改革。这些措施对扭转当时的困难局面发挥了积极的作

---

① Albert Fishlow, "Is the Real Plan for Real?", in Susan Kaufman Purcell and Riordan Roett eds., Brazil under Cardoso, Boulder, Colorado: Lynne Rienner Pub.

用，1995年经济增长率仍达到4.2%，通货膨胀率降为74.9%，年底外汇储备达到500亿美元①。

总的来说，相当一部分"雷亚尔计划"与"华盛顿共识"的政策、思想是一致的②。它采取标本兼治的双轨战略（Two‐pronged Strategy），针对严重的通货膨胀导致民众对货币失去信心问题，提出货币改革计划，而对于更深层的经济问题，则同时推动更深层的财政结构改革方案。

二、"雷亚尔计划"的运行成效

"雷亚尔计划"全面实施三个月后，即1994年10月，时任财政部长的卡多佐在大选中当选联邦总统，从而确保了实施"雷亚尔计划"的连续性。"雷亚尔计划"的实施在降低通货膨胀方面收到了积极的效果。它的实施使巴西高通货膨胀得到抑制，1993年尚未实施"雷亚尔计划"时，通货膨胀率高达2087%，1994年7月实施"雷亚尔计划"后，1995年通货膨胀率降为74.9%，1997年以后降至一位数。而到了卡多佐第一任期届满的1998年，通货膨胀率已降到前所未有的1.0%。几年的实践证明，"雷亚尔计划"的反通货膨胀效果是非常明显的。它使巴西近30年的高通货膨胀历史得以结束，而且没有采取冻结物价和银行存款等激进手段来控制通货膨胀③。表3.1可以反映巴西通货膨胀的基本情况。

表3.1　1984~2001年巴西通货膨胀率

年份	1985	1986	1987	1988	1989	1990	1991	1992	1993
通货膨胀率（%）	248.5	63.5	366	933	1305	2596	421.4	988.5	2087

---

① 苏振兴：《拉丁美洲的经济发展》，经济管理出版社2000年版。
② Plano Real, Wikipédia, June 2006, pt. wikipedia.org/wiki/Plano_Real.
③ 张宝宇：《巴西现代化研究》，世界知识出版社2002年版。

续表

年份	1994	1995	1996	1997	1998	1999	2000	2001	2002
通货膨胀率（%）	2312	74.9	11.1	7.9	1.0	4.9	7.0	6.9	8.4

资料来源：1984~1989年的数据转引自王容君：《巴西萨尔内政府时期的民主化》，载《问题与研究》，1991年第30卷第1期。1990~2000年的数据引自巴西中央银行（Boletim do Banco Central do Brasil），http：//www.bcb.gov.br，2006年12月4日。2001年和2002年的数据引自联合国组织（UN）：2003年《世界经济情况及展望》（World Economic Situation and Prospects 2001）。

与此同时，经济稳定发展，外资不断涌入，经济进入良性循环。正规经济的职工收入有所增加，非正规经济、自立劳动者等的收入也有所提高。1994年7月至1996年12月，正规经济的职工收入增长38.04%，自主劳动者的平均收入增长57.87%，非正规经济的劳动者的平均收入增长44.79%[①]。

通货膨胀的下降有利于提高贫困阶层的生活水平，而且有利于减少贫困，后来已为巴西近年来的实践所证明。它促使数百万穷人重回市场成为消费者，同时也使因"雷亚尔计划"在经济上的成功而使卡多佐总统在政治上连续当选两任总统。根据巴西《1997年4月年鉴》统计，随着通货膨胀的下降，贫困阶层家庭的工资购买力逐年提高。1993年巴西71.7%的家庭拥有电冰箱，1995年上升为74.8%；拥有电视机的家庭比重也由75.8%上升为81%。1994~1996年，冰柜销售增长36%，电冰箱增长68%，彩电增长71%，录像机增长119%，微波炉增长136%，摄像机增长149%。此外，基本生活品的消费也有较大的提高。其间，肉鸡销售增长27.8%，牛肉增长19.4%，猪肉增长31.1%，鱼增长12.3%，酸奶增长87.2%，奶酪增长51.4%，啤酒增长55.5%，饮料增长58.9%。由于通货膨胀率的下降，工资实际购买力提高。1994年6月（"雷亚尔计划"实施前）贫困家庭需用1.6个最低工资购买最基本的生活用品，1997年仅需1个最低工资。"雷亚尔计划"前，一个

---

① 《真实的巴西》，1998年3月31日，巴西共和国总统府社会联络秘书处。转引自吕银春：《经济发展与社会公正——巴西实例研究报告》，世界知识出版社2003年版。

最低工资可购买 12 袋水泥，1997 年可购买 22 袋水泥。原先无法进入市场的近 4000 万消费者加入了消费的行列。随着贫困阶层生活水平的提高，1997 年巴西的基尼系数由 0.60 下降为 0.55。这些事实充分说明，降低通货膨胀对消除贫困和减缓收入分配两极分化的重要性，并且也说明了"雷亚尔计划"的实施使宏观经济逐渐恢复稳定，为巴西经济改革创造了良好的条件。

不过，除了了解这一计划所具有的积极性外，值得注意的是，"雷亚尔计划"实施所产生的负面影响也是非常明显的。因为，通货膨胀率下降而形成的宏观经济环境并未促成生产明显增长。巴西经济仍处于由稳定走向增长的转变之中。整个巴西国家的外贸形势更是表现不佳，特别是计划实施后的头三年，外贸结算一直为负。这种情况的产生与计划的机制有密切的联系，其中所谓的"货币锚"与"汇率锚"起着重要作用①。

"货币锚"（Ancora Monetaria）即高利率政策②。它的实施起到了吸引外资的作用，同时能抑制消费需求，减少企业贷款，促使企业依靠自有资本而不是依靠银行提供的廉价贷款进行经营，因此有利于降低通货膨胀率。但是高利率的负面作用也是非常明显的。它抑制了生产发展，成为国民经济增长缓慢和失业增加的一个重要原因。同时，因高利率政策导致利息提高，加重了政府的财政负担，成为巴西财政形势长期得不到好转的重要原因之一。

在"雷亚尔计划"实施中，与"货币锚"配合使用的是"汇率锚"（Ancora Cambial），即高汇率政策。实行高汇率政策的目的在于促进进口，以使国内市场供应充足，从而可以稳定市场，还能使企业努力降低生产成本，以便同外国产品进行竞争，从而达到提高本国生产率的目的。正如巴西中央银行前行长古斯塔沃·佛朗哥认为，"为了创造提高生产率进程，改变市场

---

① 张宝宇：《巴西现代化研究》，世界知识出版社 2002 年版。
② 张宝宇：《巴西金融动荡对经济的影响》，《世界经济》1999 年第 4 期。

结构是一项根本的办法"[①]。然而，高汇率政策实施的一个结果是雷亚尔币值的高估，严重抑制了巴西的出口，致使外贸结算长期连年逆差，国际收支经常项目赤字[②]。

总的来说，虽然"雷亚尔计划"在其制定实施的最初六个月内取得了前所未有的成功，但是当墨西哥危机爆发之际，巴西经济就处于不能持续发展的道路上，这种不能持续发展主要体现在总需求与总供给的不匹配、工资与物价的不均衡上。导致上述现象的原因也是多方面的，包括工资指数化、公共部门赤字、汇率的升值以及对私人部门信贷的膨胀等。

1995年上半年，卡多佐总统所采取的紧缩性措施确实成功解决了"雷亚尔计划"推行之初所遇到的问题，并且使得通货膨胀率一直处于下降的趋势。然而，1996年9月以来，巴西贸易状况的好转却意味着混合型的经济政策，只能在拥有足够外汇储备的情况下才能够维持。

所以，我们可以说"雷亚尔计划"不仅成功降低了通货膨胀率而且使得通货膨胀率的下跌趋势得到保持，1998年巴西的通货膨胀率同其他贸易伙伴比起来相差不远。然而，"雷亚尔计划"似乎还没有创造出一种能够保证通货膨胀得到控制以及经济取得可持续增长和合理外部均衡的全新经济增长路径。

第二节 完善金融体制改革

受到墨西哥金融危机冲击之后，巴西政府先对金融机构进行了重大改革。

[①][②] 《考查》杂志，1998年11月4日出版。转引自张宝宇：《巴西现代化研究》，世界知识出版社2002年版。

金融体制的重建过程主要带来了三个方面的变化，包括银行数量的减少，公共部门存在规模变小，外国银行参与程度增加。1995年11月以来，巴西政府陆续制订了"鼓励和加强金融体制结构改革计划"、"鼓励减少州一级在银行业作用计划"以及"加强联邦金融机构计划"等①，对州一级银行以及一些经营不善的银行和金融机构，采取私有化和并购共举等果断措施，允许外资收购或参资巴西银行。

由于"雷亚尔计划"具有高利率的特点，对商业银行而言，这些贷款所带来的损失超过了通货膨胀税所带来的好处，因为，此前通过所有的活期存款和交易基金（Transfer Funds）以及部分长期存款（Time Deposits），银行可以获得通货膨胀税的好处。

因此，当1995年8月中央银行不得不关闭Banco Economico（巴西第七大私人银行）之时，金融体系的脆弱性就表现得极为明显。此时，巴西政府决定采取措施扩大活期存款的保护范围以及实施"鼓励重建和加强国家金融体系的计划"（Programa de Estimulo a la Reestructuración e al Fortalecimiento del Sistema Financiero Nacional, PROER），上述决定其实早就应该被采纳。这些新的政策措施使得存在问题的私人银行有可能转换新的所有人，货币管理当局也认为上述问题银行的破产将危及巴西金融系统的稳定性。PROER计划意味着将经营困难的商业银行的有问题的信贷转移给联邦政府，从而使得金融体系重新恢复平静。

通过PROER计划，中央银行向存在问题的商业银行提供再贷款（正常情况下，这会受到货币管理当局的限制），提供再贷款的总额在数量上等于这些银行负债的总额（包括央行的再贴现以及联邦银行的S.O.S.救济性贷款）与转移给新的所有人的优质资产价值之间的差额。为保证上述贷款得到

---

① 张勇：《巴西金融体制改革的经验》，转引自张小冲、张学军：《走进拉丁美洲》，人民出版社2005年版。

偿付，中央银行同意以面值接受联邦政府现存贷款。这些贷款的市场价值比中央银行实行干预发行的中央银行票据市场价值的50%还低。由于现存贷款是以面值在政府账户上反映，这种"摆脱"（Bailing－out）机制并没有表现为预算赤字的急剧上涨和公共部门净债务的总额的增加，一旦不良债务要求清偿或者抵押到期，中央银行将按照上述程序进行处理。

由于实行PROER计划和其他中央银行干预措施成本的存在，在银行体系内建立合适的会计核算体系（Appropriate Accounting）仍不太现实。根据国际通行规则评估，中央银行的总干预成本约占GDP的4.7%，其中中央银行1996年11~12月对金融系统的贷款占GDP的比重为3.0%，1996年初为促进Banco do Brasil的资产重组，中央银行提供贷款占GDP的比重为1.7%[1]。1994~1998年，卡多佐政府平均向银行体系提供的资金相当于GDP的4%。

同时，政府还通过以下措施帮助银行体系进行调整：①降低外国银行进入巴西市场的"壁垒"；②鼓励银行并购与竞争；③清理一批无生存能力的银行，将资本充足率提高到11%。此外，政府还统一会计标准，加强对银行的审计工作，建立中央信贷风险管理系统与银行内部控管体系以及加强联邦银行的作用。

1995年8月，巴西财政部起草了第311号法案，提出了一项积极吸引外资进入巴西金融市场的政策，同年11月中央银行发布第2212号决议案，废除外资银行资本充足率须为巴西本国银行两倍的规定，并且外资可以拥有巴西本国银行100%的股权。同时，根据卡多佐政府颁布的PROER计划，1994~1998年共有62家银行的控股权发生了变化，77家银行被兼并和清理，共有21家外国银行进入巴西，从而使外国银行总数达到58家；外国银行的分行

---

[1] L. Rojas－Suarez and S. Weisbrod, "Banking Crises in Latin America: Experience and Issues", in R. Hausmann and L. Rojas－Suarez eds., Banking Crises in Latin America. Washington, DC: Inter－American Development Bank, 1996.

从同期的446家扩大到2142家。外国银行的资产在巴西全国银行总资产中的比重从1994年6月的9.5%提高到1999年6月的18.7%。而外国银行带入巴西的不仅有资本,还有先进的管理技能和经营技巧。这些技能和技巧有助于扩大巴西银行的资产与规模,增加竞争力与健全银行体系,降低坏账率,同时也有助于增加经营效益。实践证明,巴西能够较快地度过1999年初的货币危机,避免了破坏性更大的金融危机,与这一时期金融体制改革带来的相对稳健的银行体系是分不开的①,巴西金融体制的改革对于防范金融风险亦起了重要作用②。

总的来说,对于卡多佐政府的"雷亚尔计划"中完善金融体制改革的主要经验基本可概括为:在经济开放中练好内功,加快改革,健全国家金融体系,加强对金融市场的监控,完善公共财政管理制度等,构筑一道保障国家经济稳定发展、抵御外部金融风险的安全屏障③。

第三节　加大国有企业私有化改革的力度

国有企业私有化也是巴西经济改革的一项重要内容。随着经济发展战略的改变,巴西政府对宏观经济政策也进行了相应的调整,政府转变其在经济发展中的职能,将原来由政府垄断的企业交给私人资本(民族私人资本和外国私人资本)。通过国有企业私有化,政府将企业推向市场,使企业依靠引进先进的生产技术和管理模式,提高巴西企业在国际市场上的竞争力④。

---

① 张勇:《巴西金融体制改革的经验》,转引自张小冲、张学军:《走进拉丁美洲》,人民出版社2005年版。
②③ 苏振兴:《拉丁美洲的经济发展》,经济管理出版社2000年版。
④ 吴国平:《21世纪拉丁美洲经济发展大趋势》,世界知识出版社2001年版。

第三章 卡多佐政府经济改革的具体运作

由于巴西不少国有企业开支庞大、投资额高、效益较差,需要政府的大量财政补贴,这无疑加重了国家的财政负担。但与此相比,更大的问题还在于,因为国家对经济实行垄断经营,缩小了私人企业的发展空间,民族私人资本和外资企业难以在经济发展中发挥积极作用,因而实际上阻碍了巴西经济的顺利发展。

巴西早在20世纪70年代就制订了国有企业私有化计划,卡多佐总统上台后,加快了私有化的步伐,亦取得了显著成效。在这一阶段,重点确定了通信、电力、交通和卫生领域中国有企业的私有化战略。政府转变职能,注重私有化活动中放权松绑、服务协调和政策指导。在其上台后推出的"五大修正案",主要内容就是打破过去国家以国营企业作为联结本国资本和外国资本的核心共同发展经济的经济结构,强调国家退出产业经营,将经济发展的生产责任完全赋予民间企业,不分本国资本或外国资本。"五大修正案"涉及修正1988年宪法第171条、第172条、第176条、第177条对本国垄断性事业及重要天然资源的国营垄断与排外性保护,开放国家垄断的电信、地下资源、电力、海岸航运、石油、天然气等产业。同时在私有化的过程中为增加资金来源与产业未来的竞争力,这些产业也向外国资本开放,可以说,这就是将科洛尔开始大力推行的外资参与私有化范围的进一步扩大与深化。

"五大修正案"由于影响的既得利益者范围较小,只涉及少数与国营企业私有化相关的国会议员及其工会员工,同行政改革动辄涉及300万公务员的利益相比较,阻力少了许多,这项修正案是卡多佐政府推动经济结构改革的第一步。同时改革也可立即吸引新的投资和加深私有化进程,从而塑造一个维持"雷亚尔计划"的良好环境①。

在卡多佐总统上台后几年,巴西国有企业私有化进入高潮期,已先后完

---

① David Fleischer, "The Cardoso Government Reform Agenda: A View from the National Congress, 1995–1998", in Journal of Interamerican Studies and World Affairs, Vol. 40, No. 4, 1999.

成了钢铁、石油化工、铁路等部门的私有化进程。1997年，巴西私有化收入达174亿美元，其中包括联邦政府出售多西河谷矿业公司、几家发电厂和移动电话公司等，以及州一级政府出售的电力分配企业和电话公司的股权。1998年，仅出售巴西电信公司所属12家企业的成交额就达190亿美元。据统计，1991~1998年，巴西国有企业私有化收入共618亿美元，如果加上国有企业债务的转移，总额可达854亿美元。1998年1~10月，私有化收入为303亿美元，加上债务转移更高达368亿美元①。在2000年，除出售有关电力公司外，还转让三家重要卫生企业。市场价值近15亿美元的圣保罗州银行的部分转让，保险公司的私有化、全国钢铁公司（CSN）和巴西石油公司（Petrobras）的私有化计划亦陆续出台。显然，这一私有化标志着巴西的一个历史时代，即国家作为企业家的时代结束。正如卡多佐总统看来，在这个时代结束的同时，将是另一个新的经济周期的开始。这一周期将通过私有化和经济对外开放而形成。他进而强调说："我坚决相信，在巴西历史上，专制主义已是翻过去的一页。私有化进程应当加速。"②

从总体来看，国有企业私有化应该说是有利于当时巴西的经济发展的。因为在经济全球化的形势下，企业只能以竞争求生存，通过改造旧设备，引进先进的高科技，降低生产成本，特别是劳动力成本。那时，巴西已经逐步完成对钢铁、铁路、电信、矿业等的私有化，并且正在进一步推进对石化、银行、水电和石油的私有化进程。

---

① 巴西《1999年4月年鉴》，第46页。转引自苏振兴：《拉丁美洲的经济发展》，经济管理出版社2000年版。

② 《巴西日报》，1997年4月18日。转引自张宝宇：《巴西现代化研究》，世界知识出版社2002年版。

第四节 加快对外开放的步伐

一、推进贸易自由化新进程

要想正确评价20世纪90年代贸易自由化的重要性,就必须考虑之前的20年,那时巴西曾是世界上最封闭的国家之一,进口替代策略达到了极端的水平,进口物品占国内制造品消费额的比率达到了苏联的水平(1989年为4.8%)①。这些政策最终被证明是不可持续的,20世纪80年代外汇管制放松后,巴西逐渐转向了更为开放和中性的贸易政策。

(一)推进南方共同市场的一体化进程

巴西贸易政策中的一项标志性事件是1991年南方共同市场的确立。南方共同市场是一项区域贸易协议,涵盖的国家有阿根廷、巴西、巴拉圭和乌拉圭。南方共同市场的确立在把外国直接投资(FDI)引入巴西的过程中起了关键作用,外国直接投资使巴西成为面向多个合作国的区域性出口基地②。

总的来看,在1994年奥洛普雷图(Ouro Preto)高峰会制定的方针路线的基础上,卡多佐政府执政期使南方共同市场得到巩固和加强。建立了一体化进程的组织结构,使其不仅是执行协议的贸易经济核心,同时也成为地区

---

① Moreira, Maurício Mesquita and Correa, Paulo Guilherme, "A First Look at the Impact of Trade Liberalization of Brazilian Manufacturing Industry", in World Development, Vol. 26, No. 10, 1998.

② Pinheiro A. C. and Moreira M. M., "O Perfil dos Exportadores Brasileiros de Manufaturados Nos anos 90: Quais as Implicações de Política?", http://www.bndes.gov.br/conhecimento/td/td-80.pdf, October 3, 2006.

性政治、教育、文化、社会、司法和安全的合作场所。

关于一体化经济，南方共同市场建成了自由贸易区。除一些临时例外规定外，还建立了共同对外关税。为建成统一关税联盟而制定的其他共同贸易政策也取得进展，建立了南方共同市场管理秘书处，并讨论将南方共同市场管理秘书处转变为技术秘书处。此外，在巴西利亚和奥洛普雷图签署的协定中拟定的争端解决机制已经运行。乌拉圭蒙得维的亚协定（Montevideo）制定了在南方共同市场内服务贸易逐步自由化的规则，得到了巴西的支持。为使南方共同市场先切实实现一体化，巴西还开始进行宏观协调的努力。

为南方共同市场的发展，卡多佐总统亲自到布宜诺斯艾利斯努力加强与阿根廷的战略关系。巴西关注阿根廷事态的发展，决心支持阿根廷经济复苏，力争确保加强南方共同市场的所需条件。为此，巴西扩大与阿根廷的双边贸易，促进能源一体化。另外，在追求南美大陆一体化上，基于南方共同市场取得的成绩，与会各方在巴西利亚举行了南美国家首脑会晤，并讨论了地区经济一体化问题。会议谈及基础设施发展的战略，涉及能源、交通和通信。在此次高峰会上，各国首脑一致认为，需要建立本半球的自由贸易区以利于美洲地区的持续和公平的发展。本着这种精神，巴西参加了在加拿大魁北克举行的第三届美洲高峰会。巴西代表团借此机会申明，如果在市场准入、反倾销、消除非关税壁垒、消除在农产品贸易中的卫生检疫及其他不对等的保护主义等方面实现巴西的目的，美洲自由贸易区将是受欢迎的。

对于巴西来说，这些步骤是必不可少的。这不只是对处于相同半球的一些国家而言的，而且是处于相同半球的所有国家实现经济进步、社会发展的手段。值得一提的是，美洲大陆一体化包括了1980年签署蒙得维的亚协议建立的拉美一体化协会（Latin American Integration Association，LAIA），巴西是创始国之一，另外还有阿根廷、玻利维亚、智利、哥伦比亚、古巴、厄瓜多尔、墨西哥、巴拉圭、秘鲁、乌拉圭和委内瑞拉。成员之间签署了优惠贸易协定。1995年1月1日，南方共同市场关税同盟生效，成员采取对外共同关税，巴西以此与拉美一体化协会的其他成员再次进行了双边谈判，南方共同市场作为独立法人，以"4+1"的形式与该协会国家进行自由贸易协定谈判。在美洲一体化进程表以外，拉美一体化协会应该有自己的进程表，争取在中期内组建拉美共同市场，以实现蒙得维的亚协议制定的预期目标。2002年8月20日，卡多佐总统访问了拉美一体化协会总部，并申明此目标会在4年内实现①。

南方共同市场与安第斯共同体（La Comunidad Andina，由哥伦比亚、委内瑞拉、厄瓜多尔、秘鲁和玻利维亚5国组成）正在谈判组建在拉美一体化协会范围内的自由贸易区。在此地区两个组织实现贸易自由化是巴西对南美谈判时间表中的重要内容。尽管南方共同市场做了努力和安排，但谈判进展并不像预期的那么快。为加强理解，巴西作为南方共同市场是届轮值主席国，依然想在2002年解决此问题。为此卡多佐总统曾派出了一个高级代表团于2002年8月访问了安第斯共同体成员国，旨在为排除谈判关键问题上的障碍寻求解决的方式。2002年11月举行三次谈判，期望达成协议并在12月4~5日在巴西利亚举行的南方共同市场首脑高峰会上签署。

2002年7月3日，巴西与墨西哥在巴西利亚签署了经济补充协定，涉及800多种商品的贸易互惠，其中80%是工业产品。2002年7月在布宜诺斯艾利斯首脑会议上签署了框架协议，为南方共同市场和墨西哥关于自由贸易谈判打下基础，其中南方共同市场与墨西哥有关汽车的协议将扩大汽车出口墨西哥市场，并为实现汽车贸易自由化迈出了一步。

---

① 中国驻里约热内卢总领馆经商处：《雷亚尔计划时代的巴西经济外交》，中华人民共和国商务部网，http://www.riodejaneiro.mofcom.gov.cn/aarticle/ztdy/200303/20030300075123.html，2003-03-14。

（二）促进多边贸易体制发展及贸易便利化进程

在具体贸易关系的推进上，如果说巴西政府在同属半球一体化谈判中的立场是关注贸易关系的公正，那么，这也是巴西在世界贸易组织（WTO）行动的试金石。自乌拉圭回合结束后，巴西始终坚持世界贸易组织履行保证农产品市场自由化的承诺，包括取消农产品补贴。巴西政府对新一轮有关农业问题的贸易谈判所采取的态度是：多边贸易体制必须解决发达国家的义务与要求发展中国家所履行的义务的不平衡问题。在2001年11月多哈第四届世贸组织部长级会议上，巴西取得积极成果。会上部长发表声明，再次重申制定全面的规则和实现贸易自由化。声明涉及谈判的广泛计划，其中包括巴西最关心的农业、反倾销、出口补贴等领域[①]。

巴西外交部通过贸易谈判努力使巴西产品进入重点市场，如在农产品、钢铁制品和纺织品方面。巴西政府与欧盟签署了一个谅解备忘录，欧盟允诺对巴西某些纺织品和服装制品停止实施进口数量的限制。该备忘录的签订，使欧盟在世贸组织范围内根据纺织品和服装协定，将在巴西实施贸易自由提前了两年半，巴西对欧盟扩大了纺织品和服装出口。关于钢铁产品问题，巴西对美国在该领域采取的限制措施进行了坚决的斗争。在美国宣布对钢铁产品采取保护措施之前，巴西政府与私有部门配合，与美国政府事先进行了高级磋商，要求美国政府排除对巴西产品的出口限制。为此，美国给予巴西特别配额。另外，巴西还与经济合作发展组织的钢材委员会世界钢铁部门进行了建设性的会谈。

关于生物多样化问题，巴西在世贸组织的谈判中也起着重要作用。特别

---

① 中国驻里约热内卢总领馆经商处：《雷亚尔计划时代的巴西经济外交》，中华人民共和国商务部网，http://www.riodejaneiro.mofcom.gov.cn/aarticle/ztdy/200303/20030300075123.html，2003 - 03 - 14。

是反对假冒侵权产品。对于传统知识产品及其生产程序或对于地方的仿制资源若给予专利，应该得到原料产地国的通知、事先准许和分得利益。巴西维护与贸易有关的知识产权方面的协定中第 27 - 3（b）条款的修改，即关于专利例外的说明，使其与生物多样化协约的规定一致，以保证对生物资源的国家主权。

在多边体制中，巴西不仅通过有关谈判维护巴西的贸易利益，同时利用世贸组织争端解决机制，对那些对巴西产品实施保护主义的措施进行争辩。巴西是利用世界贸易组织争端解决机制最多的国家之一。自 1995 年以来，巴西作为原告，参加了 17 起诉讼案，涉及汽油、飞机、速溶咖啡、肉鸡、纺织品、钢铁产品等。巴西向美国和欧盟提出就棉花和糖类进行磋商的举动，在世界上产生极大的反响。有 8 起争端，巴西是被告，涉及飞机、椰蓉、汽车、专利等。无论作为原告还是作为被告，巴西都取得了令人十分满意的结果。

同时，在贸易促进方面，自 1994 年起，巴西政府大力促进对世界各大洲的贸易活动，不仅通过巴西驻外外交网络及巴西使馆的商务机构，还不断派出吸引外资的团组。共派出近 40 个贸易团组，分赴亚洲（尤其是中国）、东南亚、南部非洲、欧洲（尤其是东欧）和拉美，大力宣传巴西的品牌。

值得一提的是，在促进贸易方面，卡多佐政府当政时期曾致力于完善政府电子办公系统，创建了巴西贸易因特网。实施多年来，50 万人次登录网站，5 万进口商登记。同时，也努力建立如下服务系统：电子邮政免费为巴西出口商服务；在促进贸易吸引外资方面进行远程会议和培训；建立巴西产品展窗；在因特网上为小企业提供免费的简化联系模式；在欧洲和美国建立起其出口示范的典型。

（三）削减关税

1988~1993 年，对国内生产商的保护程度明显减弱。1988 年和 1989 年的两项改革使平均进口关税由51%降到了35%。1990年，政府扫清了大部分零关税障碍。1992年10月，进口计算机产品的禁令也被取消。另外，削减关税的计划使平均进口关税逐渐由1990年的32.2%（标准差为19.6%）降到了1993年的14.9%（标准差为8.2%）。贸易自由化对消费品尤其重要：耐用消费品关税降低了66%，而禁止进口商品清单（Negative Import List）的取消使国内消费者能依法享用实际上被禁止了数十年的国外商品。

表3.2　1990～1995年巴西进口关税

日期	均值（%）	总数（%）	平均数（%）	变化区间（%）	标准差（%）
1990年	32.2	40	30	0～105	19.6
1991年2月	25.3	20	25	0～85	17.4
1992年1月	21.2	20	20	0～65	14.2
1992年10月	16.5	20	20	0～55	10.7
1993年6月	14.9	20	20	0～40	8.2
1995年1月	12.1	14	10	0～20	6.1

资料来源：以巴西联邦数据为基础计算得出。参考自 Sucupira R. and Moreira M. M., "Development, Exports and Trade Finance: Brazil's Recent Experience". In Hufbauer G. and Rodriguez R. eds., Exi-Im Bank in the 21st Century: A New Approach? Institute for International Economics, Washington, January, 2001。

自20世纪80年代中期尤其是1990年以后，出口方面的政策也开始朝中性化方向发展。几项津贴制度于1983～1985年被取消。当科洛尔政府1990年3月上台时，出口津贴制度已完全被取消，出口激励政策也减弱了。结果，出口奖励占GDP的比重由1981～1984年的3.1%降到了1990～1991年的1.3%。20世纪90年代，该政府又重新对出口品实行完全免税政策，其中包

第三章 卡多佐政府经济改革的具体运作

括由国家征收的税种;同时加强了出口融资机制①。

整体来看,推动贸易自由化对以下方面的影响非常巨大:贸易和投资与世界经济的融合程度、对技术创新的激励和生产率的提高②。非石油产品的进口额由 1987 年的 110 亿美元跃升到 1995 年的 443 亿美元,2000 年达 494 亿美元。特别是消费品和资本品的进口在 20 世纪 90 年代有了实质性的增长。更加激烈的竞争、国外机构和资本的不断进入迫使国内生产商提高自己的竞争力③。

但是,巴西出口的表现却使原本显著的贸易自由化政策成果变得暗淡。出口对贸易自由化政策反应缓慢,1992~1994 年出口额曾显示出强劲的回升势头,但却很快走向下滑,只在 1997 年有短暂的回升。更为重要的是,尽管贸易倾向有所减弱,但这一时期内国内市场与国际市场的交替变化明显,当本地需求增加时,各公司都将视野转向国内市场。

此外,汇率升值同样也是出口反应缓慢的重要原因,贸易自由化引起实际汇率的贬值。至 1998 年 12 月本国货币相对于美元的汇率上升了 18%。汇率的上升趋势仅在 1999 年 1 月有过中断,当时由于俄罗斯违约导致国际市场恶化,巴西政府被迫实行浮动汇率,而这一决定导致了巴西货币雷亚尔的大幅度贬值。这种相对价格的变化并未造成长期影响。1999 年第四季度的出口额增长率为 11.3%,2000 年的出口增长率上升至 14.7%,其中制造业出口占主导地位,增长率占了大约 20.6%。此外,除了汇率的升值外,出口还受基础设施投资不足和低效、对生产商的累进税收制度等因素的制约。

---

① Sucupira R. and Moreira M. M., "Development, Exports and Trade Finance: Brazil's Recent Experience", in Hufbauer G. and Rodriguez R. eds., Exi – Im Bank in the 21st Century: A New Approach? Institute for International Economics, Washington, January, 2001.

② Moreira, Maurício Mesquita and Correa, Paulo Guilherme, "A First Look at the Impact of Trade Liberalization of Brazilian Manufacturing Industry", in World Development, Vol. 26, No. 10, 1998.

③ Amando Castelar Pinheiro, "Fabio Giambiagi, and Maurício Mesquita Moreira. Brazil in the 1990s: A Successful Transition?", In Textos para Discussão, No. 91, Rio de Janeiro, November 2001.

二、积极拓展对外经济合作关系

在卡多佐当政的 8 年中,除了致力于对国内经济进行改革以外,积极拓展对外经济关系,加强与世界其他国家开展双边或多边关系也是卡多佐政府执政的重点之一。以下将对卡多佐总统当政时期所拓展对外经济关系的情况进行探讨,重点围绕巴西对拉美国家、以欧美为主的西方发达国家、亚太和非洲发展中国家、包括中国以及中国澳门的关系进行研究。

(一)巩固与拉美国家及加勒比地区的经贸合作关系

随着冷战的结束,全球经济一体化和区域化趋势日益加强,国际经济竞争日益激烈。现实使巴西认识到,单靠本国的力量不仅无法应对世界政治经济格局变化产生的严峻挑战,而且缺乏振兴经济的动力。只有加强地区经济合作,在经济上相互补充和相互促进,用市场竞争带动地区内部之间的贸易交流,把地区市场当作打入国际大市场的重要途径,才能在世界经济大舞台上站稳脚跟。这既符合国际趋势和时代潮流,也符合内向型经济向外向型经济转轨的需要①。美洲地区尤其是拉美和加勒比地区国家始终是巴西对外经济政策的重中之重,也是巴西对外工作的重点。

在巩固和扩大南方共同市场的同时,巴西还积极倡导成立南美自由贸易区,以提高其在南美的地位和扩大同南美国家的贸易,提高巴西产品的国际竞争力。卡多佐总统上台后,巴西、阿根廷、巴拉圭和乌拉圭四国签署的《亚松森条约》也随之生效,南方共同市场同时成立,成为继欧盟、北美自由贸易协定和亚太经合组织之后的世界第四大经济集团。南方共同市场启动后的翌日,正如巴西前外交部长路易斯·费利佩·兰普雷亚(Luiz Felipe

---

① 曾昭耀:《现代化战略选择与国际关系》,社会科学文献出版社 2000 年版。

Lampreia)曾表示,巴西外交将优先考虑巩固和扩大南方共同市场,表达了巴西对南方共同市场高度重视的意愿。在巴西的推动下,南方共同市场分别于1996年6月和12月与智利和玻利维亚签署了经济补充协定,同墨西哥就自由贸易进行了五次谈判。

1991年签订《亚松森条约》之前,巴西、阿根廷、乌拉圭和巴拉圭四国间的贸易总额仅为51亿美元;1995年,区内贸易额达150多亿美元;1996年增至174亿美元;1997年达211亿美元。内部贸易占四国出口总量的比重从1991年的11.1%增至1997年的24.7%;1998年区内贸易略有减少,但与1997年基本持平;1999年区内贸易额较1998年减少了50亿美元。随后,在阿根廷经济危机、乌拉圭经济危机和巴西金融动荡的影响下,南方共同市区内贸易额一度跌落到2002年的105亿美元[①]。南方共同市场的建立促进了巴西经济特别是南部经济的发展,南里奥格兰德州(Rio Grande do Sul)、巴拉那州(Paraná)和圣卡塔琳娜州(Santa Catarina)的出口在各州已跃居前列。1997年6月,卡多佐总统参加了南方共同市场召开的第12届首脑会议。这次会议旨在完善关税联盟并巩固共同贸易政策,继续努力推动一体化进程。

此外,巴西还同安第斯共同体成员进行了签署自由贸易协定的谈判。对于安第斯共同体成员,哥伦比亚的和平进程一直得到巴西政府的坚决支持,巴西一直对哥伦比亚农业项目予以技术合作,旨在对可可生产区改种农作物。

从20世纪80年代中期起,巴西致力于改善同素有积怨的阿根廷的关系。一直以来,巴西在阿根廷的恢复进程开展合作,阿根廷政治经济形势也成为2002年巴西对外政策的中心议题之一。1997年São Borja市的Santo Tome大桥落成。用阿根廷天然气供巴西南里奥格兰德州Uruguaiana热电厂的天然气输送管道于2001年竣工。这些项目是巴西与阿根廷两国日益紧密实现一体化

---

① 周志伟:《南方共同市场运行十周年回顾及展望》,http://ilas.cass.cn/BVNews/admin/file/33/nanfang.pdf,2006年12月14日。

进程的标志。2002年巴西与阿根廷政府曾在布宜诺斯艾利斯进行多次接触。同样,当时阿根廷总统和外长访问巴西时,在巴西利亚也受到巴西总统卡多佐的接待。巴西外长、财长、农业部长、发展工商部长都参加了接见和会晤,巴西方面对阿根廷的恢复前景及巴西如何予以合作等问题进行了深入的探讨[①]。

巴西也十分重视同南美大国墨西哥的关系。1996年2月,卡多佐总统访问墨西哥,两国决定结成战略联盟,加强双边经济关系,尽早缔结自由贸易协定。尽管巴西与墨西哥密切程度尚未发展到拉美两个最大经济体所期望的程度,但随着墨西哥国家元首2002年7月对巴西利亚的访问,促使巴西与墨西哥两国双边对话和合作的潜力得到进一步加强。

同样,在卡多佐执政时期,巴西与秘鲁政府逐渐建立了极大的信任,双方再次本着合作的精神使双边经贸关系得到发展。其中,包括两国共同开发、完善多个交通运输方面的合作项目。还有,继续视委内瑞拉为巴西的优先伙伴。2001年,巴西和委内瑞拉签署了与巴西北部合作的电力项目。巴西企业将参加委内瑞拉基础设施重点项目的建设。巴西还力图缓和威胁委内瑞拉国家完整的内部冲突。

此外,巴拉圭作为巴西的另一个邻国,也备受卡多佐政府的关注。在巴拉圭东方市(Ciudad del Este),由巴西合作机构负责建立职业培训中心,支持巴拉圭恢复经济,并在南方共同市场中更好地发挥其生产部门的作用。在巴拉圭居住的巴西人恢复秩序取得进展,在边境建立了共同的控制机构。通过与巴西电力公司的再次洽谈,两国合作的伊泰普水电站的正常资金得到保证,伊泰普水电站的正常运营为解决巴西的电力危机发挥了特别重要的作用。通过多次有建设性的对话,巴西与乌拉圭的双边关系取得进展,

---

① 中国驻里约热内卢总领馆经商处:《雷亚尔计划时代的巴西经济外交》,中华人民共和国商务部网,http://www.riodejaneiro.mofcom.gov.cn/aarticle/ztdy/200303/20030300075123.html,2003-03-14。

重点谈及边境问题和能源一体化问题。2002年4月建立了边境合作的机构。两国交通一体化包括 Cone Sul 地区的交通枢纽、扩展通过乌拉圭境内的布宜诺斯艾利斯至圣保罗公路和建设 Buenos Aires – Colonia 大桥等项目。而且，玻利维亚天然气管道的建设成为巴西和玻利维亚双边能源合作领域项目的延伸，也反映出双边经贸关系更加密切。玻利维亚已逐步发展成为具有前景的伙伴。

最后，通过巴西当局对中美洲和加勒比地区的多次访问，发展前景令人鼓舞。巴西与古巴的政治对话达成双方的最大信任。2001年3月双方建立了政治和经济磋商机制，并进行了领导人会晤，2002年9月，卡多佐总统派当时的巴西外长兰普雷亚访问了哈瓦那。

总体来看，对于拓展与区内国家或地区的对外经贸关系，巴西仍始终以南方共同市场为依托，并努力促进整个美洲大陆的经济一体化。但是，巴西方面同样认为，在南方共同市场没有得到巩固的情况下，进行有关美洲一体化的实质性谈判的条件还不成熟[①]。

（二）改善与西方发达国家的关系

发展与发达国家的关系同样是卡多佐政府执政后巴西经济外交的重点之一。卡多佐总统曾说过，"美国、德国和日本是优先选择的合作伙伴"，其中美国又是"巴西最重要的伙伴"[②]。

冷战结束以后，随着苏联的解体，美国已成为当时世界上唯一的超级大国，尽管其经济地位有所下降，但仍为世界头号经济大国。1992年后，美国经济开始从衰退中复苏，其发展速度居主要工业国之首。近几年来，美国已

---

① 曾昭耀：《现代化战略选择与国际关系》，社会科学文献出版社2000年版。
② 巴西《圣保罗州报》1995年9月24日。转引自曾昭耀：《现代化战略选择与国际关系》，社会科学文献出版社2000年版。

扭转了与欧洲、日本相比经济实力相对下降的趋势，占西方发达国家 GDP 的比重持续提高。为此，世界上的发达国家和发展中国家无不把发展同美国的经济关系摆在重要地位，巴西亦不例外。

美国是巴西最大的债权国、投资国和贸易国，因而处理同美国的关系对巴西经济的发展至关重要。然而，20 世纪 80 年代以来巴西同美国的政治、经济关系并不融洽，双方在核能计划、知识产权、技术转让、信息市场和外债等问题上的争执接连不断，经济、贸易摩擦时有发生。巴美紧张的关系严重影响 20 世纪 90 年代巴西从内向型经济向外向型经济的过渡。不仅对美国的出口受到限制，而且使得巴西难以获得经济发展所需要的投资、贷款和高新技术。为了改变巴西、美国关系冷淡的局面，巴西主动向美国靠拢。从 20 世纪 90 年代起，巴西政府决定降低产品进口关税，并与美国签署了知识产权协定，全面开放信息产品市场。巴西的这些行动受到美国的欢迎。1994 年 12 月卡多佐在上任前夕应当时的美国总统克林顿的邀请出席了在迈阿密召开的美洲国家首脑会议。1995 年 4 月他又正式访问美国，同克林顿举行了会谈并会见了大批美国企业家，决定加强双边贸易。近年来，美国因形势的变化对巴西的态度也有了改变[①]。为了加快建立美洲自由贸易区，阻止欧盟在巴西和南美继续扩大地盘，为了扩大对巴西的出口，时任美国总统克林顿于 1997 年 10 月访问了巴西。巴西与美国签署了教育、现代化行政管理、司法、和平利用核能、先进的能源开发技术、生态环境保护、空间技术合作 7 项协议，并就缉毒、打击有组织犯罪等进行了对口磋商。

在巴西和美国双方存在争议的一些问题上，卡多佐总统采取了灵活姿态，表示对环境问题、人权问题给予更多的关注，向巴西国会提出了修改工业知识产权的法案，限制敏感武器的出口，并加入弹道导弹技术控制协定等。卡

---

① 曾昭耀：《现代化战略选择与国际关系》，社会科学文献出版社 2000 年版。

第三章 卡多佐政府经济改革的具体运作

多佐的这些新举措使得巴西、美国关系得到很大改善。自卡多佐总统上台以来,巴西、美国经贸关系有了较快发展。

表3.3显示,1995年卡多佐总统刚上任时巴西、美国货物贸易总额约190亿美元,其中巴西对美国的出口额为近90亿美元。除了1999年巴西遭遇金融危机、雷亚尔大幅贬值而致使巴西的进口额有所下降外,1995~2001年巴西、美国贸易额不断上升,到2001年巴西、美国货物贸易总额已超过290亿美元,比1995年增长了52.6%,其中巴西对美国的出口额比1995年增长了60.4%,达144亿美元。1995年美国对巴西的直接投资额为250亿美元,占当时外国在巴西总投资额(425.3亿美元)近60%;2000年美国对巴西的直接投资额达到卡多佐总统任内的最高值390.3亿美元,但是美国资金的比重已经比1995年显著下降,占当年外国在巴西总投资(1968.8亿美元)的19.8%,这个比重在2001年更是跌至16.6%。由此可以看出,卡多佐总统在私有化及引进外国资本时非常注重资本来源的多元化。

表3.3 1995~2001年巴西与美国的贸易情况及美国对巴西的直接投资额

年份	巴西从美国的进口额(百万美元)			巴西对美国的出口额(百万美元)			美国对巴西的直接投资额(存量)(百万美元)
	货物	服务	总值	货物	服务	总值	
1995	10757	4997	15753	8989	1165	10153	25002
1996	11920	5205	17125	8871	1421	10292	29105
1997	15001	6405	21406	9510	1764	11274	35778
1998	14293	6616	20909	9953	1959	11912	37195
1999	12331	5548	17879	11273	1701	12974	37383
2000	14025	6027	20053	13732	1933	15664	39033
2001	14663	5777	20439	14415	1770	16185	36317

资料来源:Jeffrey J. Schott, "US – Brazil Trade Relations in a New Era", www.iie.com/publications/papers/schott1103 – 2.pdf, December 16, 2006.

按照 2002 年底卸任前卡多佐对其执政 8 年的政府工作所做的总结报告①，认为巴西、美国关系在过去几年来已提升到相互理解和尊重的新阶段。特别是通过卡多佐总统和克林顿总统及布什总统之间达成的高级别的谅解备忘录，美国政府开始认识到巴西参与地区及全球事务的重要性，以及南方共同市场的显著地位及其为本半球所做的努力和协调作用。

巴西与欧盟政治、经济、文化关系密切，巴西主张积极发展同欧盟国家的关系，认为欧盟是巴西全球外交格局中"不可替代的组成部分"。随着欧洲经济区于 1994 年 1 月 1 日正式运转，成员国数量增加，经济实力大大加强，GDP 超过了北美自由贸易区。欧盟作为巴西最大的投资者，也是最大的贸易伙伴。巴西在发展外向型经济中少不了欧盟的合作。与此同时，欧盟还是巴西环保计划最大的支持者，对保护亚马逊热带雨林的环保计划提供了大量援助。因此，巴西十分注意发展同欧盟的关系，努力改变双方贸易自 1998 年以来停滞不前的状况。

欧盟是巴西最大的贸易伙伴和外国对巴西直接投资的最大来源地区。表 3.4 显示，1995 年巴西同欧共体的贸易总额达 221.9 亿欧元，其中巴西的出口额达 108.2 亿欧元，占巴西出口总额的 27.1%。1995 年底，欧盟在巴西的直接投资额约合 148 亿美元，占外国在巴西直接投资总额的 34%。到 2001 年，巴西同欧盟的贸易总额超过 378 亿欧元，其中巴西的出口额达 192.7 亿美元，比 1995 年增长了 78%。欧盟对巴西的直接投资增长更加迅速，在 2001 年直接投资已达到 424.9 亿欧元，占当年外国在巴西总投资额的 20% 以上。

---

① 中国驻里约热内卢总领馆经商处：《雷亚尔计划时代的巴西经济外交》，中华人民共和国商务部网，http://www.riodejaneiro.mofcom.gov.cn/aarticle/ztdy/200303/20030300075123.html，2003 - 03 - 14。

表3.4 巴西与欧盟的贸易情况及欧盟对巴西的直接投资额

年份	巴西从欧盟的进口额（百万欧元）	巴西对欧盟的出口额（百万欧元）	欧盟对巴西的直接投资额（百万欧元）
1995	11373	10820	14800*（百万美元）
2001	18545	19267	42487
2002	15710	18081	45897

资料来源：贸易数据来源于 Eurostat, "External and intra – EU trade – Statistical yearbook – Data 1958 –2005", pp. 38 –45, http：//epp. eurostat. ec. europa. eu/cache/ITY_ OFFPUB/KS – CV – 06 –002/EN/KS – CV – 06 –002 – EN. PDF, December 16, 2006。

直接投资数据来源于 Eurostat, "European Union foreign direct investment yearbook 2005", http：//epp. eurostat. cec. eu. int/cache/ITY_ OFFPUB/KS – BK – 05 –001/EN/KS – BK – 05 –001 – EN. PDF, December 16, 2006。

1995 年的直接投资数据来源于 UNCTAD, http：//www. unctad. org/Templates/Page. asp? intItemID = 3198&lang = 1, December 16, 2006。

德国、英国和葡萄牙是接受巴西投资最多的几个欧洲国家。巴西 300 多家企业仅在葡萄牙纺织业就投入近 8 亿美元。巴西利用与葡萄牙传统的友好关系，将其作为加强同欧盟经贸往来的桥梁，在葡萄牙建厂，以便将其产品进一步打入欧盟市场。1995 年 9 月，卡多佐总统出访德国、葡萄牙、比利时等欧盟国家；1997 年 2 月，他又应时任英国首相梅杰的邀请，与秘鲁总统阿尔韦托·藤森（Alberto Fujimori）和巴拿马总统佩雷斯·巴利亚达雷斯（Perez Balladares）出席了在伦敦召开的旨在推动双边经济关系的研讨会，为发展巴西同欧盟的关系开辟了道路。1997 年 10 月 20 日，巴西副外长伊瓦·卡纳布拉瓦也在中国社会科学院拉美所发表演讲时表示，在加快实现美洲自由贸易区的同时，也要加快发展同欧盟的关系。两种关系要齐头并进，而不要失衡。他还指出，巴西同传统的伙伴德国、英国、法国和西班牙的关系发展很快，但同其他欧盟国家的关系发展却较慢。今后，巴西还要扩大同整个欧盟的关系①。

巴西在加强本国同欧盟关系的同时,还致力于促进地区一体化组织同欧盟的联系。一方面,它作为里约集团的三个牵头国之一,为该集团同欧盟牵线搭桥,推动两个地区之间的贸易与投资;另一方面,大力促成南方共同市场与欧盟的合作。1995年12月,南方共同市场与欧盟正式签署了两个地区间的合作框架协议,为成立一个地区间联盟创造了条件和奠定了基础。1999年首届欧盟—拉美加勒比首脑会议确立了两地区面向21世纪的伙伴关系,并正式启动了欧盟与南共市和智利的自由贸易谈判。

(三)全面发展与亚太和非洲发展中国家的关系

推动贸易、扩大出口,是巴西自进口替代工业化发展战略转换到对外开放战略的主要内容之一,也是带动经济增长的一个重要动力。然而,由于近年来美国和欧洲国家贸易保护主义的加强,使得巴西的对外贸易受到很大的限制,促使巴西将眼光转向经济高速发展的亚太地区。正如世界银行统计,亚太地区经济发展速度很快,1995~2004年东亚年均增长率达7.7%,人均GDP增长率从6.4%提高到6.6%。世界银行预测,21世纪初全世界产值的增长额有一半以上来自亚太地区。巴西注意到亚太地区是世界上最富活力的地区,世界经济的重心正从大西洋转向太平洋。加强同亚太地区的关系可以为巴西提供贸易、投资和技术转让等许多机会。在这种形势下,20世纪90年代后,巴西把亚太地区列为经济外交的重点之一。

日本是巴西发展与亚太地区国家关系的重点之一,也是巴西在亚洲的重要贸易伙伴和投资来源国。巴西、日本两国签有移民协议,旅巴日侨和日裔约200万人。巴西在发展外向型经济中,加强同日本的经贸关系,对获得更

---

① 曾昭耀:《现代化战略选择与国际关系》,社会科学文献出版社2000年版。

多的投资、贷款、援助和扩大出口,无疑具有非常重要的意义。1996年3月,卡多佐总统应邀访问日本,8月日本首相桥本龙太郎回访巴西①。20世纪90年代后期,两国贸易额下降,日本对巴西投资和参与巴西私有化的活动减少。

在亚太地区中,"亚洲四小龙"包括韩国、新加坡、中国台湾地区、中国香港地区等也是巴西重要的贸易伙伴。1994年巴西同这些国家和地区的贸易额分别达到11.69亿美元、6.5亿美元、7.9亿美元和7.6亿美元。1995年,巴西与韩国的贸易额达到29亿美元。1996年韩国总统金泳三访问巴西时表示,随后3年会向巴西投资52.4亿美元。同时,巴西还在扩大同东盟国家的经贸关系,例如,巴西重视同马来西亚的关系,1994年两国贸易额已达5亿美元。1995年12月卡多佐总统访问中国后,紧接着前往马来西亚,双方表示愿意加强多方面的合作。另外,值得一提的是,印度为巴西在亚洲的另一个重要贸易伙伴。1996年1月,卡多佐访问了印度,以便促进双方的经贸和政治关系。

巴西与非洲大陆有着悠久的历史、经济和文化联系,特别是与那些曾同为葡萄牙殖民地的国家,更是具有较深的渊源。在巴西人口中,非洲人的后裔占有很大比重。巴西与非洲隔海相望,有发展贸易的便利条件。20世纪70年代至80年代初,巴西与非洲的经贸关系曾达到很高的高度。20世纪80年代中期因巴西出现债务危机、非洲局势动荡,双方经贸关系受到严重影响。从20世纪90年代起,为了经济模式变化和开辟新的出口市场的需要,非洲再次成为巴西经济外交的组成部分之一。其中巴西又以南非为重点,把它视为进入非洲的主要通道之一。莫桑比克、安哥拉等非洲葡萄牙语国家也是巴西在非洲的重要贸易伙伴。1994年2月,巴西和非洲葡萄牙语5国(莫桑比

---

① 李明德:《拉丁美洲和中拉关系——现在与未来》,时事出版社2001年版。

克、安哥拉、佛得角、几内亚比绍和圣多美与普林西比）及葡萄牙举行了第一届葡语国家外长会议①，并于1996年7月17日与其他7个官方语言为葡萄牙语的国家组成葡萄牙语国家共同体（Community of Portuguese – Speaking Countries, CPLP）。由于巴西注重发展同非洲的关系，几年来双方的贸易有了恢复和发展。1994年巴西同非洲的贸易额已超过20亿美元，比1993年增长了25%。随着非洲自1994年以来连续3年保持良好的经济发展势头，巴西同非洲的经贸关系也在不断扩大②。

（四）注重中国、巴西关系的推动与发展

作为东、西半球最大的发展中国家，中国与巴西都是在世界事务中具有影响的地区性大国。在巴西的"亚洲战略"中，特别重视同中国的关系，把发展同中国的"战略伙伴关系"作为指导原则。

中巴关系在经历20世纪70年代建交初期的缓慢发展后，从80年代初起，以巴西总统和中国总理的互访为标志，进入了全面发展的新阶段③。卡多佐总统在1995年上任不久，就选择访问中国，以此加深对中国的了解，促进了双方的合作。卡多佐访问中国期间，双方签署了两国《关于联合研制地球资源卫星的技术安全的谅解备忘录》、《关于植物检疫的协定》、《关于小水电合作的协定》、《关于科学技术合作协定和经济技术合作协定人才交流的补充协议》、《关于加强和扩展中巴空间技术合作的备忘录》和《关于广播电视领域合作的谅解备忘录》④。1996年11月，应时任巴西总统卡多佐的邀请，时任中国总理李鹏访问了巴西。访问期间，中国与巴西签署了两国政府关于

---

①② 焦震衡：《巴西经济外交在经济模式转型中的作用》，《世界经济与政治》1996年第6期。
③ 周世秀：《论中国巴西建交及两国战略伙伴关系的重要意义》，《湖北大学学报（哲学社会科学版）》2004年第4期。
④ 中国外交部：《中国与巴西双边关系》，中国外交部网页，2006年9月13日，http://www.fmprc.gov.cn/chn/wjb/zzjg/ldmzs/gjlb/2013/default.htm, November 10, 2006。

第三章 卡多佐政府经济改革的具体运作

可持续发展共同议程的联合声明、关于外层空间科学和技术和平应用的联合声明,以及关于保留巴西驻中国香港特别行政区总领事馆的协定、中巴联合开发卡拉亚斯铁矿问题备忘录和中巴合资开采铁矿的协议书等文件。

在中国和巴西发展国家关系的同时,经贸关系也在不断扩大。中国和巴西都是资源丰富的大国,经济发展水平相似,技术各有特色,经济互补性很强。两国的经济改革为经贸关系的进一步发展开辟了道路。据中国海关统计,两国建交的 1974 年,双边贸易额仅为 1742 万美元。至 1979 年,就增加到了 2.16 亿美元,是 1974 年的 12 倍。到 20 世纪 80 年代,中国、巴西年均贸易额达 7.55 亿美元,90 年代的年均贸易额又增至 14.94 亿美元。进入 2000 年,中巴双边贸易额增至 28.45 亿美元。2001 年双边贸易额达到 36.98 亿美元,是 1974 年的 211 倍,其中中国从巴西的进口额为 23.47 亿美元、对巴西的出口额为 13.51 亿美元,中方逆差 9.96 亿美元。而 2002 年双边贸易额在 2001 年的基础上又增长了 20%,总额达 44.69 亿美元,在中巴贸易关系史上首次突破了 40 亿美元。其中中国从巴西的进口额为 30.03 亿美元、对巴西的出口额为 14.66 亿美元,同比分别增长 27.9%、8.5%,中方逆差 15.37 亿美元。现在,中国和巴西两国政府都将对方作为实现市场多元化的重要市场之一[①]。

中国、巴西经贸合作的范围也逐渐在扩大,双方的经济合作和相互投资也逐年增加。截至 2002 年底,中国在巴西的合资企业、独资企业、贸易公司、代表处、办事处达 67 家,协议投资金额为 1.57 亿美元左右,实际投资额为 1.19 亿美元。巴西在中国的投资项目有 277 个,协议投资金额为 2.4 亿美元左右,实际投资额为 7976 万美元[②]。在卡多佐政府执政时期,主要的项目包括:巴西 AG 公司与中国铁道部第一工程局合作,利用世界银行贷款进

---

① 《中巴经贸关系综述》,中国贸易促进网,2003 年 7 月 18 日,http://www.smetrade.org.cn/interMarket/view.tdb?id=32999,2006 年 11 月 4 日。
② 周世秀:《论中国巴西建交及两国战略伙伴关系的重要意义》,《湖北大学学报(哲学社会科学版)》2004 年第 4 期。

行的新疆铁路修建项目在 1995 年 7 月顺利开工；巴西三峡建设工程联盟与中国安能建设总公司合作，并共同承建的三峡工程永久船闸第二阶段工程；以及巴西银行、巴西工程及建筑公司、巴西石油公司下属国际贸易公司等均在北京设立了办事机构①。

此外，中国、巴西之间最大的合作项目是联合建造两颗地球资源遥感卫星，用于收集有关环境保护、农业、海洋研究和地质勘探方面的资料。两国的联合风险投资计划规定，所需费用的 30% 由巴西负责。1997 年底发射第一颗卫星。1999 年 10 月，中国、巴西合作研制的地球资源卫星"资源一号"也已发射成功②。1997 年 7 月，时任巴西科技部长瓦加斯对来访的中国《人民日报》代表团说："中国和巴西在航天领域的合作已经进行了 10 年，希望再推进 10 年，并把这种卓有成效的合作扩大到高新技术的各个领域，加强中巴两国在 21 世纪的地位③。"

（五）重视中国澳门的"平台"作用

1995 年，时任巴西总统卡多佐上台以后，在对外经济关系方面，基本实行积极的对外开放政策，并努力优化国内的投资环境，积极吸引外资。另外，也积极向外寻找合适并且有潜力的国际市场。1995 年 12 月，时任巴西总统卡多佐在上任不到一年就进行首次访华的行程安排，充分显示其对与中国发展外交关系的兴趣。不过，当中也不得不谈到中国澳门的作用。

1. 巴西注重与中国澳门地区、葡萄牙政府的关系

（1）卡多佐总统成为首个经中国澳门国际机场踏足中国澳门的外国最高元首。自澳葡政府在中国澳门执政以来，中国澳门这个弹丸之地并没有属于自己的机场，本地的航空运输多依赖邻埠的中国香港和珠三角地区。进入 20

---

①② 李明德：《拉丁美洲和中拉关系——现在与未来》，时事出版社 2001 年版。
③ 曾昭耀：《现代化战略选择与国际关系》，社会科学文献出版社 2000 年版。

世纪 90 年代，伴随着本地的经济发展需要，以及社会各界的强烈呼声，澳葡政府决定在中国澳门设立自己的机场。虽然机场的建造进度缓慢，但到 1995 年，机场还是得以竣工。当时的澳葡政府在新机场的启用仪式上除了邀请葡萄牙当时的总统苏亚雷斯外，也在积极邀请巴西卡多佐总统作为主礼嘉宾，然而后因卡多佐希望来中国澳门能与赴中国访问一同进行，而最终在 12 月 17 日来中国澳门访问，并成为第一个经中国澳门国际机场踏足中国澳门的外国最高元首[1]。除卡多佐本人以外，代表团还包括总统夫人鲁斯·卡多佐、巴西对外关系部长、工商业部长以及 60 多名巴西企业界人士。这些意味着中国澳门与巴西的特殊关系。

卡多佐在访问过程中盛赞中国澳门是一个开放的城市，中国、葡萄牙双方对维持中国澳门繁荣稳定做出巨大的努力，大家对中国澳门的未来都有信心。对于巴西来说，中国澳门是中葡文化交汇点，在亚洲占有重要位置，巴西将来还会与中国澳门有更多的往来[2]。一直以来，巴西都与葡萄牙关系密切，正如时任澳门总督韦奇立所认为，葡萄牙与巴西乃姐妹国关系密切。对于卡多佐总统的来访，他认为，具有历史性意义，而且对于加强中国与巴西关系能起一定的作用。他同时也表示，中国澳门虽小，但它与正处于急速发展的中国内地邻近，可作为关系发展的一个台阶，努力促进各方面的发展。

（2）卡多佐积极邀请澳门总督到巴西访问。1997 年，应巴西卡多佐总统的邀请，时任澳门总督韦奇立也于 1997 年 4 月 18 日赴巴西访问，率领一支由 20 多个来自工商界、政府官员的代表团随行。此次访问，时任巴西总统卡多佐会见了时任澳门总督韦奇立。卡多佐总统在会面时多次强调发展中国、

---

[1] 虽然时任葡萄牙总统苏亚雷斯作为中国澳门国际机场的主礼嘉宾，但是他并未使用新澳门国际机场作为起降地。而巴西总统卡多佐却是在 12 月 17 日当天上午抵达澳门国际机场，下午经澳门国际机场离开并前往马来西亚继续访问的行程。

[2] 《巴西总统昨访本澳 澳督设午宴欢迎陪同游览》，载《澳门日报》，1995 年 12 月 18 日。

巴西经济关系的重要性，并表示在 1995 年底访问中国和中国澳门时，对广东省的经济发展和中国澳门的独特性印象颇深，对于未来巴西利用中国澳门作为打入中国市场的台阶设想甚感兴趣，并将为此计划作进一步的实质性推动。同时，他还与时任澳门总督韦奇立一致认为，中国澳门在中国、巴西关系建立上可以扮演一个重要的"桥梁"角色。

在此次访问中，时任卡多佐总统与时任澳门总督韦奇立还谈及巴西在中国澳门设立领事馆的计划；研究签订税务协议，避免两地商人在相互投资时出现两边重复征税；研究制定保障投资协议，以鼓励巴西商人利用中国澳门作为商贸基地的措施，加强对两地投资者的保障；以及就缔结中国澳门与巴西利亚结为友好城市（姐妹城市）的协议等议题。在访问中，共签署了四份两地企业界的合作协议，并使三个定于 1997 年内访问远东的巴西经济代表团决定顺道来中国澳门访问[①]。

通过彼此的互访，使巴西和中国澳门企业家看到彼此的发展潜力，以及进一步认识到中国、巴西经贸关系发展中国澳门可以发挥的作用。巴西方面认同中国澳门可作为他们通向中国的"桥梁"，中国澳门可以加快和加强两国在经济、文化、科技等各方面的联系和沟通[②]。

（3）两地签订航空协议及考虑设立"巴西驻澳门领事馆"。早在 1994 年 7 月，巴西政府就曾派当时的航空部长罗里奥到中国澳门，与当时的"澳葡政府"签订两地通航的民航协议。巴西航空部长罗里奥对巴西能成为与中国澳门签署第一份对外航空协定的国家感到荣幸。他也再次强调，巴西政府希望加强与亚洲地区，尤其是与中国的友好关系。

另外，虽然巴西早在 1992 年就委任了当时的澳门东方葡萄牙学会主席林

---

① 《澳督巴西行达预期理想》，载《市民日报》，1997 年 5 月 1 日。
② 《澳督称巴西之行收获丰富》，载《澳门日报》，1997 年 5 月 3 日。

绮涛作为巴西驻中国澳门名誉领事，但在澳督韦奇立1997年访问巴西时，卡多佐总统还表示将派专人研究在中国澳门开设一个独立入驻中国香港地区总领馆的巴西驻中国澳门总领事馆。这充分表明巴西对中国澳门有着直接的兴趣。正如当时正在访问巴西的时任澳门总督韦奇立所说，早在1995年底巴西总统访问中国澳门时，卡多佐总统就表示有意通过中国澳门加强中巴关系的发展，因为总统先生从一开始就意识到了中国澳门的独特性、特点、优越的地理位置及邻近中国经济发达地区等诸多优势。他同时指出，巴西总统认为中巴关系的发展现状尚不能达到令人完全满意的程度，因此必须进一步发展中国、巴西关系。巴西总统认为中国澳门这一领域可以担当一个十分有益的角色[1]。

2. 巴西继续保持与中国澳门特区政府的关系

总的来说，自中国澳门回归后，出于巴西政府对发展中国、巴西关系的关注，巴西始终保持着与中国澳门官方和民间的关系。1999年12月20日，中国澳门正式回归中华人民共和国的怀抱，在回归典礼上，可以看到在来中国澳门参加庆典的外国嘉宾使节中也包含了巴西政府的代表——时任巴西副总统马尔科·马西埃尔（Marco Maciel）。对于中国方面的诚挚邀请，在作为中国澳门回归典礼嘉宾邀请上，卡多佐总统甚为重视，并派出以副总统马尔科·马西埃尔为首的巴西政府代表团访问了北京，并作为外国嘉宾，观礼了回归庆典仪式。他对中国澳门回归表示热烈祝贺，对能代表巴西政府出席中国澳门政权交接仪式感到高兴[2]。

虽然此次时任巴西副总统马尔科·马西埃尔并没有带来将中国澳门成立独立于中国香港地区领事馆的巴西驻中国澳门领事馆的好消息，但是巴西与中国政府有关部门的负责人共同签署了《中华人民共和国政府和巴西联邦共

---

[1] 《巴西考虑澳门设领事馆》，载《市民日报》（第2版），1997年4月30日。
[2] 《胡锦涛和巴西副总统出席中、巴签字仪式》，中央电视台，1999年12月16日。

和国政府关于巴西驻香港特别行政区总领事馆领区扩大至澳门特别行政区的协议》。对于中国澳门回归的问题,时任巴西副总统马尔科·马西埃尔认为,中国澳门回归中国是继中国香港回归中国后的历史必然,是一件具有广泛和重大影响的历史性事件。回归后的中国澳门将是一个政治稳定、经济繁荣、社会发展的新中国澳门①。

回归以后至2002年,巴西与中国澳门的主要经贸往来由民间组织为多,例如巴西"澳门之家"的旅巴西的中国澳门侨民曾返中国澳门探亲;巴西政府每年都组织巴西企业代表团赴中国澳门参加一年一度在中国澳门举行的"澳门国际贸易投资展览会"(MIF)等活动。此外,巴西驻港领事馆人员也经常代表巴西政府赴中国澳门进行交流及访问。

同样,中国澳门特区政府最终也逐渐体会到与葡萄牙语国家的历史文化渊源已经成为本地区的比较优势,最终在酝酿多年以后,明确提出将中国澳门打造成为"中国—葡语国家经贸合作服务平台"的政策定位,并进一步丰富和拓展中国澳门的中介角色②。

可以说,此阶段澳葡政府也积极在拓展中国澳门作为中国与巴西关系的"桥梁"角色。按照澳葡政府的观点,要成为"桥梁",中国澳门先要有自己的"国际机场",正如时任澳督韦奇立所说,如果没有澳门国际机场,我们就无法说服巴西人或任何人将中国澳门作为进入中国的大门。此外,要积极拓展与巴西政府签订"航空协议",拓展中国澳门至巴西的直航航线,并且还要有独立负责中国澳门事务的巴西驻澳领事馆。与此同时,多签订一些与巴西的合作协议书,从而寄望吸引一些巴西至亚洲的游客,未来选择中国澳

---

① 思良:《国际知名人士谈澳门回归》,载《文汇报》,重要新闻栏目,1999年12月20日。
② 中国澳门特区政府最终并未使葡萄牙语言和文化在中国澳门消失;反之,它体会到与葡萄牙语国家的历史文化渊源已经成为本特区的比较优势,最终在酝酿多年以后,于《2004年的财政年度施政报告》上明确提出将打造中国澳门成为"中国—葡语国家经贸合作服务平台"的政策定位,并在中国中央政府的支持下,于2003年在中国澳门举办"中国—葡语国家经贸合作论坛(澳门)"第一届部长级会议,以进一步丰富和拓展中国澳门的"平台"角色。

门作为中途站停留。最后，任命一位驻巴西及南方共同市场的贸易代表来跟进中国澳门与巴西经贸事务的跟进①。种种措施的总目的只有一项，就是希望为中国与巴西架设一座"桥梁"，然后让中国内地与巴西政府和工商企业界通过这一"桥梁"进行相互往来和交流。

反观中国澳门特区政府的"平台"定位，是经过自回归后三年的认真总结后，并且是为了落实"远交近融"的政策，发挥中国澳门自身的比较优势，从而促进服务业的发展而提出的。正如中国澳门特区政府《2004年财政年度施政报告》中提到，当前要务，是努力使三大平台的作用和CEPA所带来的机遇加快整合，通过这种优势结合，释放出更为强大的发展动力。同时，特区政府将根据各服务平台的特点，认真、积极、细致地加速平台的打造，在法制、行政、技术和信息支持等层面做出密切而迅速的配合，加快各种中介服务的建设，并通过商贸部门和有关专门机构提供更为优质、到位的服务②。

第五节 缩减人事支出的公共行政体制改革

历来，巴西的行政改革总不如消除贫困或保护亚马逊河流那样容易引起人们的共鸣，但它却可能具有更持久的重要性。因为巴西最大的问题不在于通过纸面的方式来公布一些好政策，而在于如何有效地执行它们。例如，巴西建立私营的还是国营的电话网络并不至关重要，更重要的是要有一个能够

---

① 《澳门将派出贸代驻巴西》，载《市民日报》（第4版），1997年4月27日。
② 中国澳门特别行政区政府，《2004年财政年度施政报告》，澳门特别行政区政府网，http://www.gov.mo。

运行的网络。巴西的环境和人权立法是非常好的,但是执行起来却总是达不到要求。

当然,这一问题并不是巴西所独有的。例如,在阿根廷和委内瑞拉爆发的危机中,无法忠实和有效地执行政策与政策选择错误的效果是相当的。时任俄罗斯总统弗拉基米尔·普京(Vladimir Putin)在2002年8月18日的演讲中说,俄罗斯在两年内通过了一系列非常好的改革计划,但它们没有得到有效的执行。《经济学家》评论道"大多数改革都是因官僚作风而陷入困境。大多数俄罗斯人发现贿赂比花时间在法庭与政治腐败作战要简单得多。新的规定最终会开始运行,但这一时刻不会很快到来。由于种种可能的风险,俄罗斯还不是投资的理想地方[1]"。

巴西的立法机关通过改革计划的速度往往要比俄罗斯慢,因为巴西的功能型民主政治建立了较完善的分权机制并拥有积极活动的压力集团。1988年的宪法作了很多效率低下的规定,需要大量的修正案来改正。1995年以来,这部宪法总共修改了31次。这些修正案包括取消一系列国营垄断权、允许外国人在巴西的大学任教、为维持和发展基础教育建立基金、改革社会保障体系、废除劳动法庭体系中的"小组判决"(Class Judge)(裁决特定行业劳动—管理争议的法官小组)、转移部分联邦收入支持州的卫生支出、为消除贫困建立基金,以及其他很多不应由宪法详细规定而应由立法机关另外规定的事项[2]。卡多佐在担任总统期间花费了大量的时间和精力来说服国会通过这些修正案。

改革公务员服务准则的宪法修正案最终于1998年通过,从而解雇不需要的员工成为可能。不过,这在实际操作中其实很难,通常先被解雇的也往往

---

[1] 有关普京的演讲内容可参阅 The Economist, April 20, 2001。
[2] 这几项修正案列于 Fernando Henrique Cardoso, Mensagem ao Congresso Nacional, Brasília: Presidência da República, 2002. http://www.planalto.gov.br/publica.htm. "Oito Anos de Estabilidade, Desenvolvimento e Conquistas Sociais", November 10, 2006。

是那些非终身制的或处于试用期的员工。但是，实际上这项改革最重要也是最有效的措施，应该是限制州和地区政府用在公务员工资上的财政收入。有些州将所有的财政收入都用在公务员的工资上，没有留下任何储备。

虽然卡多佐总统的行政改革最终进行得不够彻底，但已经取得了重大的进展。"国家非官僚化计划"（National Debureaucratization Program）在法规上做了600多项微小但非常重要的改变，政府机构的日常工作变得更快、更有效了[①]。此外，还为巴西政府的社会计划建立了统一的登记体系，避免了为不同的服务项目反复填写表格。巴西重组了公务员的职业规划以适应新近的需求，加强了在职培训计划，并提高了公务员的待遇。同时，公务员的数量也将进一步下降，其中执行部门的人员减少了15%，即88000人[②]。

这些变化虽是渐进的而不是剧烈的，但却是持久和非常重要的。正如卡多佐总统自己所说的，它们超越了"陈腐的极端做法，如中央集权经济统治对自由市场，或者在公共部门和私营部门之间人为地划出鸿沟。我们的目标不是最小化或最大化州政府的权力，而是让它刚好符合要求。这样的州政府应该能够创造和改善经济发展的环境，应对普及公共服务的挑战和将满足最贫困阶层需求放在第一位"[③]。

当然，其中大部分草案是延续和改良前任政府开始的计划，其余的是在卡多佐上任后开始进行的新计划，并将为他的继任者进一步发展。也许卡多佐的改革中最重要的是，这些改革都是按照规范的民主程序进行的。正如卡多佐在向国会做的报告中说道："我斗胆断言，如此深刻的变革是在完全民主的程序下进行，整个社会都参与其中并取得了绝大多数人的赞成，这在巴西的历史上从来没有过，在世界上也是罕见的[④]。"

[①] Fernando Henrique Cardoso, Mensagem ao Congresso Nacional, Brasília: Presidência da República, 2002. http://www.planalto.gov.br/publica.htm. "Oito Anos de Estabilidade, Desenvolvimento e Conquistas Sociais", November 12, 2006.

[②][③][④] Fernando Henrique Cardoso, Mensagem ao Congresso Nacional, In Troduccão, 2002.

依据1985年通过的"利达·卡马达法"（Rita Camata Law），各级政府的人事支出必须限制在每年财政收入的60%以下，这是节约政府支出的重要规定，但是初步达成目标的只有卡多佐的联邦政府（58%）以及6个州政府，另外还有6个州因1988年宪法新的收入分配而花掉近80%的年度财政收入。

依据"联邦行政暨国家革新部"（MARE）所提的改革方案包括①：

（1）将联邦公务员区分为两类：一类为"国家战略核心类"，包括法官、检察官、警察、外交官、税务人员等，将继续维持现有的保障与考核；另一类则为"辅助型"公务员，将做更有弹性的调度，适度的裁员、弹性契约等。

（2）限制公务员只能领取单一部门薪资及退休金。

（3）取消公务员联合法（RJU）中规定的军、公共部门人员薪水联动。

（4）建立更严格的退休标准。

这些提案事实上受到很大的反弹，仅就其中的（2）而言，联邦行政暨国家革新部所提出的原案是以联邦部长月薪为门槛，上限约10500雷亚尔，国会议员本身受到的影响就很大②，因为等于在削减他们的薪水。于是改革法案在国会中屡屡受阻后，联邦行政暨国家革新部再提新案时已经将上限提高1倍，为21000雷亚尔，同时联邦参、众议员不包括在限制的范围内，才勉强在参、众两院中经过多轮投票后通过。此外，在选举前后禁止任意雇用及开除公职的规定已生效，至于前任总统佛朗哥在1994年以临时措施成立联

---

① David Fleischer, "The Cardoso Government Reform Agenda: A View from the National Congress, 1995 - 1998", in Journal of Interamerican Studies and World Affairs, Vol. 40, No. 4, 1999.

② 如来自南里奥格兰德州（Rio Grande do Sul）的自由阵线党众议员苏阿雷斯（Jair Soares），众议员薪水8500雷亚尔，前州长的退休金为1万雷亚尔，联邦参议会牙医师退休金为9500雷亚尔，总计每月所得为28000雷亚尔，年收入约为34万雷亚尔。担任参议员的前总统萨尼薪资更高，因为他的薪水包括前总统、前州长、前众议员的退休金及现任参议员的薪水。至于在州的层级也有许多更严重的问题，有些州最高法院法官月薪高达3万雷亚尔，是联邦部长的3倍，有些特殊单位的员工月薪也超过2万雷亚尔。

邦内部控管部（Secretaria Federal de Controle Interno，SFCI）以监控公务员的服务质量，卡多佐政府则尚未寻求将其制度化。

总而言之，巴西的行政革新的主要着眼点并非简单为了提升运作效率及公共部门的服务质量，最重要的还是缩减人事支出。通过人事支出的减少，达到帮助财政收支平衡的目标。受到行政革新影响的对象包括全国的公务员，影响的选票非常广，所以不仅左派议员不支持，连中间派和右派议员也不支持。

第六节 税务及财政改革新方案

卡多佐政府在财政改革方面初步取得的重要成果就是将"紧急社会基金"的有效期限从1995年12月31日顺利延展到1996年2月，即"财政稳定基金"通过之前。但由于其他财政改革法案没有通过，使卡多佐政府企图将有效期至1997年6月的"财政稳定基金"再延展到1999年12月，但由于这个基金的主要目的是保留部分联邦原应拨交给地方的年度财政收入并分配于联邦，因此联邦的国会议员在1997年连任法通过后，受到来自地方的强大压力，希望否决延展案。最后在多方折中之后，才在"财政稳定基金"逾期5个月后的1997年11月通过延展案。

除了"财政稳定基金"的延展案外，最重要的非宪法层次的措施就是缩减财政赤字的努力。其重要的目标包括：

（1）免征营业税的范围扩展到出口部门。这将严重影响州的税收收入，地方金融事务委员会（Council of State Financial Officers，Confaz）正在寻求补偿措施。

(2) 严格限制地方政府发行公债以及建立更严谨的程序规范，避免地方政府借钱挥霍。

(3) 由于地方征税能力弱①，联邦政府同意让地方的债务有条件移转至联邦，但条件是整顿州的金融状况，包括出售州营银行、私有化州营企业。

此外，卡多佐政府对州和地区的财政体制也进行了如下改革，主要表现在导致结构性财政收支不平衡的各种因素被消除了。

(1) 大多数原属州政府的银行私有化后，通过这些银行为州财政融资的渠道没有了。

(2) 严格限制为预算资金垫付款的做法。这曾是向金融体系借款的最有效方法。

(3) 禁止发行司法信用证（Precatórios），例如，根据司法判决中的支付义务向私有部门签发有价证券，实际这种有价证券在经常被用作其他目的，造成了20世纪90年代州和地区财政的恶化。

(4) 以未来收入作为抵押，将州和地区政府发行的债券联邦化，可为州和地区债务重新募集资金。这种方法促使州和地区政府调整财政政策以偿还30年期的债务。因为在很多州，这些债务最高达到收入的30%，若不遵守执行将受联邦政府的惩罚。联邦政府可以运用合法权力停止制度性转移支付，甚至从商品和劳务流通税（Imposto sobre Circulação de Mercadorias e Serviços, ICMS）的税收收入取得适当的份额。

(5) 其他规定，如《财政责任法》（Lei de Responsabilidade Fiscal，即2000年5月4日颁布的第101号补充法案），规定了工资的上限根据州和地区政府收入而定，从而限制了政府加薪的权力，尤其是在选举年度。此外还将透明机制引入公共部门账户报告工作，禁止联邦政府为州和地区政府债务

---

① 巴西的市级政府征税能力很差，仅占总额的5.4%，与美国的37.7%、日本的16.3%、法国的12.2%相去甚远。

第三章 卡多佐政府经济改革的具体运作

提供新的资金。

同样，巴西政府在预算程序方面也进行了相应的改革，并最终通过了《预算指南法案》（Ley de Diretrizes Orçamentárias）。这项法案采用了《财政责任法》①中修改过的预算程序。国会每年6月讨论通过该法案，同时为下一年的联邦预算计划设定参数，联邦预算计划书在8月提交国会。《财政责任法》能够保证《预算指南法案》不仅为联邦预算计划制定当年联邦政府的初级财政目标，还制定以后两年的目标。这个初步的中长期预算框架建立了有效的预算约束方式：根本限制了财政总支出以及条件允许就会发生预算外支出的机会。在巴西，预算约束向来难以实现，这个中长期预算框架算是真正的制度创新。

历来，巴西税赋之沉重闻名世界，也是造成收入分配不均的一个主要因素。税收制度一直是巴西企业所有者强烈要求改革的重点。税务改革与增加就业有着密切的关系。巴西的税收包括向联邦、州和市三级政府交纳的税（Imposto）和费（Contribuicao）。据统计，1999年政府收取的税和费达到3060亿雷亚尔，约占当年GDP的30.3%。2000年全国税收收入总额上升到3615.71亿雷亚尔，相当于GDP的33.18%。在2000年三级政府的税收构成中，联邦政府收取的税占巴西当年全部税收的69.23%，州政府收取的税占26.19%，市政府收取的税占4.59%。据巴西联邦税务局统计，2002年联邦税收总额为2836.32亿雷亚尔，扣除通货膨胀因素，实际税收2430.05亿雷亚尔，比2001年增长8.9%，是历史上最高的。主要税收来源为：信贷、投资公司营业税607亿雷亚尔、源头税549亿雷亚尔、企业所得税402亿雷亚

---

① 为了抑制公共财政赤字，2000年4月卡多佐总统批准和颁布了《财政责任法》，对联邦、州和市财政开支进行严格管理，用财政责任法规范和管理三权机构（行政、立法和司法）和三级政府（联邦、州和市）的公共开支。该法规定了机构人员开支的比重、内债的最高限额以及实施无收入不准支出的条款。同时，规定对于支出超过收入的机构相关负责人将受到法律制裁；联邦政府有权停止向这些州、市政府拨款。这对抑制公共赤字起到了重要作用。

尔、工业制成品税 230 亿雷亚尔和养老金、国有企业盈利税 254 亿雷亚尔。个人所得税仅为 53 亿雷亚尔。这是因为政府为减少财政赤字，不断提高各种税费（特别是社会领域的税费），使企业难以承受。因此，企业大量偷税漏税和减少雇用员工。低收入者、特别是月收入在 372 雷亚尔以下的劳动者，是沉重税收的最大受害者。据巴西应用经济研究所的调查，1999 年政府对食品的税收高达 13.48%，而贫困者的大部分收入用于购买食品①。

为减轻沉重的税收负担，增强企业在国际市场上的竞争力，政府一直试图对税收制度进行改革。税收改革的主要目标是简化税收、防止偷税漏税和鼓励出口三大目标②。但由于税收制度涉及政府的收入和企业的利益，因而可以说税收改革十分艰难。税收改革的主要目的简化税收结构，减少税和费的种类（当时约有 50 种税费），减少偷税漏税。此外，政府认为必须修改宪法，解决三级政府的税收种类。1999 年 10 月，政府在向众议院税收改革特别委员会提交一份宪法修正案时，特别提到要将工业产品税、商品和服务流通税、社会保障税和一体化税合并为一种税——消费税，或者说是类似欧洲国家的增值税（Imposto Sobre Valor Argregado），在巴西统称商品和劳务流通税。但是按照宪法规定，税收制度的改革必须以宪法修正案的形式在国会进行多次讨论和投票，才能最终实施。

由于上述多数改革法案涉及地方的利益，本来就预期在国会将面临许多反对者。而推出这些改革法案时也正值 1996 年各州州长致力于推动连任法案，以使他们本身能够立即受益参选连任，于是施压要求其州的代表议员能够优先审议该法，同时将财政改革法案排列至最后，所以这些法案在国会一直被搁置。

---

① 吕银春：《巴西经济改革的成效》，转引自江时学：《拉丁美洲和加勒比发展报告（2002 - 2003）》，社会科学文献出版社 2003 年版。
② 吕银春、周俊南：《巴西》，社会科学文献出版社 2004 年版。

第七节 其他改革的配套措施

一、"巴西四年前进计划"

卡多佐的"巴西四年前进计划"(Avança Brasil – Plano Plurianual, PPA)也是一项值得关注的发展战略。由于过高的利率水平导致巴西面临高额的债务,因此,唯有在之后数年皆有财政盈余才足以弥平。不过,要达到国际货币基金组织与世界银行在1999年金融危机后所提出的这个要求,除了要节省开支之外,还需要国会通过完整的社会保障改革、税务改革以及所谓的"巴西四年前进计划",亦即将特定年度财政收入专款用于公共投资及社会支出。

"巴西四年前进计划"是卡多佐第二任期的主要经济发展计划,由80个经济顾问费时30个月才得以规划完成。这项计划由365个子计划和4年6000亿美元的预算所组成,是一份2000~2003年要将巴西的经济发展回归正轨的蓝图。"巴西四年前进计划"希望通过投资与预算盈余共存的方法,取代过去借通货膨胀来解决而无法解决一些财政困难,其中特别强调将经济分配与社会投资置于优先地位。计划中公共部门的投资重心在教育、医疗和石油、电力等部门,包括本国资本、外国资本及非政府组织在内的私人资本则负起促进经济发展、提供资金的角色,目标是在不增加外债的情形下提高投资总额,达到2000年GDP超过20%的水平。借着公共和私人部门的分工与合作,可以同时解决经济与社会问题[①]。

[①] Juan de Onis, "Brazil New Capitalism", In Foreign Affairs, Vol. 79, No. 3, 2000.

二、鼓励中小企业的建立和发展

巴西中小企业在经济发展中、特别是在提供就业机会方面起着举足轻重的作用。按照巴西劳工部统计，1997年全国有20.5万家工业企业，其中微小型企业数占了约97%，中型企业数占2%，大型企业数占1%。按照巴西规定的标准，雇工在19人以下、年销售额在12万雷亚尔以下的企业属微型企业，雇工人数在99人以下、年销售额在120万雷亚尔以下的属小型企业，雇工分别在499人以下和500人以上的属中型企业和大型企业。微小型企业占全国工业企业就业人数的41.6%，占工业产值的25%；中型企业占全国工业企业就业人数的36.6%，占工业产值的42%[①]。微小型工商企业是巴西工商业部门就业的主体。

为了解决就业问题，卡多佐政府在1999年10月颁布了《鼓励微小企业发展法》，并于2000年1月生效。这项法令对小型工商企业在雇工、交纳社会保障金、信贷和信贷利率、税收、场地租金等方面实行优惠政策。同时，也简化微小企业在登记、进出口等方面的手续，旨在鼓励失业人员开办自己的企业。按照2002年9月，在巴西里约热内卢召开的"第5届国际微小私人企业论坛会"上的资料，10年来巴西95%的新就业机会是由微小型企业创造的[②]。2001年巴西政府向微小型企业提供了1.04亿雷亚尔的贷款，2002年提供了1.2亿雷亚尔。不久后，美洲开发银行与巴西经济社会发展银行签订了关于提供9亿美元的贷款，支持巴西微小型企业发展的协议。

[①②] 吕银春：《巴西经济改革的成效》，转引自江时学：《拉丁美洲和加勒比发展报告（2002－2003）》，社会科学文献出版社2003年版。

第八节 经济改革改变了国家、资本的互动模式及角色

巴西在经济发展的过程中,从民粹时代瓦加斯政府的国家主导整体经济发展策略,同时结合外国资本、本国企业和劳工组织,共同形成一个成就经济发展的"四方成长同盟";而后到进口替代工业化过程的深化阶段,由于对资本积累增加的需求迫切,分裂了企业家与劳工的联盟关系,逐渐转向形成一种新的政治联合,一种由国家主导,结合了国内企业家与跨国公司的"三方成长同盟"。

这样的组合在军人威权政府上台后,为了以经济增长来巩固其正当性,任何妨碍其增长的事物均需铲除,以促进巴西的经济发展与完成本国资本的积累,故军政府大力压制劳工运动,整合国内的国有企业和私人企业,以加速经济增长。在此,本国资本家在巴西政府与跨国公司之间扮演的中间人角色也使得跨国公司的子公司与政府官僚能以较平顺的方式联结。整个军政府时期,国家在这个以跨国企业、本国私人企业和以国有企业为表现形式的国家的"三方成长同盟"中,扮演着最重要的整合与主导角色。军政府对一些私人企业不愿或无力投资的大资本基础工业投资,弥补了产业发展过程中可能产生的断层。

由于这样的发展模式在两次石油危机后出现了困难,资金来源出现了问题,国际局势导致巴西转向依赖债务发展的模式,而后在20世纪80年代的债务危机中暴露出发展的局限性,也因此渐受多边国际金融机构的影响,国家对经济事务的主宰能力因此下降,"三方成长同盟式"的发展模式也因此

被迫不再发挥作用。

在国际局势的形势下，1990年前后的全球化浪潮与贸易自由化侵袭巴西，在萨尔内总统的关税整理措施与科洛尔、卡多佐自由化的经济改革下，已经形成一种新的发展模式。在新的发展模式中，经济增长的重担由包含本国资本和外国资本在内的私人资本来承担，国家的角色依然沉重，但已退出过去积极介入生产的角色，强调以公共支出刺激经济增长并同时解决教育、医疗服务及贫穷问题。同时，国家仍然维持对宏观经济政策的控制权、操控重要国营信用单位、生产石油及电力以及规范公共服务等权力[1]，而劳工组织也在民主化后适度发挥其影响力，成为新的发展模式中主要的"配角"。

国家退出生产角色并非是单一的政策实践，而是国家在财政困难与全球化影响力入侵下，所做出的不得已的选择。国有企业积弊已久，长期以来在各种产业中滥用垄断地位，国家往往利用国有企业作为控制宏观经济的工具，而政治力的压迫造成冗员与各种不必要的浪费，使得国营企业增加了政府的预算赤字，排挤其他私人部门的投资。而国际经济局势的改变，导致政府资金来源减少，政府的财政困难，使国家由于财政支持国有企业的能力更弱[2]。

来自多边国际金融机构（如世界银行、国际货币基金组织）的压力，通过对国家的贷款发挥其影响力，促使国家对经济决策的掌握能力逐渐减弱，也迫于这些机构的压力，必须将原本的企业转向彻底的私有化[3]。但是国家并非完全基于国际的压力与财政困难才将国有企业私有化，一般来说，国有企业私有化应该说是符合国家利益的。

1992年科洛尔政府大量卖出许多重要部门的国营事业（特别是在运输、

---

[1] Juan de Onis, "Brazil New Capitalism", in Foreign Affairs, Vol. 79, No. 3, 2000.

[2] Werner Baer, "Changing Paradignms: Changing Interpretations of the Public Sector in Latin America's Economies", In Public Choice, Vol. 88, 1996.

[3] Cook P., "Privatisation, Public Enterprise Reform and the World Bank: Has 'Bureaucrats in Business' Got it Right?", in Journal of International Development, Vol. 9, No. 6, 1992.

第三章 卡多佐政府经济改革的具体运作

通信与能源方面）后，私有化加速发展。这时的私有化目的主要是通过卖出国营事业所得收入可迅速减少政府赤字，这同时减轻20世纪90年代政府在推动政治阻力庞大的税务与行政改革时的压力。另外，私有化被视为让那些因国家财政危机而缺乏资本的企业获得更多投资的手段。20世纪90年代的私有化已经获得来自各部门政治精英意识形态上的支持，而不再支持过去进口替代的发展模型[①]。

由于一直无法解决通货膨胀问题和高利率带来的外债问题，政府财政越来越困难，也越来越无力解决企业发展的困境，政府只好逐渐取消原本对国内企业，尤其是对国有企业的保护，让国内外资本投入那些经营日益困难、国家又无力扶持的企业。

从巴西钢铁业私有化进程中可以看出国家的角色发生了转变。钢铁业是巴西在推动私有化进程中的首要部门[②]，其特点在于其私有化的快速性及允许外国资本的大量进入，不过大多数资本还是以国内原有产业与银行的联合集团为主。尽管私人资本在钢铁业运作与策略的发展上不断强化其角色，但国家只是不再直接从事生产活动，并非完全退出经济发展的角色，因此国家还是通过制定整体经济政策、提供融资协助发展和相关优惠措施，协助推动钢铁业增加市场开放性和增强竞争力。

巴西政府的参与主要是通过国家经济社会发展银行（Banco Nacional de Desenvolvimento Econômico e Social，BNDES）提供企业发展的现代化基金。

---

① E. Amann and F. I. Nixon, "Globalization and the Brazilian Steel Industry: 1988 - 1997", in the Journal of Development Studies, Vol. 35, No. 6, 1999.

② 钢铁行业被选为私有化首要的推行产业，主要因为在庞大的能源、运输与通信等国营事业中，钢铁业的资产相对来说规模较小，国内的资本市场有能力接收这些政府卖出的产业，保证私有化成功。这是个关键因素，因为当时巴西仍被国际投资者认为是宏观经济不稳定，需要谨慎投资的区域。另外，相较于其他国有企业，钢铁业的财务状况被认为较适合率先实行快速的私有化。另外一个非常重要的原因是，钢铁业的私有化不会像其他部门（如能源与通信）的私有化一样，有着政治与宪法上的阻碍。

1990~1993 年国家经济社会发展银行基金提供了 7.12 亿美元来支持钢铁部门的发展，之后在 1995 年提供了 11 亿美元协助企业投资，1996~2000 年则提供了总额 60 亿美元的投资援助计划。同期，巴西政府还通过出口税的减免来鼓励钢铁业的发展。1996~1997 年新的鼓励出口措施实施后，巴西的钢铁业从增加官方出口授用与保险（Official Export Credits and Insurance）中获得不少利润。从 1996 年起，钢铁部门出口绩效的取得也源于得到的出口间接税的免征。此税不再对购买资本设备课税，因此对钢铁业的固定投资计划产生更强的激励作用[1]。

在改革的过程中，一般强调国家深受国际局势和多边国际金融机构的制约。但事实上，国家虽必然会受其影响，但却绝非像卡多佐所说的，仅为单纯的债权人与债务人的强制性权利义务关系与充斥着不平等条件，反而深受国内的行为者所影响。国家要发展经济，不但要满足国家发展的需求，更多时候是因为经济增长符合国家本身的利益与正当性需求，因而若与企业合作可以促进经济发展，同时更能借着满足与分享经济增长的利益来达到各取所需的目的，国家是乐于与企业合作的。

当国家企图发展经济却困窘于资本不足时，只能逐渐退出直接生产的行列，同时来自国内的资本家希望能通过国际借贷来取得发展所需资源，传达至国家后，国家为了持续的经济发展与维持增长合作关系，只好同意向外寻求资金。

对于外国资本而言，当其发现其所拥有的资源是巴西国内整体经济调控的起码条件，并且资本流入获取的利润比贷款给其他国家更多时，来自国际私人和多边国际金融机构的压力便通过国内企业与投资者发挥影响，促使国家向外贷款以满足国内投资与发展的需求。巴西的国家经济社会发展银行就

---

[1] E. Amann and F. I. Nixon, "Globalization and the Brazilian Steel Industry: 1988 – 1997", in the Journal of Development Studies, Vol. 35, No. 6, 1999.

是这样互动结构下的产物,作为国外资本与国内企业的中介单位。

同墨西哥相比,巴西政府与企业和劳工的互动模式显然没有制度化。在民粹政府和军政府时期,美其名曰统合,但实质上仍以法律及命令的具体规范为主,如瓦加斯政府时期,实行一个以劳工法为主体的统合体系(Consolidation of Labor Laws,CLT)。劳工法非常详细地规范劳工和雇主的权利和义务,同时也建立了劳工组织的基本架构,但是此时的工会仅是劳资关系中一个规范工业关系的合法机制,他们受限于政府规定,能为劳工争取的权益不多,却拥有政府授予的排他性代表权,代表所有类型劳工,即使不愿意加入的劳工也无法置身其外。争端由劳工法庭强制仲裁,强调合法与依法行事,劳资间的协商空间变小[1]。

在债务危机和民主转型后,国家掌控这些经济行为者的能力大为减弱,也没有试图建立一个统合主义式的层级式劳工或企业协会作为咨询、协商与共同政策制定的机制,至多在有所需要时或在他们有兴趣的议题领域才会找几个代表来开会讨论。20世纪90年代前后,萨尔内、科洛尔和佛朗哥政府都曾经在推行稳定计划时邀请企业和工人代表会商,但从来没有想过要制度化,因政府只想讨论,而不想"协商",也没有经过授权的统合机构从中斡旋,因此即使举行会商也救不了那些稳定计划[2]。

1990年科洛尔政府上台时大力推动自由化政策,曾成立了"全国工业联合会"(National Confederation of Industry,CNI),专责调查其成员对贸易政策的观点,以为决策参考,但是政府始终没有正式公布调查结果。由于资本家拥有国家所缺乏的资本,使国家不得不对其加以依赖,但国家对此仍有其自主性,国家的决策机制也同样迎合资本家的偏好和投资的环境,两者相辅相

---

[1] de Souza, Amaury, "Redressing Inequalities: Brazil's Social Agenda at Century's End", in Susan Kaufman Purcell and Riordan Roett eds., Brazil under Cardoso, Boulder, Colorado: Lynne Rienner Pub., 1997.

[2] Ben Ross Schneider, "Brazil under Collor", in World Policy Journal, Vol.8, No.2, 1991.

成，也相生相克。

巴西的改革也是在这样的脉络下进行，绝非科洛尔或卡多佐一人的意念转向，也不是一群孤立的技术官僚和制度就可以成就整个制度变革。而是整体的环境结构转变，自由贸易的冲击对国家、资本和劳工共同形成威胁的认知，彼此为了维系既得利益甚至求取更进一步的利益，而做了合作的决定，这样才能解释为何同样一批技术官僚、同样的改革内涵，1986年的"克鲁扎多计划"失败，1994年的"雷亚尔计划"却能够成功。

同样的理由，也可以解释"雷亚尔计划"隐藏在通货稳定后的危机。巴西在资金缺乏与财政结构改革缓慢的困境下，为了稳定货币、填补资金缺口，只能不断通过吸引国际资本与借贷来解决这些问题。而要取得资金，最重要的就是维持外资对巴西的信心，为了维持资本的信心，巴西加大了政策调整的深度和广度，只能依照符合国际资本利益的自由化、私有化与紧缩的财政政策这些规则，使新自由主义进一步深化。最具体的表现就是1999年1月的金融危机后，为了迅速重建投资者信心，将中央银行总裁换上年轻的前索罗斯量子基金操盘手弗拉加，以此宣示巴西朝新自由主义改革的方向不变。同时由于依赖大规模短期资金来填补经常账目的赤字，必须继续维持高利率政策以吸引外资，也就是让巴西经济在国际环境下更为脆弱。于是当紧缩的货币政策导致经济增长趋缓、提高失业率、收入分配日益不公以及过高的本地利率导致政府债务更加恶化，反而又削弱了外资对巴西的信心，于是导致了1999年的金融危机。

巴西经济发展中国家的角色虽然已经从20世纪80年代以前的直接参与生产、联合本国资本和外国资本压制劳工的角色，转变为单纯的政策制定与强调以公共支出刺激经济增长，并同时解决教育、医疗服务及贫穷问题。经济增长的重担由包含本国资本和外国资本在内的私人资本来承担。但是很重要的是国家仍然维持对宏观经济政策的控制权、操控重要国有金融机构、生产石油及电力、规范公共服务等权力,在与资本家和劳工的互动中继续追求其利益。

第九节 小结

本章重点探讨卡多佐上台以后所进行的主要经济改革。包括"雷亚尔计划"、促进金融改革、加快对外开放、缩减公共部门人事支出、进行税收和财政改革及其他相关领域的改革措施等。其中"雷亚尔计划"作为卡多佐政府当政时期的一项重要的贡献,本章作了较大篇幅的探讨。

在第一节的讨论中,可以了解到"雷亚尔计划"使巴西在短期内有效地抑制了通货膨胀。它与过去的不同之处主要在于通过渐进的对外经济开放来满足通货膨胀急速降低而引起的消费需求,不使供给不足造成物价再度上扬,形成恶性的通货膨胀循环。为了让"雷亚尔计划"的成效能够持续深化,巴西政府扬弃以国家为中心的经济发展模式,强调市场经济力量的引进,借以维持经济发展与改革的动力。

第二节对卡多佐政府在"雷亚尔计划"中完善金融体制改革的主要经验进行了探讨,从中可以看出卡多佐政府基本的改革理念是:在经济开放中练好内功,加快改革,健全国家金融体系,加强对金融市场的监控,完善公共财政管理制度等,构筑一道保障国家经济稳定发展、抵御外部金融风险的安全屏障。

同样,从分析过程来看,国有企业私有化应该说是有利于当时巴西的经济发展。因为在经济全球化的形势下,企业只能以竞争求生存,通过改造旧设备,引进高科技,降低生产成本,特别是劳动力成本。那个时候,巴西已经逐步完成对钢铁、铁路、电信、矿业等的私有化，并且正在进一步推进石化、银行、水电、石油的私有化过程。第三节对卡多佐政府在加大国有企业私有化改革的力度和措施进行了探讨。

在卡多佐政府执政的8年中，除了致力于对国内经济进行改革以外，积极拓展对外经济关系，加强与世界其他国家开展双边或多边关系也是其执政的重点之一。第四节对卡多佐总统当政时期拓展对外经济关系的情况作了探讨，重点围绕巴西对拉美国家及一体化进程、与以欧美为主的西方发达国家、与亚太和非洲发展中国家以及包括中国和同属葡萄牙语系的中国澳门间的关系进行了研究。

此外，由于没有通货膨胀的掩饰，政府财政赤字的问题就更为彰显，为了解决财政赤字问题，卡多佐采取"开源"与"节流"双管齐下的方式。在"开源"方面，卡多佐政府借由对外资的进一步开放，吸引外资投入巴西，达到开辟新财源的目的。在"节流"方面，则是通过行政革新，缩减人事支出与贪污浪费；税务与财政改革，缩减赤字、限制地方政府举债范围；以及社会保障改革，将救济金与退休金制度加以改革，以达到将钱花在刀刃上的目的。因此，第五节和第六节对上述问题进行了探讨。总的来说，巴西的行政革新主要的着眼点并非简单提升运作效率及公共部门的服务质量，最重要的还是缩减人事支出。通过减少人事支出，达到财政收支平衡的目标。然而，由于受到行政革新影响的对象包括全国的公务员，影响的选票非常广，所以不仅左派议员不支持，连中间派和右派议员也不支持改革方案，最终使得改革迟迟无法推行。同样，也由于许多税收和财政改革法案涉及地方利益甚多，并且推出这些改革法案的时机也正值1996年各州长均致力于推动连任法案，以使他们能够立即受益参选连任，因此这些改革法案一直在国会中被搁置。

第七节对卡多佐政府其他改革的配套措施进行了阐述。先对卡多佐政府用投资与预算盈余共存的方法取代过去通过通货膨胀来解决一些因财政困难而无法解决的问题，强调将经济分配与社会投资置于优先地位的"巴西四年前进计划"。接着，对于卡多佐政府为了解决就业问题而实施的鼓励中小企业发展的重要法案进行探讨。

最后，本章对巴西经济发展中国家角色的演变进行了探讨。国家的经济角色虽然已经从20世纪80年代以前的直接参与生产、联合本国资本和外国资本来压制劳工的角色，转变为单纯的政策制定与强调以公共支出刺激经济增长，并同时解决教育、医疗服务及贫穷问题。经济增长的重担由包含本国资本和外国资本在内的私人资本来承担。通过分析，我们了解到，虽然国家的角色在转变，但是很重要的是国家仍然维持对宏观经济政策的控制权、操控重要国有金融机构、生产石油及电力以及规范公共服务等权力，在与资本家和劳工的互动中继续追求其利益。

第四章 卡多佐政府经济改革的困境：金融危机的爆发

卡多佐当政时期，巴西先后两次受到金融危机的影响。1999年的巴西金融危机可以说是国际上对巴西财政改革的信心危机、巴西实施的"雷亚尔计划"所产生的财政经济问题、联邦政府与地方政府在债务问题上的紧张关系、政治人物与政治斗争共同引发的一个并发症。2002年的金融动荡则促使卡多佐总统在经济改革中加大冲刺力度，尽管最终无法将塞拉推上总统宝座，但这些改革却为赢得大选的劳工党候选人卢拉奠定了坚实的基础。

自1994年实施"雷亚尔计划"以来，巴西虽然成功降低了通货膨胀，但由此引起的经济问题和社会问题也不少。雷亚尔紧盯美元，造成币值高估近50%，使进出口贸易逆差逐年增加；政府支出增加幅度远远超过收入，带来严重的财政赤字，为了弥补财政缺口，只好以高利率吸引外资，进而造成对外资的过度依赖，使国家的财政及货币政策的自主能力大大下降，对国际资金的波动也更为敏感，终于在国际金融冲击和巴西国内本身财政改革面临困境的情况下，最终酿成近年来少见的金融危机，外资外逃，雷亚尔贬值近50%，通货膨胀的阴影再度浮现。

1999年的金融危机和2002年的金融动荡可以说是巴西近十年来受新自由主义影响，施行改革后所面临的困境的总体现，本章将一一探讨这两次金融危机的背景与发生原因，借此对卡多佐总统执政时期的经济发展问题及相应对策做出总论述,并探讨两次金融危机的来龙去脉。

第一节 1999年金融危机的爆发

1999年初,巴西股市大幅度下跌,雷亚尔的汇率大幅度贬值,外汇储备急剧下降。加之时任米纳斯吉拉斯州州长佛朗哥宣布暂停支付欠联邦政府的债务,并导致一系列连锁反应。尽管在国际货币基金组织和美国的支持下,巴西金融动荡仅维持半年左右,但导致了1999年的经济衰退和通货膨胀的再度上升,给21世纪巴西经济的稳步发展留下了阴影。

本节先对此次金融危机的国际和国内影响因素进行介绍,进而探讨卡多佐政府对于金融危机的应对对策,最后对金融危机的成因进行评述。

一、金融危机的国内外因素

(一)国际环境影响因素

巴西爆发金融危机相当重要的因素是国际局势的改变,使巴西原本已经极为脆弱的经济状况和财政困境直接暴露出来。

首先是世界初级原料产品价格大幅下跌,增加了巴西经济调整的难度,使巴西经济损失惨重。依据德国汉堡研究所的统计,世界原料价格指数一年来下跌了近25%,原油价格下跌33%,铜、铅和其他金属价格下跌23%~40%,谷物价格下跌17%,原料出口国因而减少收入近1000亿美元。就1998年而言,这些主要的初级原料产品占主要出口商品的28%,让原本已经严重的贸易逆差更是雪上加霜。

其次是日元汇率的升值增加了亚洲国家克服金融危机的希望,汇率的稳定和利率的降低为经济复苏创造了条件,减小了投机炒作的空间,于是国际上的投机资金便转向拉美国家,其中被高估严重的巴西雷亚尔就成为市场投机炒作的目标。与此同时,当时美国已经连续93个月经济非常景气,资金前景良好的预期使1999年初前后大量年终红利投向股市,其中之一就是流向退休基金季节性的效应推动股市再度连创历史新高,进而促使长期稳定的资金回流美国,撤离巴西和拉美市场,于是稳定的投资减少,投机性资本却大幅流入,使巴西金融市场的不稳定性日趋严重。

1997年的东南亚金融危机和1998年的俄罗斯金融危机,对巴西的股市和金融市场产生了直接的影响,对雷亚尔的稳定构成了更大的威胁。1997年10月27日,巴西股票仅在一日内就下跌近15%,使巴西损失约10亿美元,同时有近40亿美元外资逃离巴西。为了维持货币稳定,巴西中央银行动用50多亿美元的外汇储备支持雷亚尔;同时为了稳定外资,政府将银行年利率由20%提高到40%。但这些措施最终也未能扭转股市不断下跌的趋势。

1997年11月10日,巴西政府颁布了包括51项措施在内的财政调整计划。该计划首先大幅度削减公共开支和政府投资,将1998年预算减少52亿美元。其次,增加税收,包括提高个人所得税10%,提高燃料税5%,提高酒、烟、汽车工业产品税,提高部分公共服务价格。最后,加速国有企业私有化步伐,以筹集必要资金。企图凭借这些措施促使巴西财政状况恢复稳定。

1998年俄罗斯金融危机后,国际金融炒家和投资者纷纷预测金融危机的下一个目标是巴西或南非,因此巴西的任何问题都会让投资者产生心理恐慌,而米纳斯吉拉斯州时任州长佛朗哥宣布延迟90天偿还积欠联邦政府的150亿美元债务,顿时成为此次金融危机的导火线。

(二)国内环境影响因素

除了"雷亚尔计划"实施以来所积累的财经问题外,1998年底,卡多佐政府提出的社会保障改革法案再次遭到否决，也是造成国际投资者对巴西财政改革前景普遍不看好的原因。同年 11 月，卡多佐总统动员其国会执政同盟，企图通过被外界视为政府财政改革能力指标的公务员退休金改革法案，法案将公务员的退休金税由 11% 提高到 20%，预计平均每月将从每个退休公务员的退休金中获取 1200 雷亚尔的税收；此外，也将对与公务员拥有同等退休金待遇的劳工征收同样的税，这些措施预计将会为联邦政府节省 48 亿雷亚尔的支出。但是这项法案在 1998 年 12 月却以 205 票对 187 票在国会中被否决，消息一传出，当日巴西圣保罗股市就下跌 9.7%，里约热内卢股市下跌 8.9%，纽约道琼斯指数也下跌 2.5%，国内外对巴西调整财政收支的能力都不看好①。

联邦政府与州政府的债务纠纷则是此次巴西金融危机最直接的导火线，而这条导火线如何被点燃，则是因为卡多佐总统与前总统，时任巴西第三大州米纳斯吉拉斯州州长佛朗哥的私人恩怨。佛朗哥州长与卡多佐总统原本就存在许多矛盾与分歧。佛朗哥于 1992~1994 年任巴西总统，卡多佐则先后任外交部长和财政部长，1994 年的"雷亚尔计划"成功，佛朗哥一直视为是自己总统任内的政绩，但巴西国内却将卡多佐视为"雷亚尔之父"。其后佛朗哥在 1998 年争取巴西民主运动党的总统候选人提名，却因巴西民主运动党的决策高层生怕佛朗哥可能无法击败卡多佐，反而分散卡多佐的票源，反让左派的工党候选人卢拉渔翁得利，于是要求他改选米纳斯吉拉斯州州长，导致他与卡多佐的芥蒂日益加深。

1999 年初，巴西经济已呈萧条，汇率被高估 25%~30%，利率过高、政府公共支出过度的问题都日益严重，政府原打算采取将雷亚尔渐渐贬值的策略来维持经济稳定。然而，当年 1 月 6 日，已经积欠联邦债务 4 个月的佛朗

---

① Ted G. Goertzel, "Fernando Henrique Cardoso: Reinventing Democracy in Brazil Boulder", Colorado: Lynne Rienner, 1999.

哥宣布延迟90天偿还积欠联邦政府的150亿美元债务,于是当下股市即重挫5%,紧接着第二大州里约热内卢也跟进,宣布延迟偿债180亿美元。巴西的股市就此开始惨跌,雷亚尔一天之内就贬值了约8%。

以往有关联邦政府与州政府的债务问题一向由州长与联邦官员协商解决。但是,之前佛朗哥却借故未参加卡多佐的总统就职典礼,而后又未依传统方式协商债务,公然对外表示:"如果我向当铺借了100雷亚尔,我是应该还债给当铺,但如今我的儿子病了,我将会把我的100雷亚尔给我的儿子,然后对当铺说:'先生,我现在没钱,你必须再等一会儿①。'"

巴西共有27个州,其中24个州共欠联邦政府近1000亿美元的债务,1998年联邦政府与各州政府就偿还债务问题初步达成协议,各州在30年内还清债务,年优惠利率为6%,当时的市场利率为30%②。按照协议的规定,佛朗哥所领导的米纳斯吉拉斯州是1999年的还债大户,到当年1月20日该州应还债5500万美元,佛朗哥宣告不按时还债引发了连锁反应,1月8日第二大州里约热内卢宣布延迟偿债。1月18日又有7个州长宣称财政困难,要求与联邦政府重开债务重整谈判。

因为各州偿还债务的收入是联邦财政预算收入的主要来源,各州拒绝还债势必影响1999年联邦财政收支预算,这种形势引起国际金融界和投资者的极大恐慌,并对巴西能否履行与国际货币基金组织达成的财政改革计划产生怀疑。如果财政改革计划无法履行,国际货币基金组织答应提供的415亿美元贷款即不会兑现,此种忧虑导致巴西股市大跌。时任中央银行总裁古斯塔沃·佛朗哥(Gustavo Franco)也在1月12日下台,由洛佩斯取代,而后他宣布放任雷亚尔自由浮动才暂时止住跌势。与此同时,国际货币基金组织为

---

① Ted G. Goertzel, "Fernando Henrique Cardoso: Reinventing Democracy in Brazil", Boulder, Colorado: Lynne Rienner, 1999.
② 吕银春:《对巴西金融动荡几个问题的探讨》,《拉丁美洲研究》1999年第3期。

了稳定巴西金融局势，也派遣救援小组前往巴西。

截至 1999 年 1 月底外资已流出 69 亿美元。通货膨胀开始显现，人民的生活用品涨幅达 8%～40%。国际信用评级机构惠誉公司（Fitch Ratings）宣布调降巴西长期的外国与本地货币的信用评级，中央银行也宣布将调高银行拆款利率，由 32.5% 调至 35.5%。此时，巴西的失业率也创下历年新高，达到 7.59%。1 月 29 日，1 美元兑 2.14 雷亚尔，贬幅已超过 41%。由于无法扭转的颓势，卡多佐总统再度更换中央银行总裁为曾任前索罗斯旗下基金操盘手的弗拉加。

巴西政府为求迅速重建外资对巴西的信心，在 3 月 5 日与国际货币基金组织再次确定协助条件，内容包括：

（1）在紧缩财政方面：巴西需改变赤字财政政策，1999 年起须有财政盈余，并达到占国内生产总值 3.1% 的目标（之前协议为 2.6%），2000 年为 3.25%（之前为 2.8%），2001 年为 3.35%（之前为 3%）。

（2）在控制通货膨胀方面：1999 年设定在 16.8% 的基础上，但在 1999 年 10～12 月，将月通货膨胀率控制在 0.6% 之内，第四季度的年通货膨胀率则控制在个位数。从 2000 年起必须大幅回落，2000 年的通货膨胀目标为 6.5%，2001 年保持在 5.2% 以下的水平。

（3）在经济增长方面：除 1999 年经济必然的负增长外，之后两年内巴西必须保持 3% 的经济增长率。在此基础上，允许巴西动用 80 亿美元的外汇储备，世界银行新增 10 亿美元的贷款。

（4）在汇率方面：巴西财政部预估 1999 年雷亚尔的汇价将为 1 美元兑 1.7 雷亚尔。同时为了避免汇率巨幅波动，巴西中央银行将以"定期定额"的方式对汇市进行干预，3 月干预金额的上限为 30 亿美元，4 月为 20 亿美元（加 3 月剩下的）。5 月和 6 月各为 15 亿美元，至于 7～12 月留待下次与国际货币基金组织磋商后再做决定。

第四章　卡多佐政府经济改革的困境：金融危机的爆发

由于国际货币基金组织的贷款有效稳定了国际资本对巴西的信心，至4月整个金融局势已经渐渐回稳，到1999年4月14日，卡多佐总统随即在电视上公开宣称，巴西在捍卫雷亚尔汇率上"赢得一场重大胜利"。当时雷亚尔的汇率是1.695雷亚尔兑1美元，而整个金融危机也算是暂时告一段落。

二、金融危机的影响及政府的政策措施

（一）金融危机的深远影响

巴西金融危机似乎很快就暂时告一段落，在经济上已经明显地消除了危机，但是却不能说已经通过相关措施解决了过去根深蒂固的问题。巴西"雷亚尔计划"以财政结构改革为根本，通过积极引入外资来发展与稳定经济的策略，仍存在许多问题。此次金融危机并没有让卡多佐政府改变这个模式，除了借机通过几项拖延已久的财政改革法案，仍然对外资保持深度的依赖；为了取得国际货币基金组织的贷款，完成其贷款协议的要求，巴西被要求继续自由化，但也将进一步陷入多边国际金融机构的制约，政策自主能力将更为微弱。同时，巴西要借外资完全走出困境也不是轻而易举的事。巴西实际上还是受到下列因素的限制和制约。

1. 资金短缺仍然严重

当时巴西是拉丁美洲负债最重的国家之一，亚洲金融危机后，巴西的融资成本不断提升，债务负担加重。1998年巴西公共部门的债务总额在GDP中的比重由1997年的34.5%上升到42.6%，至2000年底已经达到50%。巴西最大的50家企业所欠外债达到431亿美元，其中有174亿美元于1999年到期，相当于巴西央行外汇储备的50%。若依据荷兴霸菱银行（ING Groep N.V.）所做的统计，巴西政府及民间一年内到期的外债达530亿美元，这些外债占其海外流动资产（包括政府、企业及私人存放在海外金融机构的资

产）的比重高达 70.4%①。

此外，由于巴西债务中有近 1/5 已美元化，1999 年初雷亚尔的剧烈贬值使巴西的外债多出了近 200 亿美元。据巴西国内统计，1999 年巴西需 420 亿美元还债，这对巴西短缺的资金来说是一个非常大的负担，尽管前文我们提到国际货币基金组织已提供 415 亿美元贷款，虽足以解决眼前的困境，但实质上这笔钱对于内外债缠身的巴西是远远不够的。巴西政府如何解决这次直接引发危机的联邦政府与地方政府的到期债务纠纷，也是一个不容忽视的难题，其中既有经济上的因素，也有政治上的原因，如果这些问题不能解决，巴西的经济前景依然令人担忧。

2. 高利率政策对经济的负面效应

雷亚尔贬值后，为了避免外资恐慌性外逃和国内居民抢购美元，巴西政府提高了国内储蓄利率，使原本就较高的利率进一步攀升。1997 年亚洲金融危机后，巴西国内利率已达 29%，1999 年 3 月以后，巴西中央银行又将利率提高到 45%，而后虽然逐渐调降，但仍不改其偏高的问题。

此外，巴西多年来主要是以雷亚尔与美元挂钩及稳定汇率的方式来抑制通货膨胀的，此时这一机制若被打破，通货膨胀的问题将更容易随着巴西本身及国际的经济局势起伏而波动。

3. 短时间内将财政赤字调整为财政盈余会加速经济衰退

据统计，巴西 1998 年的财政赤字占 GDP 的 7%，被认为是此次金融危机的主要罪因之一，因此，改变这一情况被视为是稳定金融形势最重要的措施之一，国际货币基金组织即在贷款协议中要求巴西政府在 1999 年将财政赤字变为财政盈余。

在如此短的时间内及在如此险峻的经济环境下，巴西要实现这一目标十

---

① "巴西拟长期实行自由汇率"，载《文汇报》，国际新闻栏目，1999 年 1 月 18 日。

分困难，尤其在雷亚尔贬值后，巴西政府采取高利率政策，已对经济增长造成不利影响，此时还要将很高的财政赤字变盈余，可采取的措施更是有限。当时，巴西采取传统的政府财源与大幅削减开支等做法，使经济衰退的情况无法避免，经济更难稳定下来。

4. 国际经济局势仍不稳定

东南亚金融危机后，由于其余波的影响在全世界极为深远，对巴西而言，在当时的经济环境下，巴西的出口很难有大的突破，尤其是占其出口较大比重的初级产品与初级原料国际价格疲软，即使雷亚尔贬值使巴西产品较具竞争力，但由于这些产品的属性决定了其国际弹性需求，它们的出口收入不可能有太大的增加，这对于需求资金甚殷的巴西来说，无疑十分不利。

另外，亚洲金融危机和俄罗斯金融危机使国际资本市场上的资金变得十分短缺，如果没有相当多的外资流入，巴西仅靠自己的力量想要彻底解决经济危机是十分困难的。

（二）政府的政策举措

面对经济局势的急速恶化，卡多佐政府所采取的政策其实与过去的改革并无很大不同，受国际货币基金组织贷款条件的限制，一样采取紧缩性的财政政策，同时继续推动能为政府带来财源的国有企业私有化政策。至于造成巴西经济陷入困境的高利率问题不但没有改变，反而为求立即稳定金融局势、留住外资而不断提高，1999年1月18日基本融资利率已经由36%升至41%。

但是过度高估的币值，使卡多佐政府在面对之前国际金融局势不稳与国内选举等政治因素时，也苦于无适当时机将其适当贬值，如今则刚好借机将其顺势贬值，做到"一步到位"；其他相关财政改革法案则因举国陷入一股害怕回到5年前通货膨胀日子的阴影中，反而因祸得福，使民意对国会形成巨大压力，通过了不少社会保障改革法案及税务改革法案。

在这 3 个多月的危机处理期间,卡多佐政府最重要的宣示就是在 1999 年 1 月 18 日与国会领袖共同宣称将加速国有企业私有化与经济紧缩政策,其实这只是延续 1994 年以来为了配合"雷亚尔计划"所采取的紧缩性财政政策,通过较高水平的利率与较紧缩的货币供应来对抗通货膨胀。

而综观这一个多月来的政府危机处理方案,基本上未脱离上述实施紧缩性财政政策与改变汇率政策,同时借机推动相关财政改革。

1. 财政改革措施的进一步推动及加强

在减少政府支出方面,卡多佐希望借着此次金融危机的压力,通过备受争议的新版"公务人员退休基金改革法",调降公务人员的退休金计算基数,削减 25% 的退休金。1998 年的公共部门退休金赤字达 344 亿雷亚尔,私人部门的退休金赤字亦达 78 亿雷亚尔,如此一来,预计一年内可为政府节省 26 亿美元支出,再加上接下来要提的退休金课税改革法,对于这种社会福利制度确实做了极大的变更。1998 年 1 月 20 日众议院以 352 票对 143 票获得通过。许多过去极力反对这项法案的国会议员都因当时的经济局势而不得不改变态度最终投下支持票①。在 1998 年 1 月 20 日众院通过这项法案之前,已经被国会否决过四次②。

在增加政府收入方面,卡多佐政府主要的两项方案为增税及继续加速国有企业私有化。在课征金融交易税方面,1999 年其税率从 0.20% 提高到 0.38%,2000~2001 年的 0.30%,参议院已于 1 月 19 日通过。同时通过的

---

① 许多国会议员都在这一次的投票中改变了以往态度,投下支持票,他们大都认为,巴西当时的局势已经无法再承受任何国内外的打击。里约热内卢州的女众议员卡芮伊洛(Laura Carneiro)就表示:"过去我总是反对这项法案,但这次我无法再如此做,我将投支持票,因为我要让国际金融市场接收到这个讯息。"曾经主导军政府时期主要经济政策的反对党议员尼托(Antônio Delfim Netto)则表示:"财政部长马兰已经被国际货币基金组织和华盛顿'绑架',这次的支持票只是他'赎金的价码'。"

② De Souza, "Latin America Imperiled Process: Cardoso and the Struggle for Reform in Brazil", in Journal of Democracy, Vol. 10, No. 3, July 1999.

社会保障法案提高了公务员缴纳社会保障金的比重,并开始征收退休公务员的社会保障基金税。这两项法案通过,预计仅1999年就会增加93亿雷亚尔税收,相当于1999年财政增收280亿雷亚尔的32%,3年内再增加98亿美元税收。据巴西联邦税务总局统计报告,1999年巴西税收收入达到1543.15亿雷亚尔,比1998年增长了8.52%,打破了年税收的最高纪录[1]。

至于推动国有企业私有化,巴西国家私有化委员会曾于2000年1月18日宣布,巴西将于当年出售联邦政府所有的电力公司与卫生设施给私人部门,1999年私有化收入达到200亿雷亚尔的目标[2]。

2. 汇率政策的调整

巴西采用的管理浮动汇率制度,允许雷亚尔在限度内做小幅度贬值,但基本上仍以紧盯美元为主要的汇率政策,以维持国内外投资者对雷亚尔的信心。但这样的汇率政策也造成了雷亚尔被过度高估的严重问题,导致巴西贸易逆差情况严重,出口竞争力大减,同时也使雷亚尔成为国际投机者的炒作目标[3]。

巴西政府在1999年1月15日宣布汇率政策转变,改为采取浮动汇率制,1月18日政府重申这一政策,并指出,中央银行仅在汇率波动过大时进行有限度的干预,对汇率不正常的走势进行必要的监控。

1999年1月26日新任中央银行总裁洛佩斯在参议院经济委员会就实行浮动汇率制作政策说明时指出:"目前巴西只有三条路可以选择:继续实行

---

[1] 吴志华:《巴西税收大幅增长打破历年最高纪录》,载《人民日报》,2000年1月17日。
[2] 周淑霞:《拉美地区加快实施企业私有化计划》,载《中国贸易报》,2000年1月25日。
[3] 各国当时所实行的汇率制度包括固定汇率制、浮动汇率制及管理浮动汇率制。固定汇率制和管理浮动汇率制皆需靠中央银行通过外汇储备来管理汇率,但后者则上由市场供需决定汇率,不过中央银行可随时参与外汇的买卖以影响汇率水平。当实行固定汇率时,中央银行的外汇量必须随着国际收支盈亏而增减,如果汇率定得太高,国际收支始终出现盈余,该国的外汇储备将持续累积;反之,汇率定得太低,国际收支赤字就成为常态。并且固定汇率定得偏高或偏低皆会影响国内的经济。汇率太高为低估本国币值,虽然本国的贸易差额与就业可改善,但相对他国的情况将会恶化,容易引来反感而遭到报复,且汇率偏高将造成国内物价的上涨。

浮动汇率制,采取固定汇率制及实施紧盯美元的联系汇率制。采取固定汇率制将使国家不可避免地走到不能偿还外债的地步,外部信贷来源将被切断,外国在巴西的直接投资也将消失;联系汇率制也不太符合巴西的现实,被迫实施经济美元化对巴西无疑是一场灾难。实行浮动汇率制,中央银行停止对外汇市场的干预,不必动用外汇储备来稳定外汇市场①。"

卡多佐总统也曾指出,巴西经济与国际市场连成一体,实行固定汇率制意味着切断巴西与外部的联系,这需要十多年才能恢复,巴西不能也不应该采用固定汇率制,一定要坚持目前的浮动汇率。

简单来说,巴西对于汇率的控制颇为成功,在卡多佐总统宣称"赢得一场重大胜利"时,雷亚尔的汇率是1.695雷亚尔兑1美元,这是自1999年1月21日以来雷亚尔价位首次打破1.7雷亚尔兑1美元关卡。此外,巴西自3月初中央银行宣布提高利率为45%,至4月雷亚尔回稳后,已调降为39.5%,5月12日更调降为27%。1999年第一季度出现1.02%的经济增长,比预估的2%~4%衰退表现还优异得多,4月的通货膨胀仅为0.03%②。

三、金融危机的政策评估

巴西中央银行采取浮动汇率政策后,由于中央银行停止对外汇市场的干预,不必动用外汇储备来稳定外汇市场,使巴西自1998年10月起出现外汇储备大幅下滑的局面暂时舒缓。1998年底,巴西外汇储备由740亿美元急剧下降到380亿美元。

浮动汇率政策同时加强了外资对巴西的信心。巴西金融危机导致外资大量撤离,造成经济损失惨重。据统计,从1998年7月起,巴西的资本外流已达400亿美元。自由浮动汇率的实施展现了巴西政府治理金融危机的实力,

---

① "巴官员支持浮动汇率",载《香港商报》,国际经济新闻,1999年1月18日。
② "巴西摆脱金融困境经济重振",载《大公报》,国际经济新闻,2000年7月8日。

第四章 卡多佐政府经济改革的困境：金融危机的爆发

有助于恢复投资者的信心和减缓资金外流。

浮动汇率政策也舒缓了整个巴西贸易逆差的恶化。全球原料价格的大幅下跌导致巴西原料出口损失严重，贸易逆差大幅上升导致财政状况和经济环境进一步恶化，浮动汇率与货币贬值有利于价格竞争，促使贸易状况改变，减缓贸易逆差的增加有助于巴西实现由国际货币基金组织提出的1999年底达到25亿美元贸易顺差的目标。

但实行浮动汇率同样会加大政府监控汇率的难度，在当时国际经济环境的剧烈变化中，汇率的自由浮动使巴西中央银行的操作难度加大，尤其是美元汇率的大幅波动，对巴西雷亚尔的冲击更大，对政府的监控能力造成很大的压力，缩小了调整空间和加大了干预难度。

同时，从长期来看并不利于经济发展，汇率合理贬值确实可以提高出口相对竞争力，但长期下来由于进口资本货物与原材料进口价格急剧上升，不利于经济发展；此外，外债的偿还或延展负担因贬值而加深，而为了挽留外资而实行的高利率政策无疑将会进一步加深巴西金融的脆弱性。

此外，浮动汇率将加大对美国经济与美元汇率的依赖。当时美国银行对巴西的信贷占巴西信贷总额的50%，美国在巴西的投资占巴西外国投资的1/3以上，美国对拉美的出口中巴西占14%，这些与美国密切的政治、经济、金融和贸易关系将随着浮动汇率的实施而进一步加深美国的影响力，的确不利于巴西的自主发展。

总之，巴西经过调整后，股市止跌回升，资金外流的状况也逐渐减缓。这样的结果，与1995年墨西哥因改为采用浮动汇率制而造成信心危机，进而引发更严重的金融危机有着天壤之别。

第二节 2002年的金融动荡

经过巴西政府的努力和国际货币基金组织的帮助,巴西在短时间内克服了1999年金融动荡对经济发展的影响。但是,仅仅两年后,2002年又发生了金融动荡。尽管巴西这次金融动荡的成因复杂,但归纳起来主要是国内经济运行中出现的问题以及国际不利因素的影响。

一、金融动荡的内部环境因素——经济运行中的问题

20世纪80年代,巴西和其他拉美国家一样饱受债务危机、经济衰退和高通货膨胀并存的所谓"失去的10年"(The Lost Decade)。为了克服危机,巴西政府在20世纪80年代后期颁布了3个以反通货膨胀和稳定经济为主要目标的经济稳定计划,但均以失败告终。1990年上任的科洛尔总统为了适应经济全球化的需要,放弃了在巴西实施50余年的进口替代发展战略,宣布经济对外开放,开始了巴西20世纪90年代经济发展战略的调整,并取得了一定成效。1995年,卡多佐总统上台以后,继续深化了经济改革,尽管有效消除了高通货膨胀问题,但是经济和社会发展也为此付出了巨大代价。这些代价实际上还成为金融动荡的主要内在原因。这些代价主要表现在以下方面。

(一)经济增长缓慢

在总结了20世纪80年代的债务危机、经济衰退和高通货膨胀发生的经验教训以后,卡多佐政府在两任任期内,始终执行经济稳定发展的战略和政策。由于政府一味强调经济和金融的稳定政策,经济增长缓慢。1998年经济

增长率为 0.15%，1999 年经济增长率为 0.82%，2000 年经济增长率为 4.46%，2001 年经济增长率为 1.51%。人均产值也由 1998 年的 4746 美元下降为 2000 年的 3430 美元，2001 年失去了拉美第一经济大国的地位（以美元计算，墨西哥超过巴西），在世界排名由第 10 位下降为第 11 位[①]。

（二）失业率上升

卡多佐政府的经济对外开放政策导致了失业率的急剧上升。经济对外开放以后，国家开始减少对巴西企业的市场保护，国有企业陆续实施私有化。巴西企业（包括外国在巴西建立的企业），为了参与国际市场竞争，对经济结构和产业结构进行调整，采用国际上最新的科学技术和先进的管理方法，导致了部分缺乏竞争力的企业倒闭和大型企业裁减人员，失业率也因此大幅度上升。20 世纪 80 年代，巴西的失业率一般为 3%～4%，到了 90 年代末，失业率上升为 8%～9%。2001 年仍然保持在 6.2%。由于失业率提高，人民生活水平经短时间上升后再次下降，因此也引起人民的不满情绪[②]。

（三）长期的外贸赤字

可以说，卡多佐总统执政时期是巴西经济和社会调整时期。长期受国家市场保护的巴西企业，短时间内难以适应国际市场的竞争形势，而且需要一段相当长的时间来适应国际市场的竞争，因而 1995～2000 年巴西的外贸连续 6 年出现逆差，其间累计外贸赤字高达 28 亿美元。外贸逆差导致经常项目和国际收支逆差的不断加大，极大地影响了巴西的外债偿还能力，同时也影响了金融系统的正常运转。

---

① 《巴西经济简况》，中国驻巴西共和国大使馆经商处网站，2001 年 10 月 16 日，http://br.mofcom.gov.cn，2006 年 11 月 4 日。
② 吕银春：《社会保障基金赤字困扰巴西政府》，载《中国税务报》，国际税收专栏，2000 年 5 月 22 日。

(四) 国内选举年的影响

可以说,2002 年巴西金融动荡的直接导火索也是总统选举民意测验结果的公布。在 2002 年 5 月和 6 月的总统民意测验中,劳工党(Partido dos Trabalhadores)名誉主席、参加过前 3 次总统选举的卢拉在几次民意测验中的选票占 30%,而政府推举的总统候选人塞拉的选票不足 20%[①]。卢拉在前 3 次总统选举的政治和经济纲领中,宣扬其左派观点,如必须重新谈判巴西所欠的外债,重新考虑政府的国有企业私有化政策,国家必须在经济中发挥更大作用等涉及巴西和外国投资者及债权人切身利益的言论。他的竞选纲领引起了国内外投资者的恐慌,担心一旦卢拉上任,巴西经济就会滑坡,新政府拒绝偿还外债或将外企收归国有。因而,他们不但停止扩大在巴西的投资,而且为了减少风险,纷纷从股市撤资,导致股市下跌,美元汇率不断攀升,雷亚尔汇率不断贬值。美元汇率一度达到 1:2.84,到 10 月,汇率几乎达到 1:4.0,为 1999 年巴西金融动荡以来最低点,从而引发金融市场的一片恐慌和不安情绪。

(五) 国内金融体制和政策

由于国内和国际诸多因素的影响,1999 年初巴西曾发生金融动荡,引起国际社会的广泛关注。尽管巴西政府采取各种政策,特别是实行了浮动汇率政策,得到了国际金融机构的资助,很快遏制住了金融动荡的进一步发展。1994 年墨西哥发生金融危机以后,政府对金融体制和运行机制进行了一些改革,金融体制并没有从根本上得到完善,特别是金融几乎完全依赖外国直接投资和国际信贷的模式没有实质性变化,因而,使得国际金融业稍微出现风

---

① 巴西《阅读》杂志,2002 年 4 月。转引自吕银春:《经济发展与社会公正——巴西实例研究报告》,世界知识出版社 2003 年版。

第四章 卡多佐政府经济改革的困境：金融危机的爆发

吹草动或发达国家金融市场稍微发生变化，巴西的金融就会出现问题。

此外，银行在经济发展中的作用在下降。1994年以前，巴西通货膨胀的痼疾扰乱了金融系统的正常运行。在正常情况下，银行的中介作用应该是通过贷款形式将储蓄款转给社会，促进生产和消费，同时使银行本身得到巩固和发展。但高通货膨胀使银行的基本功能走上"歧路"，银行的盈利不是主要依靠中介，而是通过高通货膨胀。当通货膨胀率高时，货币贬值，货币在经济流通中失去购买力，存在一个"通货膨胀税"，即货币发行值与流通中的货币值之间的差异，银行从中获取大量利差。1994年政府实行"雷亚尔计划"以后，特别是1995年至今的卡多佐政府的经济政策以稳定为基础，通货膨胀率急剧下降。通货膨胀急剧下降后，银行失去了这种收入来源，无法通过通货膨胀的差额获取高额的利润，因而，金融业在巴西国内生产总值中所占比重由1994年的12.4%下降为1995年的6.9%，到2000年仅占5.41%[1]。

1994年墨西哥发生金融危机以后，巴西的金融业受到巨大冲击，政府在限制外国短期投机资本进入的同时，对于面临倒闭的三家大银行，政府出资进行改组和合并，避免了银行的倒闭。同时，颁布相关法令鼓励外资银行进入，外资银行在巴西银行的地位不断上升。据巴西银行业协会统计，1997年巴西有206家金融机构，到2000年下降为175家。另外，外资银行在巴西所占比重越来越大。外国资本控制的银行资产占巴西银行业资产的比重由1994年的7.16%上升为2001年的26.30%，尽管2002年有所下滑（至21.25%），其中几家大的国际银行就占总资产的相当比重[2]。许多外国银行购买了巴西的银行（如在中国香港地区的汇丰银行购买了巴西的巴梅林杜斯（Bamerindus）银行，西班牙的桑坦德（Santander）银行购买了巴西的圣保罗银行、西

---

[1] 巴西《2002年4月年鉴》，第95页。转引自吕银春：《经济发展与社会公正——巴西实例研究报告》，世界知识出版社2003年版。
[2] 《去年巴西银行业资产扩大17.95%》，中国驻巴西共和国大使馆经商处网站，2003年4月10日，http://br.mofcom.gov.cn，2006年11月4日。

北银行和商业总行，等等①。由于外资银行具有丰富的国际金融操作经验，国际上有任何风吹草动，都会迅速撤资，导致金融动荡。

（六）实施高利率政策

从卡多佐总统上台以来，政府为了降低通货膨胀，一贯实施高利率政策（利率最高曾达到49%，1999年为21.5%）。高利率限制了企业贷款和投资的积极性，导致生产下降，失业率上升，因而政府经常利用对信贷利率的调整，达到控制投资和物价上涨、鼓励企业借外债发展的目的。高利率政策导致了公共赤字不断上升，公共开支赤字（包括偿还当年公共债券本息）的增加又导致公共债务不断增加。政府被迫采取发行新债券的方式弥补公共赤字，形成财政收支的恶性循环。

（七）外债负担仍然十分沉重

虽然巴西已经与国际金融机构签订了延长债务偿还的协议，但并没有从根本上解决巴西的债务问题。当时，巴西每年必须偿还外债本息300亿美元左右，尽管在20世纪90年代末期外国资本加大在巴西的直接投资，但政府将相当部分外国投资用于偿还外债，平衡经常项目和国际收支。结果外债本身并没有减少，反而不断增加。到2002年10月，巴西外债总额为1760亿美元，其中公共部门外债为560亿美元，外债占GDP比重为41%，占出口的比重为326%，而债务支付额占出口的比重也高达91%②，而且这一比重还会随着汇率的变化而不断变化。

---

① 《巴西银行业购并热潮方兴未艾》，钜亨网，2000年7月14日，http://www.cnyes.com，2006年11月4日。
② 《综述：巴西金融沉疴缠身 卢拉许诺恢复经济》，载《中国新闻社》，经济新闻栏目，2002年10月30日。

(八) 经济和金融严重依赖外国资本

严重依赖对外贸易和国际资本发展经济是巴西经济发展的传统。由于本国国内储蓄率低，巴西经济发展的资金主要依靠外国直接投资和向国际金融机构借贷。1968~1973年巴西经济奇迹在相当程度上取决于外国的巨额低息贷款。一旦外国直接投资减少，国际金融机构不提供贷款，巴西的金融就难以正常运转，产生动荡或危机。

二、金融动荡的外部环境因素

此外，2002年巴西发生金融动荡的另一个重要原因，就是美国"9·11事件"和阿根廷经济和金融危机的影响。

第一，美国"9·11事件"的影响。2001年美国发生"9·11事件"后影响了全球经济的发展，与国际经济和金融关系密切的巴西受到强烈冲击。"9·11事件"对于巴西影响最大的是旅游业和飞机制造业。据巴西《考察》杂志2001年10月报道，9月巴西旅客机票销售比2000年同期下降11.6%，"9·11事件"后10天，巴西航空公司就宣布裁员1700人，同时退还租赁的13架客机，削减国内航班14%，削减国际航线8%，使本来就负债累累（债务/资产比平均高达203.7%）的三家航空公司（Varig、Tam、Transbrasil）雪上加霜[①]。按照该国中央银行公布的数字，巴西游客在国外的花销2001年9月为1.99亿美元，比8月减少22.9%。美元对雷亚尔升值也没有促使外国游客在巴西更多地消费。9月，外国游客在巴西的花销为1.21亿美元，比8月减少10%。因此，巴西的国际旅游账目，即外国游客在巴西的开销减去巴西游客在外国的开销，9月出现了7800万美元的逆差。到9月为止，2001年

---

① 吕银春：《经济发展与社会公正——巴西实例研究报告》，世界知识出版社2003年版。

的累计逆差已达12.4亿美元。"9·11事件"和美元对巴西货币雷亚尔升值导致巴西旅游业的整体下滑①。

巴西航空工业是世界航空工业的重要组成部分，在国际市场具有相当的竞争力，是世界第四大出口航空工业。据巴西《考察》杂志报道，2000年巴西航空工业销售额达到27亿美元，在圣保罗和纽约股票市场享有较高的声誉。近3年来，其股票年年升值，1999年升值474%，2000年升值136%。"9·11事件"前的上半年净利润达到5.57亿雷亚尔。"9·11事件"后，其股票在短短1个月内下跌了42%，由15.01雷亚尔下降为8.60雷亚尔。受"9·11事件"的影响，国外订货下降，2001年的飞机产量由原定的200架下降为160架。原定2002年生产220架，被迫缩减为135架。该航空公司生产的飞机75%出口美国。外贸下降，外国投资减少，经济发展缺乏动力，导致巴西汇率的大幅下降②。

另外，美国一直以来是巴西最大的贸易国、最大的投资国和最大的债务国。由于美国经济不景气，导致美国对巴西投资不断下降、贷款不断减少和从巴西进口下降，大大影响了巴西经济发展和金融的正常运行。

第二，阿根廷经济和金融危机的影响。1999年开始的阿根廷经济危机以及以后发生的金融危机对巴西的金融动荡的发生起了导火索的作用。1991年南方共同市场（由巴西、阿根廷、巴拉圭、乌拉圭4国组成）建立后，巴西与阿根廷之间的经济关系迅速发展，特别是两国的贸易关系，因而阿根廷的经济和金融危机对巴西的经济和金融产生了巨大冲击。阿根廷的危机主要是从以下四个方面影响巴西：

（1）阿根廷的货币贬值，巴西产品在阿根廷市场价格上升，导致巴西与

---

① 《巴西旅游不景气》，中国旅游网，2001年12月6日，http://www.cnta.gov.cn/news_detail/oldshow.asp?id=2332，2006年11月4日。

② 吕银春：《经济发展与社会公正——巴西实例研究报告》，世界知识出版社2003年版。

阿根廷之间的贸易逆差加大。据统计，2002年1~5月，巴西与阿根廷的贸易逆差达到13亿美元，创历史同期纪录。同一时期，巴西对阿根廷的工业制成品出口下降了85%，原计划2002年巴西向阿根廷出口50亿美元，当时预计最终只能实现15亿美元[①]。

（2）由于阿根廷的经济和金融危机（特别是货币贬值），在阿根廷投资的巴西企业损失达到数十亿美元。巴西有190家大型企业在阿根廷投资。这些企业组成的"巴西集团"原计划2002年在阿根廷投资20亿美元，迫于形势，投资缩减了40%[②]。

（3）影响巴西旅游业的发展。阿根廷的危机导致人民收入急剧下降，前往巴西的旅游者大幅度下降，而阿根廷游客是巴西旅游业的重要外汇收入来源。在2001年外国游客中阿根廷游客占33%，达到168万人，巴西旅游业收入16亿美元。巴西与阿根廷的旅游业顺差11亿美元，可以弥补巴西与阿根廷贸易之间逆差。据有关调查显示，2002年原准备前往巴西旅游的每10人中有4人因经济危机将放弃旅游，巴西的旅游收入大幅下降[③]。

（4）外国直接投资下降。由于阿根廷的金融危机，外国资本对整个拉美包括巴西在内的经济和金融状况都表示忧虑，纷纷减少在拉美的投资。据统计，1999年进入拉美的外资为1090亿美元，2001年为800亿美元，预计2002年为560亿美元。外国资本在巴西的直接投资也由2000年的300亿美元下降为2002年的160亿美元。巴西的金融历来有依赖外国直接投资平衡和弥补经常项目及国际收支的传统，外国投资的减少势必影响巴西的还债能力，导致金融状况的进一步恶化。

---

① 巴西《圣保罗州报》，2002年6月26日。转引自吕银春：《经济发展与社会公正——巴西实例研究报告》，世界知识出版社2003年版。
② 吕银春：《经济发展与社会公正——巴西实例研究报告》，世界知识出版社2003年版。
③ 巴西《商业报》，2002年1月2日。转引自吕银春：《经济发展与社会公正——巴西实例研究报告》，世界知识出版社2003年版。

三、巴西应对金融动荡的举措

2002年巴西再次发生金融动荡以后，引起了巴西政府和多边国际金融组织的高度重视，同应对1999年初发生的金融动荡一样，政府采取了一系列措施。

（一）寻求多边国际金融组织的帮助

在2002年6月20日货币大幅度贬值和股市急剧下跌之前，巴西政府已经意识到可能会发生金融动荡，要求国际货币基金组织按照规定向巴西提供150亿美元的特别提款权。由于近年来巴西经济走势较为平稳，基本上履行了对国际货币基金组织的承诺，再加上美国不希望巴西再发生类似阿根廷的危机，影响美国和巴西的经贸关系，特别是影响2005年建立美洲自由贸易区的进程，国际货币基金组织立刻表示支持。巴西金融动荡的基本点是美元短缺、外国金融机构担心巴西偿还外债的能力，因而，有了150亿美元作为偿还外债的基础，动荡就可能会有所缓和。

除此之外，为了筹集更多美元，政府还向国际货币基金组织提出将原协议中的巴西外汇储备不得低于200亿美元减少为150亿美元，这样，巴西就拥有更多美元外汇对付金融投机。

为了加快巴西克服金融动荡的进程，2002年7月11日，巴西原中央银行行长弗拉加同国际货币基金组织商讨国际货币基金组织在巴西发生"意外"事件时的资金援助问题。协议达成后的当天，美元汇率下降了1.96%，国家风险指数下降5%。这就进一步保证了外汇资金的来源。

巴西是一个国际化的国家。它的经济发展在相当程度上依靠外国资本，特别是外国直接投资。在金融发生问题时求助于多边国际金融组织是巴西的一贯做法。1999年初政府在短时间内克服巴西发生的金融动荡，除去政府执行了不干预政策、实施浮动汇率、汇率由市场需求决定外,国际货币基金组织提供的415亿美元贷款功不可没。

(二) 恢复对外汇市场的干预

由于有了外部资金的支持,政府打破了以往对外汇市场不予干预的政策,决定2002年7～10月总统选举期间,总计投放15亿美元外汇资金来打击金融投机商的投机活动,并取得了一定效果。

(三) 利用大国影响,呼吁多边国际金融组织支持阿根廷克服金融危机

巴西政府清楚地认识到,阿根廷金融危机问题不解决,巴西的金融动荡就难以在短期内得到克服,因而巴西利用其在拉美的大国地位,不断向多边国际金融组织和美国呼吁,希望它们延缓阿根廷债务的偿还,增加对阿根廷的贷款。在阿根廷政府的努力和巴西政府的呼吁下,国际货币基金组织已经同意延长阿根廷债务的偿还期限。与此同时,巴西在同阿根廷的经贸关系方面对阿根廷做出了较大让步,使阿根廷有更多机会和时间解决危机。为了促进巴西对阿根廷的出口,减少与阿根廷外贸赤字,巴西经济和社会发展银行向巴西出口企业提供2亿美元的专项资金,加大机械设备的出口,期限为5年,风险由中央银行承担。

(四) 削减公共赤字

在国内,为了增强外国资本对于巴西经济发展的信心,卡多佐政府再次削减公共赤字,将原定的公共赤字3.75%降低为3.5%。同时,降低基准利率,将基准利率由18.5%降为18%(后又提高到21.5%),刺激经济,减少

公共债务①。

(五) 免除临时金融流通税

为了恢复股市的人气，政府决定股市买卖交易可免缴金融流通税，外国投资者在巴西买卖资金的汇入和汇出可以免缴临时金融流通税②。

四、未来的乐观前景分析和预测舒缓了金融危机

对于巴西金融动荡的未来走势，美国政府和国际货币基金组织都抱乐观态度。2002年7月11日美国财政部长在接见巴西中央银行行长时指出，巴西政府现行的经济政策是牢固的，这种政策是经济和财政政策稳定的基础，美国将会全力从资金上给巴西支持。国际货币基金组织也认为，巴西经济基础是好的。2002年大选的不确定性因素导致的金融市场动荡是暂时的。即使劳工党的总统候选人卢拉上台，他们所采取的政策也不会像外国投资者想象的那样。在经济全球化的大格局下，其经济政策不会与现政府的政策有太大区别，但在社会政策方面将可能有较大变化。

第三节 小结

本章主要对卡多佐总统当政的两任任期内所发生的两次金融危机及动荡进行系统回顾。对于两次金融危机及动荡发生时的国际和国内影响因素进行

---

① 《巴西获得援助贷款》，载《人民日报》，国际新闻栏目，2001年8月10日。
② 《巴西将免除外国人在巴股市操作的临时金融流通税》，广东省对外贸易经济合作厅网站，2001年12月11日，http://www.gddoftec.gov.cn/wjmxx/Detail.asp?ID=412，2006年11月4日。

分析，重点勾勒出金融危机对整个巴西经济发展的影响，并就卡多佐政府所做的因应策略进行探讨。

总的来说，金融危机和金融动荡对巴西当时的经济发展产生了很大影响，由于卡多佐政府继续实行新自由主义式经济改革的信念和坚持，促使美国和多边国际金融组织等发达国家和国际社会积极拥护，提供大量抗衡危机的贷款，从而增强了巴西对抗金融动荡的能力，最终金融危机并未使巴西遭受阿根廷式的经济崩溃。

第五章　卡多佐政府经济改革对社会发展的影响

自卡多佐总统上台以来，政府出台了多项经济自由化改革措施，虽然取得了一定的成效，但并没有彻底解决巴西贫穷和收入分配不均的社会问题，社会保障体系反因经济衰退而濒临崩溃。尽管卡多佐政府也在积极扭转这一不足，极力进行下一步经济改革，但经济衰退同时带来的高失业率进一步将巴西的收入分配和贫穷问题推向新高点。

这一章主要将讨论巴西经济自由化所伴随的主要社会问题，包括失业问题和收入分配问题及由此衍生的相关社会问题。此外，还将对卡多佐政府的社会保障改革进行深入的探讨。

第一节　经济改革带来的"后遗症"
——社会问题

卡多佐总统执政以后陆续推行经济自由化政策，多年来的推行确实使巴西的经济活络起来，逐渐走出经济萧条。但是经济自由化的结构转型并没有为巴西解决贫穷和收入分配不均的社会问题，而且有更趋恶化的趋势。1994

年卡多佐在竞选总统时的演讲中就曾指出,"巴西已不再是一个未开发国家,但它却是一个不公平的国家①。"由这两句话,可以看出巴西在经济发展过程中所引发的社会问题的严重性。

从收集到的统计数字来看,巴西的自由化改革似乎没有带来预期的高度经济增长。一切以压制通货膨胀为第一要务的紧缩性经济政策造成经济增长率从1991年的1.0%上升到1994年的5.9%后,之后直线下滑至1999年的0.8%,2000年虽有起色,可是并没有复苏的迹象。而伴随经济衰退而来的高失业率,更将巴西的收入分配和贫穷问题推向新高点。1998年大圣保罗地区的失业率更高达18%②,至少4000万巴西人生活在收入不足60美元的贫穷线下③。

由于新自由主义模式的市场经济改革重在强调效率与市场竞争,并且造成过度剥削劳工、失业率增加与工作不稳定,加上政府财政困难,许多重要的社会政策(包括就业、教育、医疗、收入重新分配等议题)均被忽略或无法执行,而这些问题的日益恶化将反过来对经济改革的推行造成阻碍。按照圣保罗政治社会经济研究院(Instituto de Estudos Econômicos, Sociais e Políticos de São Paulo, IDESP)1995年对巴西484位国会议员的调查,有接近30%的议员认为这样的状况持续下去,将会造成市场经济的崩溃,甚至造成回归军事统治或国家分裂④。

面对这样严峻的社会环境,卡多佐总统自从1995年上台以后,就陆续提出不少改革方案来解决这些社会问题,这些方案包括社会保障体系的重新建构、对初等教育的加强、医疗保险的重新建构以及公务人员退休金改革方案。

---

①④ De Souza, Amaury, "Redressing Inequalities: Brazil's Social Agenda at Century's End", in Susan Kaufman Purcell and Riordan Roett eds., Brazil under Cardoso, Boulder, Colorado: Lynne Rienner Pub., 1997.

② Lucio Fernando Oliver Costilla, "The Reconstitution of Power and Democracy in the Age of Capital Globalization", in Latin American Perspectives, Issue 110, Vol. 27, No. 1, 2000.

③ Juan de Onis, "Brazil New Capitalism", in Foreign Affairs, Vol. 79, No. 3, 2000.

后来他还不断强调全球化带来前所未有的经济繁荣，却也并存着社会不正义、失业与不公平等问题，经济的增长需伴随着更高标准的社会正义，应该努力的方向就是调和强大的国际经济力量和本土公民权的实践①。

然而，卡多佐政府的社会保障改革与公务人员改革早期推出时都因国会中错综复杂的利益生态与选举期日近而惨遭否决，虽然相关法案已经于1999年前后在亚洲、俄罗斯金融危机与巴西本身的金融危机压力下通过，但是仍然面临政府财政赤字与地方、基层执行不力以及贪污横行②、扈从政治体系根深蒂固，巴西的社会保障改革之路仍然有相当长一段路要走。

以下我们将重点探讨伴随卡多佐的经济改革而来的主要社会问题，包括失业问题、收入分配问题以及因此而衍生的相关社会问题，并且讨论卡多佐政府对社会保障改革的因应之策。

一、失业问题的恶化

巴西从20世纪90年代初起一改昔日以进口替代为发展主轴的经济政策，由科洛尔政府率先实行新自由主义式的经济改革政策，自由化的政策促使巴西企业为了加强自身的竞争力与应对国际挑战的能力，积极从国外

---

① Fernando Henrique Cardoso, "Associated – Dependent Development: Theoretical and Practical Implications", in A. Stepan eds., Authoritarian Brazil: Origin, Policies, and Future. New Haven: Yale University Press, 1973.

② 依据总部设于华盛顿的"国际透明组织"（Transparency International）于2001年6月27日公布的针对全球91个国家所做的年度"贪污感受指数"报告，巴西的清廉程度名列被调查国家第46位，得分不到5分，属于严重贪污的国家。该组织定义"贪污"为"滥用公权力营私"；"贪污感受指数"报告是针对全世界91个国家和地区，透过14项具公信力组织有关贪污所做的调查与结果，再综合做出的一项调查报告。这项报告以10分为满分，代表清廉程度最高，低于5分就代表贪污严重。其中芬兰以9.9分高居第一位，巴西的得分是4.0。国际透明组织表示，由于可信赖的调查信息并不全面，因此无法对全世界近200个国家展开全面调查。在引用的14项独立调查研究中，每个被调查的国家至少引用3项调查结果，巴西的综合指数则是根据9项调查结果而来。这项报告引用的调查结果，综合包括世界银行公布的"世界商业环境报告"、国际货币基金辖下位于瑞士的"管理发展研究所"所做的"世界竞争力年鉴"，以及自由之家、世界经济论坛等机构所做的不同调查。更进一步的资料请参阅"国际透明组织"网站（http://www.transpancy.org/）。

引进现代化科技和设备,并减少不必要员工的雇用,导致失业率直线上升①。市场对外开放也导致进口品取代本地产品,不但带来贸易赤字,也使失业率上升②。

从统计数字来看(见表5.1),20世纪90年代以来,巴西的劳动参与率已连续10年呈不断下降的趋势,除在"雷亚尔计划"实施的那一年短暂回升外。而公开失业率则直线上升,除了1994年和1995年这两年因"雷亚尔计划"而略为下降,21世纪后失业率依然高达7.1%,2002年的公开失业率较1994年"雷亚尔计划"前升高近40%。

表5.1 1990~2002年巴西的就业状况

年份	1990	1991	1992	1993	1994	1995	1996
劳动参与率(%)	61.5	61.0	59.5	58.6	59.3	59.3	59.6
公开失业率(%)	4.3	4.8	5.8	5.4	5.1	4.6	5.4
年份	1997	1998	1999	2000	2001	2002	
劳动参与率(%)	58.5	58.2	57.1	58.0	56.4	56.7	
公开失业率(%)	5.7	7.6	7.6	7.1	6.2	7.1	

资料来源:Economic Commission for Latin America and the Caribbean (ECLAC), Economic Survey of Latin America and the Caribbean, 2003 - 2004 and 1998 - 1999, United Nation ECLAC Website, 28th December 2006, http://www.eclac.cl/cgi - bin/getProd.asp? xml =/de/agrupadores_ xml/aes252.xml&xsl =/ agrupadores_ xml/a16l - i.xsl&base =/tpl - i/top - bottom.xsl.

依据巴洛士(Barros)等的研究,1990~1995年,由于贸易自由化导致

---

① Edward J. "Amadeo and Valeria Pero, Adjustment, Stabilisation and the Structure of Employment in Brazil", in the Journal of Development Studies, Vol. 36, No. 4, 2000.

② Maurício Mesquita Moreira and Sheila Najberg, "Trade Liberalisation in Brazil: Creating or Exporting Jobs?", in the Journal of Development Studies, Vol. 36, No. 3, 2000.

巴西制造业就业率下降6%[①]。而阿马德奥（Amadeo）等的研究则指出，1993~1995年，贸易自由化导致巴西制造业减少12.7万个就业机会，约为制造业就业率的1.5%[②]。

深入探讨巴西的失业问题可以将就业率的增长区分为劳动生产力（Labour Productivity）增长率、国内吸收[③]（Domestic Absorption）增长率以及国内产量（Domestic Output）占国内吸收比重的增长率三个组成要素。同时加入时间变量，由表5.2可以发现，从1990年实施经济自由化政策至1993年实施稳定经济、消除通货膨胀的"雷亚尔计划"前及1994年实施经济稳定计划后至1997年为止，在这两个阶段，各种产业（包括农业、矿业、服务业及制造业）在就业率方面的变化。

表5.2　1990~1993年及1994~1997年巴西就业率变化

年份	产业类别	就业率 (r_0)[a]	劳动生产力增长率 (r_1)	国内产量占国内吸收比重的增长率 (r_2)[b]	国内吸收增长率 (r_3)[c]	就业率（当 $r_2=0$）	就业岗位	
							就业岗位（当 $r_2=0$）	百分比（%）
1990~1993	农业	4.3	2.4	-0.3	7.1	4.7	53723	0.3
	矿业	-11.9	8.5	12.8	-16.2	-24.7	-35762	12.0
	服务业	5.3	-2.1	-0.6	3.9	5.9	244595	0.8
	制造业	-9.5	12.7	-1.4	4.5	-8.2	114004	1.4
	小计	1.8	1.3	-0.6	3.7	2.3	376560	0.6

---

① R. P., Cruz, L. E., Foguel M. "Barros and R Mendonça, Brasil: Abertura Comecial e Mercado de Trabalho", Document No. 39 of ILO/ Latin American Regional Office, 1996.

② Edward J. "Amadeo and I. Szkurnik, Saldo Comercial, Produçao e Empregona Manufatura", Economia, Capitaln e Trabalho. Vol. 5, No. 1, 1997.

③ 国内吸收（Domestic Absorption）是指私人消费、私人投资、政府支出所构成国内居民的总支出。

续表

年份	产业类别	就业率 (r_0)[a]	劳动生产力增长率 (r_1)	国内产量占国内吸收比重的增长率 (r_2)[b]	国内吸收增长率 (r_3)[c]	就业率（当 $r_2=0$）	就业岗位（当 $r_2=0$）	就业岗位 百分比（%）
1994~1997	农业	-17.2	33.9	0.1	16.6	-17.4	-15969	0.1
	矿业	-37.2	58.4	-5.1	25.7	-32.7	5951	2.3
	服务业	8.4	-0.3	-0.3	8.4	8.7	152510	0.5
	制造业	-7.0	24.1	-8.9	26.0	1.9	620486	7.5
	小计	-0.8	14.9	-3.7	17.9	3.0	762978	1.3
	总计	1.0	16.2	-4.3	21.6	5.3	1012260	1.7

注：a. (r_0) = (r_2) + (r_3) - (r_1)。
b. 国内产量占国内吸收比重为国内产量/国内吸收。
c. 国内吸收为（国内产量 + 进口量 - 出口量）。
资料来源：整理自 Maurício Mesquita Moreira and Sheila Najberg, "Trade Liberalisation in Brazil: Creating or Exporting Jobs ?", in the Journal of Development Studies, Vol. 36, No. 3, 2000, Table 1 & Table 2.

由表 5.2 可见，若将这 8 年分为 1994 年实施"雷亚尔计划"前与后，则可发现，在第一阶段经济萧条时期，由于国内吸收的表现差（3.7%），主要因服务业的表现差，而落后的劳动生产力（1.3%）及相对稳定的国内产量占国内吸收比重（-0.6%），导致就业率增长只有 1.8%。

第二阶段由于"雷亚尔计划"的实施，促成贸易自由化的深化、经济情势稳定化以及景气逐渐恢复，导致就业的国内吸收明显恢复（17.9%），劳动生产力增长 14.9%，反映所有产业的进步，而由于制造业表现不佳造成国内产量占国内吸收比重下跌 3.7%。整体的就业机会失去比重达到 1.3%，约为 76.3 万个就业机会。值得注意的是，这个数字虽然不大，但却是上一个阶段（0.6%）的两倍多，可见就业受贸易自由化的负面影响日益加剧。主要原因是制造业严重的贸易逆差，这个时期制造业出口增长 47.5%，但同时进口却增长 309%，进口品占据市场，也夺走了巴西本地人的就业机会。

整体来看，只有服务业的就业率上升（13.7%），而其余产业的就业率下降,受到贸易自由化的负面影响较小,但制造业受到的影响最严重,国内产量占国内吸收比重下降 10.3%,导致就业率下降 16.5%。

制造业受到影响的情形如表 5.3 所示。

表 5.3　1990~1997 年巴西制造业就业率变化

部门类别	就业率(r_0)	劳动生产力增长率(r_1)	国内产量占国内吸收比重的增长率(r_2)	国内吸收增长率(r_3)	就业率(当 $r_2=0$)	就业岗位(当 $r_2=0$)	百分比(%)
资本密集型部门	-32.4	51.8	-15.7	35.2	-16.7	375084	19.7
劳动力密集型部门	-13.3	28.5	-7.3	22.5	-5.9	184238	4.3
自然资源密集型部门	-3.0	30.5	-0.1	27.6	-2.9	-2987	-0.2
总计	-16.5	36.8	-10.3	30.5	-6.2	556335	7.2

资料来源:整理自 Maurício Mesquita Moreira and Sheila Najberg, "Trade Liberalisation in Brazil: Creating or Exporting Jobs?", in the Journal of Development Studies, Vol. 36, No. 3, 2000, Table 1 & Table 3.

在实行进口替代发展模式阶段,巴西以资源禀赋和资本密集型工业成为制造业的发展重心,而在实行经济自由化改革以后,劳动力密集型部门和自然资源密集型部门则日渐占据较重要的地位。

在资本密集型部门中就业率明显下滑(-32.4%),主因是劳动生产力明显上升(51.8%)与国内产量占国内吸收比重的大幅滑落(-15.7%),若将国内产量占国内吸收比重的增长率(r_2)设为 0,则失业已达总就业率的 19.7%,远远高于制造业的平均水平 7.2%,更高于整个产业的 1.7%。这表明,巴西经济结构转型中对就业影响最大的是资本密集型工业中的劳工。

劳动力密集型部门的就业率也下跌 13.3%,不过,这一产业所受的影响明显小于资本密集型部门所受的影响。主要是因为劳动生产力的增长较少以及贸易出口表现较差的负面影响。自然资源密集型部门的就业率下跌的幅度更小,仅为3.0%,主要是因为高度增长的国内吸收增长率以及平稳的劳动生产力。

表5.4则是以劳动力的技术为衡量标准,可以发现,除了低级技术劳动力的就业率下降幅度较小以外,其余两类的就业率都出现巨幅下滑,主要原因是国内产量占国内吸收的比重明显滑落以及劳动生产力表现优异,尤其是高级技术部门。

表5.4 1990~1997年劳工类型与就业率变化

部门类别	就业率 (r_0)	劳动生产力增长率 (r_1)	国内产量占国内吸收比重的增长率 (r_2)	国内吸收增长率 (r_3)	就业率 (当 $r_2=0$)	就业岗位 (当 $r_2=0$)	百分比 (%)
低级技术劳动力	-7.0	24.0	-1.4	19.9	-4.0	132135	3.3
中级技术劳动力	-33.1	42.9	-5.2	15.7	-27.2	30938	2.6
高级技术劳动力	-22.6	47.7	44.7	40.4	-7.3	393263	15.9

资料来源:整理自 Maurício Mesquita Moreira and Sheila Najberg, "Trade Liberalisation in Brazil: Creating or Exporting Jobs?", in the Journal of Development Studies, Vol. 36, No. 3, 2000, Table 4.

从上面的分析可以发现,贸易自由化政策对巴西劳工的影响表面上不是十分明显,但是却有日益恶化的趋势,其中尤以对制造业劳工的影响最大,对技术密集型与资本密集型产业的劳工就业率影响也很大。主要的原因在于各产业经过贸易自由化与国际竞争的冲击,多数调整其规模以利竞争,增加单位劳动生产力,且国内需求在货币稳定后大增,政府为了避免通货膨胀再起,对于供给短缺的情形采取开放进口以填补需求,造成贸易赤字不断上升,市场上进口品充斥造成对国内产品的替代作用,国内产出占国内吸收的比重下降，导致巴西劳工的就业机会大幅减少。

唯一在经济结构转型过程中获益的只有服务业的劳工，其就业率不降反升，主要原因是其他部门的就业率下降，工业部门的人力转移至服务业。但劳工转进服务业通常薪资降低，工作环境也会变差[1]。

由于服务业部门无法吸收所有的失业劳工，于是自行创业与非正式部门即地下经济的劳工也就大幅增加。1996年巴西从事地下经济的人口占都市劳动人口的56%[2]，数字十分惊人，原因是正式部门的薪资税率高，导致企业的用人成本提升。当劳动力大幅进入非正式经济部门，象征政府的税收必然减少，形成国家推行社会政策改革所需的经费来源也同样减少的恶性循环。

二、社会福利分配的困境

在20世纪80年代这个"失去的10年"，停滞性通货膨胀所带来的经济萧条，导致除了最有钱的人外，几乎所有人的财富均减少，低薪资的劳工失业、中等收入的人则因收入无法保值而被推入新贫穷阶级。收入分配的问题在卡多佐政府当政时期并没有因为经济自由化的改革措施而获得改善，反而有走下坡路的倾向。

表5.5　1960~1990年巴西的收入分配[a]

	1960年	1970年	1980年	1990年
收入最低的20%	3.5	3.2	3.0	2.3
收入较低的60%	42.1	34.6	30.9	31.6
收入最高的20%	54.4	62.2	66.1	66.1
收入最高的10%	39.7	47.8	51.0	49.7

---

[1] Edward J. "Amadeo and Valeria Pero, Adjustment, Stabilisation and the Structure of Employment in Brazil", in the Journal of Development Studies, Vol. 36, No. 4, 2000.

[2] Michael Todaro, "Economic Development", Harlow England: Addison Wesley Longman, 2000.

续表

	1960 年	1970 年	1980 年	1990 年
收入最高的 5%	27.7	34.9	33.8	35.8
收入最高的 1%	12.1	14.6	18.2	14.6

注：a. 表格中的数字代表各群组收入占总收入的百分比。

资料来源：de Souza and Amaury, "Redressing Inequalities: Brazil's Social Agenda at Century's End", in Susan Kaufman Purcell and Riordan Roett eds., Brazil under Cardoso, Boulder, Colorado: Lynne Rienner Pub., 1997.

巴西的收入分配问题其实由来已久，除了之前提到的历史脉络以外，军政府时期一直强调的"先增长，再分配"的"蛋糕型"经济策略①，就已经为后来的经济发展种下了祸根。经济奇迹时代，巴西每年都有近8%的经济增长率，但是收入分配不均的情形也随之恶化，从表5.5中可以发现，20世纪80年代以前，收入最低的20%的人口收入只有全国总收入的3%左右，而最富有的1%却享有全国15%上下的收入，相当于全国较低收入的60%的收入总和。根据惠利（Hewlett）的研究，20世纪70年代巴西有54%的劳动个体及30%的家庭连最低工作薪资都无法赚取。东北部的皮奥伊州（Piaui）有90%的劳动者其收入低于最低薪资②。当时巴西的1亿人口中，约有500万人享受着相当于西欧的生活水平，另外1500万人则享有较为富裕的发展中国家的生活水平，其余的8000万人则被纳入拉丁美洲最为贫困的一群。

从时间坐标来看，巴西的收入越来越不平均，收入最低的20%的收入总和占全国总收入的比重从20世纪60年代的3.5%，到90年代已经降为2.3%，相反地，收入最高的20%的收入总和占全国总收入的比重从20世纪

---

① 有关"蛋糕理论"的介绍可参考吕银春：《对巴西经济奇迹的再认识》，《拉丁美洲研究》1994年第4期。

② Sylvia Ann Hewlett, "Poverty and Inequality in Brazil", in Sylvia Ann Hewlett and Richard S. Weinert eds., Brazil and Mexico: Patterns in Late Development. USA: Institute for the Study of Human Issues, 1982.

60年代的54.4%，到90年代已经提高为66.1%，收入最高的10%已经拥有全国财富的一半。

仔细探究巴西收入分配如此不均的原因，在于前文提及的军政府的"先增长，再分配"的经济发展策略。以外资为主的发展方针，却没有带来足够的工作机会，据甄金斯（Jenkins）的统计，20世纪70年代跨国公司在巴西仅雇用50万员工，这些人仅占巴西总经济活动人口的1.7%[①]。此外，军政府为提高产业竞争力、压低生产成本、对付通货膨胀与吸引外资投入，对劳工采取压低薪资政策，使劳工收入不但未因经济增长而提升，反而更为微薄。

依据伊德玛·巴哈的研究，1962～1972年，非技术性劳工的收入持续下降，技术性劳工则获得适度的调薪，而高薪管理阶层的收入则在1966～1972年每年有8%的增长[②]。由此看来，在巴西经济奇迹这一时期内，巴西收入分配不均的情形反而因为经济的快速增长所造成的财富过度集中而更趋恶化。

表5.6 1990～2000年巴西的实际平均收入变化

年份	1990	1991	1992	1993	1994	1995	1996
实际平均收入[a]	104.5	89.0	87.0	95.6	96.3	100.0	107.9
年份	1997	1998	1999	2000	2001	2002	
实际平均收入[a]	110.8	110.8	105.9	104.8	99.6	—[b]	

注：a. 以1995 = 100；b. 未有统计。
资料来源：Economic Commission for Latin America and the Caribbean (ECLAC), "Economic Survey of Latin America and the Caribbean, 2003 - 2004 and 1998 - 1999", United Nation ECLAC Website, 28th December 2006, http://www.eclac.cl/cgi - bin/getProd.asp? xml =/de/agrupadores_ xml/aes252.xml&xsl =/agrupadores_ xml/a16l - i.xsl&base =/tpl - i/top - bottom.xsl.

---

① Rhys Jenkins, Transnational Corporations and Industrial Transformation in Latin America. N.Y.: St. Martins Press, 1984.
② Sylvia Ann Hewlett, "Poverty and Inequality in Brazil", in Sylvia Ann Hewlett and Richard S. Weinert eds., Brazil and Mexico: Patterns in Late Development. USA: Institute for the Study of Human Issues, 1982.

巴西国民的实际平均收入在20世纪90年代自由化改革后由于成功遏制了通货膨胀，在1995年终于恢复到1990年的水平；1990~1996年，生活在贫穷线下的人口已经减少12%[①]；但是收入分配并没有明显改善，随着改革的不断深化，实际薪资收入有不断下滑的趋势，由表5.6可以发现，1999年和2000年实际薪资收入已渐渐回到1994年"雷亚尔计划"实施前的水平，并且由于失业率不断上扬，收入分配不均的情形越来越严重，20世纪90年代的收入分配不均问题比20世纪60年代还严重，1997年巴西的基尼系数[②]（Gini Coefficient）接近0.55，是拉丁美洲最严重的国家[③]。

三、巴西社会保障系统的发展和特征

（一）社会保障系统简介

社会保障制度是巴西社会领域的重要制度，保障重点是老年退休人员和工伤、疾病等人员。巴西私人企业的社会保障制度多年来一直实施配额制度，即社会保障基金来源于企业、个人和政府。企业和个人依法按工资的一定比例缴纳，联邦政府负责社会保障基金差额部分的补贴。20世纪80年代以前，由于在职就业人数与退休人员的比重较合理，社会保障金每年呈顺差。但20世纪90年代以来，由于人均寿命的延长和老年人口比重的不断上升，就业者与退休者的比重不合理，以及从事非正规经济人口的增加，导致巴西社会保障金年年出现巨额赤字，成为巴西财政的沉重负担。

此外，参加公共社会保障的人数和比重大幅度下降，也引起政府的关注。

[①][③] ECLAC, "Statistical Yearbook for Latin America and the Caribbean 2000", Chile, Santiago: UN Publishers, 2001.

[②] 基尼系数（Gini Coefficient）是最常用的收入不均指标，衡量的方式是洛伦兹曲线（Lorenz Curve）与绝对均等线所夹半月形面积，占绝对均等线以下三角形面积的比例。基尼系数必定介于0（绝对均等）与1（绝对不均）之间，因为系数越大，表示收入分配越不均，故基尼系数是一种不均度指标。

据巴西瓦加斯基金会社会政策研究中心（Centre for Social Policy Studies of the Getulio Vargas Foundation）主任马塞洛·内里（Marcelo Neri）在2001年6月发表的题为《4000万人没有社会保障》的文章中指出："在私人企业的6400万劳动者中有3950万（占62%）不交纳社会保障金。20%的最贫困者不交纳社会保障金的占96%，20%的最富有者不参加社会保障的仅占16%。在城市，1985年不参加社会保障的人占39%，1999年上升到53%。众多群体不参加社会保障制度，不但减少了政府社会保障基金，更重要的是他们得不到社会的基本保障[①]。"文章还指出，近几十年来，无论是企业还是劳动者交纳社会保障金的比重都不断上升，挣1~3个最低工资的劳动者交纳社会保障金的比重由20世纪30年代的占工资的3%上升到目前的8%，企业所有者为职工交纳的社会保障金由占企业职工工资总额的3%上升到20%。

由于巴西的社会保障系统起始于退休金系统，这种退休金系统是1923年为了保障铁路公司的雇员而引进的。这些工人运送巴西的主要出口产品（如咖啡）。相对于智利、乌拉圭、阿根廷和古巴，巴西是拉美国家中第一个引进社会保障系统的国家。如表5.7所示，巴西的社会保障是以公司的基金形式开始，然后在20世纪30年代发展成为基于职业的机构（Institutos）。这种机构很快在一个又一个职业中开展起来。

表5.7 巴西退休金系统的历史

1919年	工伤法生效
1923年	建立铁路工人的退休基金
1931年	建立公务员退休基金
1932年	建立矿工退休基金

[①] 巴西《2000年4月年鉴》，转引自吕银春：《巴西经济改革的成效》。转引自江时学：《拉丁美洲和加勒比发展报告（2002－2003）》，社会科学文献出版社2003年版。

续表

1933 年	渔民和码头工人退休金机构成立
1934 年	商人和银行雇员退休金机构成立
1936 年	工厂工人退休金机构成立
1938 年	运输业雇员退休金机构成立
1953 年	公务员退休金机构成立
1960 年	颁布社会保障法：自营人员强制加入
1967 年	废除现存机构，建立国家社会福利署（National Social Welfare Institute, INPS）
1971 年	引进农村工人基金
1973 年	家庭工业引进生活保障系统
1974 年	社会保障与劳动部（Ministry of Social Security and Labor）重新组建为社会保障和协助部（Ministry of Social Security and Assistance）
1977 年	引进国家社会保障和福利系统（National Social Welfare and Assistance System, SINPAS），此外将 INPS 纳入 SINPAS
1988 年	新宪法颁布，声称社会保障是人民的权力
1990 年	国家社会保障署（National Social Security Institute, INSS）成立

资料来源：Akiko KOYASU, Social "Security Reform by the Cardoso Government of Brazil": Challenges and Limitations of Reform Ten Years After "Democratization", in The Developing Countries, Vol. XLII, No. 2.

20 世纪 60 年代，在公司和贸易集团的压力下重新组建社会保障服务体系。1966 年职业协会被废除，随后在 1967 年成立了国家社会福利署，它由社会保障和劳动部控制。长期被排斥在社会保障体系之外的农村和家庭（Home）工人在 1971 年和 1973 年被囊括进来。1974 年，在政治管理机构重新组建中，社会保障和协助部作为支持 INPS 扩大服务的机构而成立。1977 年，国家社会保障和福利系统作为将社会保障服务提供给过多人的组织而成立。这个系统的目的是整体管理多种多样的社会保障服务，如退休金（Pensions）、医疗服务和社会协助（Social Assistance）。INPS 被纳入 SINPAS，作为后者的一个部分运作。然而，自从 INPS 管理退休金，它事实上占用了 SIN-PAS 预算的 70%。

理论上，20 世纪 70 年代巴西的社会保障系统覆盖了所有的普通工人。但事实上，实际的受益者即经济上活跃（Active）人群的比重在 1950 年是 20.8%，1960 年为 23.1%，1970 年为 27%。学者奥利维拉（Oliveria）在巴西社会保障历史方面颇有研究，他指出，在社会保障系统方面，他发现"被解放的巴西，富裕的巴西，社团主义的巴西和边缘化的巴西"是并存的。尽管理论上社会保障系统适用于所有职业的工人，但实际上，巴西的社会保障系统仍然是不平衡的，它只使人群中特定的一部分人受益①。

20 世纪 80 年代拉美经济危机期间及之后，巴西的社会保障陷入了严重的财务困境中。事实上，在那 10 年并没有进行大规模的机构改革。1985 年的重新民主化意味着政府不得不解决严重的社会问题（贫困和失业），这些问题都在 21 年的军事政权时期恶化，并且政府还要承诺提供更好的社会服务。例如，政府保证支付与最低工资水平相同的退休金（1988 年宪法第 201 条）并且农村男女工人领取退休金的年龄比总体工人低五年（第 202 条）。这些措施导致了国家社会保障账户的巨额赤字。

（二）社会保障的两大支柱和它们的问题——RGPS 和 RJU

事实上，巴西的社会保障大致可以以工人职业划分为两个不同的种类。第一个叫社会保障一般制度（General Regime for Social Security，RGPS），它覆盖了大多数普通工人（如国有企业和私有企业的雇主和雇员、自营人员、家庭工人和经营小家族生意的雇员）。20 世纪 90 年代 INPS 更名为国家社会保障署（INSS）。国家社会保障署负责管理 RGPS。

---

① 巴西驻伦敦大使馆网页有关于巴西社会保障机构改革和变迁的历史，详情可参阅该网页，http://www.brazil.org.uk，2006 - 12 - 10。

由于人口老龄化和非正式部门的扩大，RGPS 保费收入减少，由此陷入财务危机。但这不是它面对的唯一麻烦。另一个不安因素在于退休金系统的服务年限，这是在 1945 年引入的。在这个系统下，被保险人有权获得与工作年限成比例的收益，而不用管保费支付额的多少。这就意味着，男性工人工作 35 年后，女性工人工作 30 年后，就有权获得退休金。如果他们 13～19 岁就开始工作，当他们 40 岁时就可以收到退休金。刚刚引进时，巴西的平均寿命是 45 岁，这项计划是可以有效运作的，在资金上是可持续发展的。但到了 20 世纪 80 年代，这项计划难以负担经费，因为巴西的平均寿命上升到 65 岁或更高。在 1994 年，INSS 账户开始出现赤字。以实际价值计算，赤字从 1994 年的 40.9 亿雷亚尔上升到 1995 年的 60.8 亿雷亚尔，在 1996 年为 118.7 亿雷亚尔，1997 年为 179.8 亿雷亚尔，1998 年为 655.6 亿雷亚尔，在 1999 年达到了惊人的 810.3 亿雷亚尔[1]。

与 RGPS 相对应的是政府员工养老金制度（Pension Regime for Government Workers，RJU），这种制度适用于军队服役人员，联邦政府、州和市（Município）一级的公务员，及在行政、立法和司法代表处工作的人员。多年来，这个计划不收取保险金。退休后支付的退休金与退休金领取人员退休前的最后工资相联系。根据 1995 年的数据，月平均 RGPS 退休金是最低工资的 1.8 倍，支付给退休的政府部长和前任政府部长的 RJU 退休金是最低工资的 14.6 倍。前任军事人员领取的退休金是最低工资的 19.5 倍，而退休国会议员领取的退休金是最低工资的 54.2 倍。可见，这种不平等十分巨大[2]。

尽管持续支付保险金的期限作为确定领取退休金资格的一个因素被引入，退休期间的工资保证在 RJU 的修正版中仍然完整无缺。1998 年 12 月，卡多佐政府决定将保险金率定为工资的 11%。随后，政府建议将活跃部门公务员

---

[1] Informe de Previdência Cocial, Vol. 11, No. 12, December 1999.
[2] Ministry of Planning, Budget and Management, Boletim Estatístico de Pessoal, No. 51, 2000.

的保险金率提高到工资的20%~25%。政府还建议从退休的公务员中收取保险金。在这个计划下，实际月工资为1200雷亚尔或低于1200雷亚尔的公务员支付工资的11%作为保险金。如果他们的实际月工资高于1200雷亚尔但低于2500雷亚尔，则支付工资的20%作为保险金，收入更高的则支付工资的25%作为保险金。对于退休的政府公务员，对于实际月工资为600雷亚尔或少于600雷亚尔的计划保险金率为零。实际月工资高于600雷亚尔但低于1200雷亚尔的公务员支付工资的11%作为保险金。实际月工资为高于1200雷亚尔但低于2500雷亚尔支付工资的20%作为保险金，收入更高的则支付工资的25%作为保险金。

但是，卡多佐政府始终没能将此项计划付诸实施。1999年1月第二届政府上台时，1998年夏季俄罗斯严重的经济危机已经波及了巴西经济。经济危机使得卡多佐政府的社会保障改革搁浅。

一位精通拉丁美洲退休金改革事务的世界金融经济学家凯恩（Kane）曾做过一项研究，发现了RJU的问题，他指出RJU"违反了水平的和垂直的平等标准"。他写道，公务员的退休金远远高于同样收入的私人部门工人的退休金是不公平的。他陈述道，公务员工资对退休金的比率是私人部门工人工资对退休金的比率的4倍。不仅如此，RJU不用职工缴款的养老金计划从平等的角度来说存在十分大的问题。对于"垂直平等"，他还进一步指出，"公务员是一个有力的通常是组织良好的利益群体，他们试图削减阻碍这些特权的障碍"，由此总结出来这就是巴西很难进行社会保障体系改革的原因[1]。

---

[1] Kane, Cheikh T., "Reforming the Brazilian Pension System", in Do Options Exist? The Reform of Pension and Health Care Systems in Latin America, eds. Maria Amparo Cruz-Saco and Carmelo Mesa-Lago. Pittsburgh, Pa.: University of Pittsburgh Press, 1998.

第二节 卡多佐政府的社会改革措施

面对收入分配不均、失业率日益增高与其他相关社会问题，卡多佐以一个社会民主信奉者自居，他并非不想改革，事实上他1995年一上台就挟其高票当选的民意支持率提出数个宪法修正案。1995年3月，卡多佐政府提出的宪法修改将注意力集中在以批判眼光回顾 RJU 上。宪法修改还提议将员工服务年限替换成基于新的年龄限制和被保险人交保费年数的权利。但是，政府的提议却未能通过。

虽然1995年11月在顺利通过开放外资参与投资国内国营天然资源的"五大修正案"之后，卡多佐政府还立刻提出社会保障改革、行政改革以及税务改革等法案。但是，这些修改宪法法案需要参议院和议会（Chamber）分别举行两次会议，以及需要获得议会3/5成员的支持才行。除此之外，政府修改宪法的提议不会直接由议会商议，而是由宪法修改委员会处理，这个委员会有权力修改政府提议。因此，修改计划先由议会进行两次商议，然后被送往参议院。只是最终受当年有地方选举以及关系各个候选人的群众支持基础而无法通过。最终商议和通过的仅是议会修改的版本。

卡多佐的社会改革议程是以就业、教育、健康、农业、卫生及住屋问题为中心。推行的战略则是紧急行动计划和结构改革并进。在结构改革方面，通过在人力资源上的巨额投资使贫穷的人民有机会脱离穷困，人人有平等的机会追求同等的生活。对于最贫穷与最脆弱的人民立即给予保护与救济。同时推动"社群巩固计划"（Comunidade Solidária）以加速政府对贫穷人口援助计划的效率，避免官僚的僵固性延迟了政府社会福利计划的效果。

第五章　卡多佐政府经济改革对社会发展的影响

卡多佐承认过去中央集权式的社会福利改革计划十分失败，现在应该改采规模较小且非中央化的改革计划，以符合市场与社会的需求，也更符合成本效益。长期而言，还是需要借经济增长与效率来克服贫穷问题。

一、对失业问题的措施

在解决就业问题方面，增加就业机会还是根本解决之道，而经济增长是创造就业机会的最大利器。但当时巴西的就业问题核心不在于无法创造适当的工作机会，而在于所提供的工作机会质量太差。卡多佐指出，"廉价的劳力与丰富的自然资源在新的国际生产模式中不再具有比较优势。"唯有积极提升人力资源才能增加巴西的全球竞争力[①]。

而教育是提升人力素质最重要的工具，巴西的教育问题在于基础教育质量太差，未来努力的方向是积极提升教师的素质与进修渠道、适当教材的选择与分配等。1996年国会通过卡多佐的修宪案，规定州、市政府必须将每年总收入的25%用于基础教育，其中仅有10%由地方直接支出，15%由联邦与地方的每年总收入分配基金给付，这笔经费有60%用于改善小学教师的薪水结构。同时缩减对国立大学的经费补助，目前国立大学占所有大学的22%，却获得80%的高等教育经费，对整体的大学发展不利。

此外，工作机会的创造同样受劳动市场弹性影响，许多公司在经济转型中调整失败，促使地下经济扩张。当前的目标是创造弹性的劳资关系，以协商代替过去烦琐的劳动法规，同时要求劳工法庭重视劳工权利争端更甚于利益纠纷。

对公司课征过高的社会捐税导致许多公司转入非正式经济部门，因此将

---

① Regis Bonelli and Lauro Ramos, "Income Distribution in Brazil: An Evalution of Long Term Trends and Changes in Inqulity since the Mid – 1970s", in Rosane Mendonça and André Urani eds., Estudos Sociais e do Trabalho, Vol. 1. Rio de Janeiro: Instituto de Pesquisa Econômica Aplicada, 1994.

适度调降社会捐税，降低企业雇用员工成本以创造就业机会。同时改变过去计划性扶助大型企业政策，协助中小企业发展，方便取得低利贷款，以创造更多的就业机会。

二、针对社会福利分配问题的举措

针对收入分配不均的问题，有些国会议员认为，可以借由收入重新分配解决贫穷问题，有些则认为，收入重新分配不但不会提高工作效率，还会让企业因为劳动价格的提高而削减工作机会。此外，巴西法律通过利润分享法案，规定企业营利必须与员工分享，但"第十四个月薪"不但无法激励员工工作，而且增加企业成本。

提升最低工作薪资的提案则面临强大的反对压力，虽然这项法案是1988年宪法规定的重要的收入重分配机制。由于社会保障体系的相关退休金水平都是紧盯着最低工作薪资，一旦提高最低工作薪资将会严重冲击社会保障体系的预算，且20世纪90年代后，提高最低薪资水平仅有少数最贫穷的人才会受益，对绝大多数中等收入家庭反而没有裨益。

增加穷人收入的最直接方法就是政府直接补助，许多国会议员认为，政府直接补助效果快，而且不必扩大政府官僚体系，但也有人认为，这不可避免地会造成资源浪费与滥用。当时已有少数地方（如巴西利亚、坎皮纳斯市）已经开始实施小型补助计划，如补助贫童就学的援助计划。但在全国层次上则尚未统一实施。

关于紧急行动的补偿计划，卡多佐政府则希望向最贫穷的国民提供食物援助、临时工作机会、营养和医疗的补助，不过由于对贫户及贫穷的家庭生活水平提升作用不大，受到很多的批评。

当时国会议员较倾向补贴计划而非收入重分配措施，原因是社会补贴计划会增加政府支出，而不必削减政府预算，因此不但不会影响议员本身的利益与其支持者的利益，还有增加收入与贪污的机会，因此广受国会各党派支持。然而政府的立场是尽可能减少支出，以免造成财政过度负荷而影响整体的政府改革，因此行政与立法之间的争议还有待时间来弥平。

社会保障体系的改革是收入重分配最重要的机制，包括退休金、社会救助、健康保险等各个层面的国家防护网。当时的社会保障体系由于过度中央化，且在执行层次表现欠佳，几乎等于是拿现在劳工缴的税去养现在退休的人，1988年宪法又扩大纳入500万名乡村劳工，所需经费更为庞大，过去政府借通货膨胀来减少政府的实际支出，而当通胀问题得以解决时，政府财源短绌的情形也就完全彰显出来。

一直以来，社会保障体系事实上无法减少社会上的不平等问题，因为非正式部门的劳工占了全体劳工的一半以上，却无法领到各项补助，他们才是最需要补助的。而公务人员的退休年限与退休金额也是个严重问题。全球平均退休年龄约65岁，巴西则是53岁，所以巴西的退休公务员平均可以比其他国家的公务员多领12年的退休金，加上巴西的公务员和私人企业员工不同，退休后可以领全薪，巴西公务员的薪资水平又远远高于其他国家，不但造成社会不平等，对于政府财政更是沉重负担[1]。

1995年卡多佐总统提出的改革方案，针对上述弊端提出改革，然而由于涉及相关利益影响过大与年底将举行地方选举而遭否决。1996年修正后再度提出，仍然无法获得众议院2/3的票数（308票）支持，稍后巴西民主运动党主要领导人米歇尔·特梅尔（Michel Temer）提出的修正案才在众议院通过并送交参议院。由于卡多佐的执政同盟在参议院拥有较多优势，所以在1997年底通过修正再送回众议院审议后于1998年2月通过。但是这修宪案

---

[1] De Souza, Amaury, "Redressing Inequalities: Brazil's Social Agenda at Century's End", in Susan Kaufman Purcell and Riordan Roett eds., Brazil under Cardoso, Boulder, Colorado: Lynne Rienner Pub., 1997.

与原本政府提案有相当大的差异，表 5.8 显示了基于 1998 年宪法修改 RGPS 和 RJU 计划做出的改变。

表 5.8 社会保障系统修正的要点

RGPS（对于普通工人）	RJU（对于公务员）
·退休金与保险金支付延续的时间有关，与工作时间长短无关（男性工人35年，女性工人30年）。 ·退休金的最高限额定为最低工资的10倍	·所有公务员都要交纳保险金，只有全职公务员才能享有退休金。 针对工作时间长短的退休金已废除。新的规定是保险金支付（男性公务员35年，女性公务员30年）和年龄限制（男性公务员60岁，女性公务员55岁）的结合。 ·只有工作10年且在最后岗位上工作5年的公务员才有权领取退休金。 ·退休金金额与退休时期的工资水平相同

资料来源：引自 1998 年 2 月的宪法修改。

其中，具体有如下规定：

（1）女性需缴纳社会保障税 30 年，男性需缴 35 年方可退休，而不再以工作年限为基准；同时女性退休的年龄下限是 55 岁，男性为 60 岁。

（2）不允许提早退休，依比重提领退休金。

（3）除了小学教师和特殊危险工作环境的劳工外，不得提早退休，此规定也包括军人与法官。

（4）国会议员可以在任期满 8 年后退休，但前提是 35 年的总服务年限与退休的年龄下限条件均需满足。

（5）授权银行和保险公司规划执行免税的私人退休金计划。

修正案和卡多佐政府的原本提案有些差距，使得几个重要内容（如降低退休金基数、缩小财政支出）的条文都已被修正，为了推行政策，卡多佐只好再提出 12 项单一议案（Destaques Para Votação Em Separado, DVSs），企图恢复被修正的部分，然而由于接近年底的总统与州长改选，这些修正不是被否决就是被搁置，等待新的选举结果①。

1999年的金融危机是一个转机，由于举国被财政崩溃的危机笼罩，反而使国会承受庞大的改革压力，卡多佐顺势再次提议已经被否决四次的"公务人员退休基金改革法"，终于在许多国会议员都转向支持下过关。新法调降公务人员的退休金计算基数，削减25%的退休金。

1998年的公共部门退休金赤字达344亿雷亚尔，私人部门的退休金赤字亦达78亿雷亚尔，在这项法案通过后，预计一年可为政府节省26亿美元支出，再加上接下来的退休金课税改革法，对这一社会福利制度确实做了极大的变更。

更重要的是，巴西历经1990年前后的全球化浪潮与贸易自由化的洗礼下已经形成一种新的发展模式。在新的发展模式中，国家退出积极介入生产的角色，改以公共支出刺激经济增长并同时解决教育、医疗服务及贫穷问题。

这个角色扮演的具体实践就是卡多佐"巴西四年前进计划"的提出。"巴西四年前进计划"希望借由投资与预算盈余共存的方法取代过去借通货膨胀来解决一些财政困难无法解决的问题，其中特别强调将经济分配与社会投资置于优先地位。计划中公共部门的投资重心在教育、医疗等部门。

第三节 小结

卡多佐1995年上台时宣称，除非市场经济改革失败，否则巴西的不平等必定会消失。但是从后来的情况来看，巴西的失业率在自由主义改革以后不

---

① Power, Timothy J., "Brazilian Politicians and Neoliberalism: Mapping Support for the Cardoso Reforms, 1995 – 1997", in Journal of Interamerican Studies and World Affairs, Vol. 40, No. 4, 1999.

断升高，尤其受现代技术进步影响较大的制造业部门、资本密集型部门和技术密集型部门，提供较多工作机会的部门则是传统的劳动力密集型和自然资源密集型部门，这样的趋势会对高技术人才造成反淘汰，甚至回复以往依赖发展时期的国际分工，这对卡多佐的改革与巴西未来的经济发展都有深远影响。

次之是传统产业劳工移往服务业，虽然吸收了许多劳力，却未提供较为优质的工作质量，劳工收入并未因此提升，这是隐藏在就业数字之后的严重问题。而提高就业最根本的在于经济增长，然而卡多佐持续受到多边国际金融机构的制约而实行紧缩性的经济政策，难以在短期内解决失业问题。

要根本解决收入分配不均的问题，也在于"既要做大蛋糕，也要妥善分配"。军政府时期已经做大了蛋糕，却没有加以分配，利益由少数人攫取，所以酿成巴西成为全球收入分配最不均等的国家之一，卡多佐政府除了要解决为数庞大的非正式部门劳工问题，还要面临许多制度性障碍，才能将切蛋糕的办法推行，这也是一项艰苦的任务。

这些障碍表面上呈现出来的是国会议员的阻挠，但实际上还涉及许多制度、非制度性的障碍，包括持续性的组织碎裂、官僚僵固以及根深蒂固且涉及层面广大的扈从主义等，都是社会改革窒碍的促成因素①。

至于 2000 年所提出的新发展计划"巴西四年前进计划"，虽然有美好的愿景，但是对于发展与合作的理想显得太过乐观，经济能否增长达到预期是

---

① 除了这些因素以外，民主转型后均对巴西的社会改革形成阻碍。这些因素并非单独产生影响，而是彼此盘根错节，进而使改革的意图在牵一发而动全身的利益纠葛下无法开展。巴西在民主转型后，理应对广大贫困阶级做出更大的改革回应，但是决策者与技术官僚依其专业素养所拟定的改革计划，在扈从主义遍及行政立法部门，利益团体借由扈从网络直接对行政立法部门产生影响，促使改革计划不但不易在国会中过关，甚至在官僚体系中就被封杀或搁置。同时，分裂的政体系也促成政党与政治人物对阶级利益的代表并不热衷，对这些政治人物而言，个人政治利益没有阶级界线。他们宣称能代表贫困民众的利益，却因此促使贫民的问题不但没有解决，还被政治人物扭曲。详情可进一步参阅 Kurt Weyland, Obstacle to Social Reform in Brazil's New Democracy. In Comparative Politics, Vol. 29, No. 1, 1996.

关键，否则一切计划就会变成没有资金的白日梦，对于广大需要资助的贫民而言，只是一张难以兑现的支票。

特别是前文已经讲到卡多佐政府试图修正巴西社会的不平等以及使巴西政府运作更加透明。卡多佐的社会保障改革对于这项政策目标的实现至关重要。那么为什么他的改革没有完成呢？为什么他的政治理想没有被议会认同呢？日本学者Takahashi和Yurico认为，从巴西的政治结构中找到原因。具体地说，问题出在两种公共退休金系统RGPS和RJU的并存。议会内部，两项计划中任意一个的赞成者都猛烈抨击另外一方，这种相互指责阻止了需要进行的争论和商议。最开始社会保障的目的是使得农村或家庭工人和非正式部门的工人成为推动改革的主要力量，他们传统上在社会保障中处于边缘。但是他们没有尖锐地批判RJU体系，因为政治家通过在选举中提供特权和保护使他们保持沉默[1]。

改革失败的另一个原因是卡多佐联合政府的结构和巴西民主化后政党的分裂。从属于卡多佐联合政府的六个政党在社会保障改革方面转向了支持反对方。事实上，在对退休公务员收取保险金的提议上，205名议员持反对意见，187名赞成，7名放弃投票。由于政党的决定对其成员的政治立场没有约束力，因此，统治联盟政党的成员并不总是投票赞成他们的政党或他们所在联合政府的提议。他们最关心的是他们是否还会当选。对于涉及他们利益的问题（如养老金问题），很多人没有站在政党的一方，而是按照个人的利益行事。

在1994年的选举中，卡多佐总统重复指出，巴西不是一个贫穷的国家而是一个不平等的国家。他深知社会民主党声称的建立一个民主社会国家的目标还没有实现。当然，他需要从财政危机边缘拯救社会保障体系，但他最根

---

[1] Takahashi, Yurico, "The Politics of Public Pension Reform in Brazil", in Anales de estudios Latino-americanos, No. 21.

本的承诺是重建公平的巴西社会保障系统和税收系统，这是巴西迈向民主化的一步。当卡多佐得到政权时，他似乎准备冒很大的风险来实现这一目标。另外，他有理由期待他的改革或多或少地顺利进行，因为在抑制通货膨胀过程中，他成功的经济稳定政策——"雷亚尔计划"为他赢得了广泛的支持。除此之外，社会民主党成功地操纵议会争取了尽可能多政党的支持。尽管卡多佐总统具有如此高的期望，他还是不能战胜急需推进的社会保障系统改革所面临的障碍。在重新民主化的10年以后，这项重任仍未能完成。

第六章 卡多佐政府经济改革成效及问题

2003年1月1日,卡多佐把巴西总统的肩带挂在新任总统卢拉身上,这表示他已光荣地完成了其所肩负的使命。卡多佐卸任后,他执政时期所进行的一系列改革,多数被卢拉所继承。虽然卢拉在竞选时经常对卡多佐总统的改革进行猛烈批评,但是在其继任巴西总统后,却没有坚持其之前那种强硬的"左派"主张。相反,他不但没有放弃卡多佐政府的改革方案,而且还落实了许多未完的改革措施。

无论如何,作为一项卡多佐政府经济改革研究来说,本章将力图以客观和翔实的方式,对卡多佐政府执政时期经济改革的成效进行评价。无论是积极的评价,还是批判性的评价,都是卡多佐政府留给我们的最宝贵的思想和经验。

第一节 对卡多佐经济改革的一般评价

正如学者特德·戈策尔(Ted Goertzel)所认为,评价一届政府要考虑三个因素:价值(Values)、事实(Facts)和反事实(Counterfactuals)。我们的"价值"是指我们希望什么事情发生,"事实"告诉我们实际上发生了什么事,"反事实"则是如果实施了不同的政策将会发生什么事。卡多佐和其批评者在价值上并没有多大差别,他们都希望经济能够发展、不平等现象逐步减少、卫生和教育水平不断提高、犯罪率更低、被排斥的社会群体能被普遍接纳等。当然,有一些批评家还是怀疑卡多佐对这些价值的忠诚度,还有一些人甚至怀疑卡多佐是否具有足够的影响力。前一种批评显然是不公平的,可以说,多年来卡多佐始终如一地坚持人道和民主价值。而后一种批评则似乎点到了卡多佐的弱点,就是他不善于传达对民众苦难的同情。他虽然很善于与人进行面对面的合作及管理政府行政机构,但他却不怎么善于发表鼓舞人心的演讲和动员群众。巴西民众对他的普遍评价是:"他诚实、有才干,但他和人们距离却显得遥远[1]。"

事实上,我们经常以卡多佐政府所取得的成就或失败来对他进行评价。虽然我们已经看到了不少这方面的证据,但是值得肯定的是,卡多佐政府改革成效显然要好于他的前任和同时期的邻国领导人。尽管在某些领域,他的成就要比民众的预期小,包括在财政和税制改革、政治改革和司法改革等方面。正如学者鲁宾斯·本哈·奇斯恩(Rubens Penha Cysne)所评论:"到目前为止,税制改革还只是个幻想",而政治和司法改革则更"难以让人满意"[2]。从当时的情况来看,巴西的税制是递减的,所得税占政府收入的比重也是相当小的。卡多佐总统始终认为,巴西的比例代表选举制"需要改变从而加强政治党派和选举人与他们的代表之间的联系[3]。"但是,人们很少听到卡多佐的批评者抱怨这些重要的制度问题,因为反对这些改革的呼声主要来

---

[1] Ted Goertzel, "Eight Years of Pragmatic Leadership in Brazil: A Supplement to: Fernando Henrique Cardoso: Reinventing Democracy in Brazil", in Ted Goertzel's Website: http://crab.rutgers.edu/~goertzel/fhc.htm, November 1, 2006.

[2] Rubens Penha Cysne, "Macro – and Microeconomic Aspects of the Reforms", in Renato Baumann, eds., Brazil in the 1990s: An Economy in Transition, New York: Palgrave, 2002.

[3] Fernando Henrique Cardoso, "Mensages ao Congresso Nacional, Introducção", Precisa de Mucanças que Fortaleçam ao Mesmo Tempo os Partidos e o Vínculo do Eleitor com seus Representantes.

自国会和强大的压力集团,没有哪些人愿意与他们作对。

人们经常会听到卡多佐政府的批评者抱怨卡多佐,说他没有充分重视和投入足够的资金在社会计划上。但事实上,这种批评和抱怨确实是站不住脚的,因为这种负面的批评只简单把焦点放在来自社会部门员工的工资和福利的下降上。如果我们把目光放在社会计划的开支而不是工资水平上,我们将不难发现,实际上卡多佐执政期间社会计划的开支是在逐步提高。如表 6.1 所示,按照法律规定,2/3 的社会计划支出用于社会保障福利金,并且用于卫生、教育、住房及城镇发展的支出也大幅增加了。

表 6.1　巴西联邦政府的社会计划支出(不包括工资支出)[①]

(2001 年 6 月的 10 亿雷亚尔)

年平均数 时期	社会保障 (2001 年 6 月的 10 亿雷亚尔)	卫生 (2001 年 6 月的 10 亿雷亚尔)	教育 (2001 年 6 月的 10 亿雷亚尔)	劳动福利 (2001 年 6 月的 10 亿雷亚尔)	住房及城镇发展 (2001 年 6 月的 10 亿雷亚尔)	社会计划总支出 (2001 年 6 月的 10 亿雷亚尔)	联邦总支出 (2001 年 6 月的 10 亿雷亚尔)
1990~1994 年	28.4	7.1	4.3	4.5	0.1	44.5	72.4
1995~1999 年	62.6	15.6	9.0	5.8	0.4	93.4	139.6
增长率(%)	120	118	112	28	208	110	93

资料来源:巴西财政部。

事实上,卡多佐总统本人非常讨厌那些用支出数额来衡量政府工作的批评家们。他认为,重要的不在于支出多少而是取得了何种效果。花费更少的钱而得到更好的效果,那就已经很理想了。政府计划的目的不是尽可能创造更多公务员岗位,而是要取得实质成效。正如卡多佐的妻子鲁斯·卡多佐

[①] 此表转引自巴西总统办公室负责人 Eduardo Graeff 的幻灯片,此幻灯片具有英语和葡萄牙语两种版本,具体载于网页,http://crab.rutgers.edu/~goertzel/fhc.htm, November 12, 2006.

(Ruth Cardoso)所说,他们就职后就发现没有哪一个领域只多花费一些开支就能得到好的结果。他们也试图将大量的精力投入改善社会计划的管理,力图使管理更具成效,而不是单纯地坚持某一套官僚规则①。可以说,卡多佐政府所施行的大部分改革项目的结果都是可测度的,在他执政期间社会指标明显有所提高。当然,他还有很多事情没有完成,需要继续努力。只是资源也是非常有限的,而且还有很多法律和政治在制约着它们的使用方式。所以,只要根据以上事实,我们认为指责卡多佐政府没有重视社会计划,显然是很不公正的。

事实上,卡多佐的批评者中很多都是社会学的研究者,他们不甘心接受市场经济学在全球的支配地位,并反对私有化和巴西融入世界经济。在这种情况下,争议就不在于"事实"而在于"反事实",即本来可能发生什么。他们的分歧不可能通过理性辩论得到解决,因为这些分歧都是建立在深刻的意识假设上。正如在巴西南部阿雷格里港(Porto Alegre)召开的世界社会论坛上,筹办方却拒绝世界银行派员以某些"事实"参与辩论。他们认为对"事实"的辨争已经毫无意义了,他们的目标是希望证明"另一个世界是可能存在的"。但是,不容否认的一点是,另一个世界对他们来说,始终还是模糊的,他们知道自己不喜欢什么,却不确定什么属于那个世界。他们说自己不是在"反全球化"(Anti - Globalization),只是赞成"非全球化"(De - Globalization),两者之间有微妙的差别。总的来说,他们反对国有企业私有化,赞成重新分配土地,希望与跨国公司及多边国际金融机构(如 IMF 和世界银行)决裂。基于这种理念,学者皮特拉斯(Petras)和威尔特梅若(Veltmeyer)则更明确地指出,他们认为巴西根本不应该偿还外债,而应该

---

① Ted Goertzel, "Eight Years of Pragmatic Leadership in Brazil: A Supplement to: Fernando Henrique Cardoso: Reinventing Democracy in Brazil", in Ted Goertzel's Website: http://crab.rutgers.edu/~goertzel/fhc.htm, November 1, 2006.

第六章 卡多佐政府经济改革成效及问题

将这笔资金用来安置数百万小农场上的巴西人[①]。他们甚至还希望巴西彻底抛弃私有化,而将主要行业重新收归国有。

卡多佐和大多数巴西人一样,绝不同意巴西的最佳制度选择是资本主义[②]的崩溃。卡多佐相信巴西的最佳选择应该是将强大的市场经济与高效率的社会计划紧密结合在一起。他曾以此思想作为平台而两次当选,因此在对其进行评价时,也应该看到他在多大程度上实现了这一目标。总的来看,我们认为从这一标准出发,卡多佐政府应该说是做得不错的。尽管有时面临重重困难,但是一直以来巴西依然还是成了国际投资者赚钱的好去处。如图6.1所示,大量国际投资者始终选择将大量资金投到了巴西[③]。

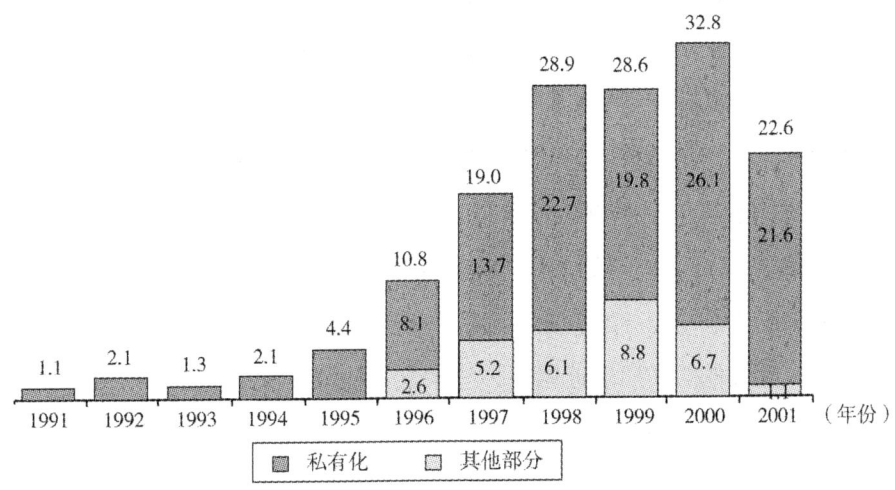

图 6.1 巴西的对内直接投资(10亿美元)

资料来源:巴西中央银行2001年1~9月的数据。

[①] Petras and Veltmeyer, "Brasil de Cardoso: A Desapropriação do Pais, Petrópolis", RJ: Vozes, 2001.

[②] 当然,在卡多佐和大多数巴西人的眼中,私有化、对外开放等都是资本主义市场经济的主要手段。

[③] 此图同样转引自巴西总统办公室负责人 Eduardo Graeff 的幻灯片,此幻灯片具有英语和葡萄牙语两种版本,具体载于网页 http://crab.rutgers.edu/~goertzel/fhc.htm, November 1, 2006.

当然，这并不是说卡多佐政府所做的决策总是正确的，或者说他没有偶尔受益于好运气。显然他应该更早一些让雷亚尔货币浮动，不过这种想法只是事后诸葛亮罢了。如果两次大的危机——银行危机和汇率危机马上到来的话，巴西经济也可能迅速跌至低谷[1]。每个人都可以永远思考一些"反事实"。对此，我们认为，如果1994年卢拉取代了卡多佐而赢得大选，巴西非常有可能遭遇2002年阿根廷一样的金融危机[2]。不过这种判断总带着一些主观色彩，事实上不同的理性人判断也不一样。大多数巴西人在回顾卡多佐执政的8年时，都会比较赞同路易斯·纳希夫（Luis Nassif）的观点，就是：

很多时候（卡多佐）常常是重拳出击以避免制度危机。有时候他的这种姿态却被误认为是胆小。对此，他解释说这是因为总统有避免任何国家危机的制度责任。当整个国家的利益要求他采取强硬态度时，他将绝不犹豫。如果必要，安东尼奥·卡洛斯·玛格汉斯（Antonio Carlos Magalhães）[3] 也会毫不犹豫地放弃掌控联邦权力的计划。确实，卡多佐也犯了不少错误，尤其是在汇率方面。他是一个不够细心的管理者，并且经常成为知识上显现傲慢（Intellectual Arrogance）的受害者。他发现要证明自己与群众团结在一起是非常困难的，因为他的当务之急还不是采取平民论者的姿态。

不过，随着他的任期接近尾声，学术界开始修正对他的评价。旧的政治机器在一些部门的权力已经逐渐被削弱。大多数国有企业已经实行私有化，没有私有化的企业也引入了专业化管理。总统职位不再是一种不可思议的弗洛伊德式制度（Freudian Institution），而是一种有义务步步留心、时时在意的

---

[1] William C. Smith and Nizar Messari, "Democracy and Reform in Cardoso's Brazil: Caught between Clientelism and Global Markets?", for a Discussion of Alternative Scenarios. Available in Jeffrey Stark, eds., The Challenge of Change in Latin America and the Caribbean, Boulder, Colorado: Lynne Rienner Publishers, 2001, or online at http://www.miami.edu/nsc, November 12, 2006.

[2] 尽管巴西2002年也受阿根廷金融危机影响形成小规模危机，但后来在如国际货币基金组织等多边国际金融组织的贷款承诺下，很快得以避免恶化，并且迅速恢复。

[3] 作者注：玛格汉斯为自由阵线党的领导人、前众议院议长。

政治制度，财政责任也在此时成为必然要求。以上这些都是在不分裂国家的情况下完成的，而野蛮的自由主义者则可能会这么做。

如果卡多佐在管理决策方面拥有更果断，他的成就将会更大。我们就不用忍受4年错误的汇率政策和承担在这一时期累积的公共债务。当然，不可否认的是，完美总是良好的敌人①。

2002年，卢拉最终赢得大选。对此，卡多佐以欣然的态度来面对此事。他表示将总统肩带传给劳工党领导人，他是很"激动"的，并反复强调卢拉政府将会继续保持他原先施行的改革政策的"连贯性"，而不是改变它们。他认为，卢拉会继续他在消除饥饿和贫困方面的政策和尊重巴西的国际承诺。他称赞卢拉提出的"对巴西意义重大的连贯性道路"②。卢拉在向金融界做出承诺时，也明确表示要保持政策的"连贯性"，特别是他承诺建立一个自治的中央银行。卢拉还称赞卡多佐政府将过渡时期做得尽可能协调，并声称"我党认为费尔南多·恩里克·卡多佐对政府过渡的部署是有效民主参与的典范③。"

当然，如果是别的候选人赢得大选，卡多佐也会这么做。实际上没有哪一个主要候选人表示要对卡多佐的政策做出巨大改变，他们都建议温和地转向更民主的社会政策方向，放松对财政稳定性的控制，更强调经济增长。他们都不约而同地强调解决就业问题和打击犯罪。但是不可否认的是，这些工作的着力点都需要卡多佐先前成功控制了通货膨胀和稳定经济为基础。正如社会学家伯纳德·索尔（Bernardo Sorj）评论道：

"可笑的是费尔南多·恩里克·卡多佐政府为反对派（左翼政党）新政

---

① Luis Nassif, "Uma obra de arte política", O Estado de São Paulo, 9 March 2002.
② "Um caminho de continuidade que é necessário no Brasil." Folha de São Paulo, October 29, 2002, http://www1.uol.com.br/folha/brasil/ult96u41771.shtml, November 12, 2006.
③ "A Disposição de Fernando Henrique Cardoso de Fazer do Processo de Transição uma Demonstração Efetiva de Participação Democrática Muito Agradou ao Partido", Estadode São Paulo, October 29, 2002, http://www.estadao.com.br/, November 12, 2006.

府创造了执政的条件,至少从他采用了以劳工党为基础的工会强烈反对的稳定政策和实施的改革计划方面来说是这样的……在联合基督教民主主义党派和社会主义党派,学习与自由主义改革共同进步,建立与市民社会的对话,加强社会政策,尊重财政原则的制约和欢迎高生产力的外国投资等方面,巴西的左翼政府应该学习一下智利政府的经验[①]。"

卡多佐当然明白有时候他采取的那些不受欢迎的措施,可以促使继任者朝着社会民主方向进一步发展。不过,所有成功的社会民主制度都是建立在健全的市场经济基础之上,卡多佐同样也意识到巴西必须加强它的财政和经济才可能实施更好的社会计划。因此在执政时期,他还帮助改革了公务员制度和为有效实施社会计划建立了基本框架。此外,他也帮助强化民主实践,保证巴西的发展稳定过渡到下一阶段。

第二节 经济改革的积极成效

一、稳定经济,消除通胀

对巴西人来说,通货膨胀已经成为他们生活的一部分[②]。有学者更认为,巴西的工业化史就是一部通货膨胀与反通货膨胀史[③]。尽管巴西的通货膨胀问题存在已久,但也只是在进口替代工业化开始之后才逐步表现出明显的症状。1994~1999年卡多佐政府的经济政策却给巴西经济带来了显著和深远的影响。

---

① Bernardo Sorj, "A Construção Intellectual do Brasil Contemporaneo: Da Resistência à Ditadura ao Governo FHC", Rio de Janeiro: Jorge Zahar Editor, 2001.
② 多恩布什、赫尔默斯:《如何开放经济》,经济科学出版社1999年版。
③ 张宝宇:《巴西现代化研究》,世界知识出版社2002年版。

第六章 卡多佐政府经济改革成效及问题

正如卡多佐总统将通货膨胀称为"对穷人最残酷的税负"①,卡多佐之所以能当选是因为他在前一届政府时期担任财政部长立下了汗马功劳,因为他成功地控制了巴西的恶性通货膨胀,如图6.2所示。即使批评他最厉害的皮特拉斯和威尔特梅若也不得不承认"卢拉和劳工党在1994年犯的最大错误……是低估了恶性通货膨胀的政治、经济及社会影响,以及卡多佐的稳定经济的'雷亚尔计划'的价值②"。维持币值稳定在卡多佐对巴西的贡献中占据了绝对的中心地位,他一直在兑现他向巴西人民做出的承诺③。

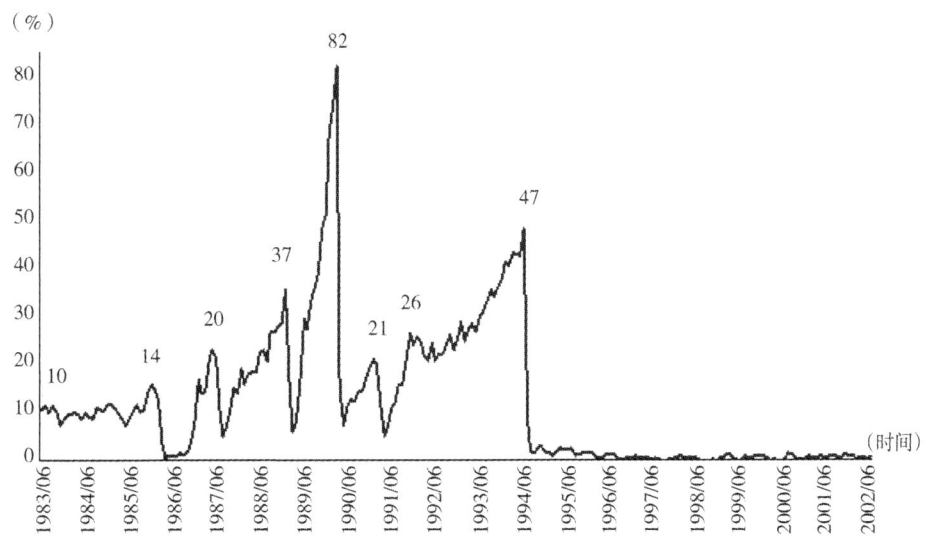

图6.2　1983～2002年巴西的每月消费物价指数变动率

资料来源:巴西地理统计局(Instituto Brasileiro de Geografia e Estadística, IBGE)。

---

① Hoge, James F., "Fullfilling Brazil's Promise: A Conversation with President Cardoso", in Foreign Affairs, Vol. 74, 1995.
② Petras and Veltmeyer, Brasil de Cardoso: A Desapropriação do País, Petrópolis, RJ: Vozes. "Um dos maiores error cometidos por Lula e pelo PT, em 1994... foi subestimar gorsseiramente to impacto social e politico da hiperinflação e o plano de Cardoso para estabilizar o valor do Real."
③ 此图同样转引自巴西总统办公室负责人 Eduardo Graeff 的幻灯片,此幻灯片具有英语和葡萄牙语两种版本,具体载于网页 http://crab.rutgers.edu/~goertzel/fhc.htm, November 1, 2006。

图6.2中显著摆动的曲线记录了巴西新近历史上的很多大事：1987年"克鲁扎多计划"失败，1988年"布雷塞尔计划"失败，1989年"夏季计划"失败，1991年和1992年"科洛尔计划"失败，1994年卡多佐的"雷亚尔计划"成功。自1994年以来曲线保持稳定，掩盖了1999年"雷亚尔计划"的问题，当时投机者一直迫使卡多佐允许雷亚尔对美元的汇率浮动，巴西人普遍担心卡多佐已取得的成就因此而付诸东流，国家又回到恶性通货膨胀和经济衰退的局面。此时，皮特拉斯和威尔特梅若甚至指责卡多佐将国家引向了衰退和停滞，并指出了危机的后果。但是卡多佐和他的团队最终还是带领巴西渡过了1999年的危机，没有像多数批评者所担心的那样，回复恶性通货膨胀的局面。

然而，经济的稳定不是说没有代价的。1999年前三个季度，巴西处于温和的衰退状态，GDP增长率分别为 -0.21%、-0.65%和 -0.41%。不过，到了1999年第四季度，GDP的增长率为正（0.79%），2000年最后两个季度和2001年第一季度GDP增长率超过了4%①。由于电力危机、美国网络股的崩溃以及阿根廷经济崩溃的影响，2001年的后三个季度巴西的经济令人失望。幸运的是，美国的经济很快恢复了，由于汇率制度不相容，巴西和阿根廷的关联也降到了最低。2001年底巴西的经济增长率为2%左右②。

卡多佐执政的8年里，巴西的人均GDP增长缓慢，各年之间差异很大，如图6.3所示③。随着经济稳定计划的成功实施，1993年开始出现了一段高

---

① Fernando Henrique Cardoso, "Sete Anos do Real: Estabilidade, Crescimento e Desenvolvimento Nacional". Brasilia: Prêsidencia da República, 2001.

② Fernando Henrique Cardoso, "Mensagem ao Congresso Nacional", Brasília: Presidência da República, 2002, p. vii. 下载自网页 http://www.planalto.gov.br/publica.htm, December 10, 2006.

③ 此图是根据巴西地理统计局（IBGE）的数据制作而成的，具体数据可参考巴西地理统计局网页，http://www.ibge.net/home/estatistica/economia/contasnacionais/tabela5.shtm, December 10, 2006.

速增长的时期。那些年确是振奋人心的几年，进口产品很便宜，工资增长了，每个人看起来都过得很好，没有什么账单需要支付，但这背后也是人为高估的雷亚尔价值在支撑。国家是以它不能承受的方法在运转，它依赖高利率的债务。卡多佐注意到这个问题，并试图让国会提高税率削减开支，但是在一切看起来都很好的情况下很难唤起人们的危机感。经济学家建议降低雷亚尔的价值，但卡多佐和他的顾问不愿这样做，生怕再次点燃通货膨胀的熊熊烈火以及影响卡多佐1998年再次当选。经济压力不断增加，直到1998年俄罗斯经济崩溃导致了1999年的货币贬值。货币贬值之后，经济才又慢慢恢复了增长。

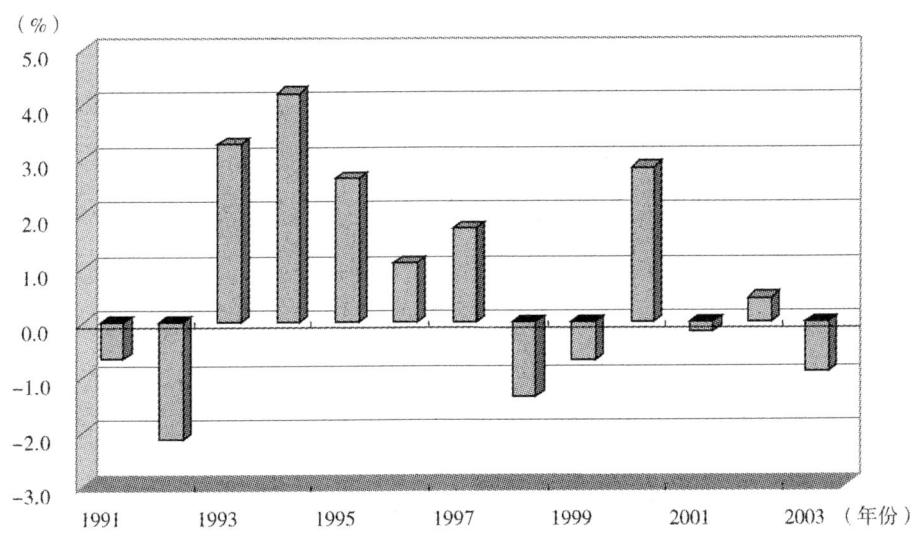

图6.3　1991~2001年各主要年份的人均GDP的变动率

资料来源：巴西地理统计局（IBGE）。

可以说，"雷亚尔计划"成功解决了巴西经济30年来最大的问题：通货膨胀。利率平稳下降至一位数是前所未有的重大成功。决策者也终于能够运用货币政策工具作为一个有效的手段，投资者恢复了对这个国家的信心，巴西物价开始变得平稳。1999年的贬值危机是一场很大的冲击，但是成功的事后处理与随后实施的通货膨胀目标机制使巴西经济迅速恢复正常。

因为经济体制的转变，这段时间还发生了结构性的变化。发展私有化，经济对外开放，贸易自由化，金融体制的改革，财政的调整，促进了巴西的工业发展，提高它的劳动生产率和竞争力。这些使国家经济更为稳定，在一定程度上，对外部危机更具抵抗力。最好的例子便是2001~2002年的阿根廷危机，尽管对巴西经济有负面影响，但并没有扰动。实际上，阿根廷危机应比俄罗斯危机更具影响力，因为巴西与阿根廷这个邻国有更紧密的联系。非常显然的是，卡多佐政府财政金融政策的主要目的是稳定经济和金融，积极规避亚洲金融危机和之后来自拉美金融危机的冲击。如果不是来自外部的剧烈冲击，流入巴西的资金减少，卡多佐政府也不会轻易采取紧缩财政政策。

从巴西和许多国家的实践都证明，贫困阶层是通货膨胀的最大受害者，是贫困加剧和收入分配两极分化的主要原因。经济的稳定发展从两个方面有利于缓解贫困和收入分配的两极分化程度。

首先，经济的稳定发展意味着就业的增加，较为充分的就业也意味着贫困阶层收入的增加，贫困阶层比重的下降。

其次，由于经济的稳定发展，政府的财力也会得到相应的提高，政府有可能从社会的各个方面对贫困者进行救助，最终减缓贫困[1]。也正因如此，卡多佐政府施行的"雷亚尔计划"一直都以抑制通货膨胀为主要目的，力图使贫困阶层的生活有所改善，贫富差距有所缩小。1999年发生金融动荡，货币大幅度贬值之时，政府始终将消除通货膨胀作为政府各项经济改革政策的重要目标。

总的来说，卡多佐政府执政的8年，在稳定经济、控制通货膨胀方面，

---

[1] 吕银春：《经济发展与社会公正——巴西实例研究报告》，世界知识出版社2003年版。

是有作为的。他的政府逐步开始实施了私有化,通过私人投资来促进经济。虽然经济增长比较慢,并且在执政后期还出现了金融危机。但是,不可否认的是,卡多佐政府在体制方面的改革是进步的,对市场和政府各自应在经济中扮演何种角色、发挥何种作用的理解和实践,已比以前进了一大步。

二、对外贸易和吸收的外资大幅度增长,与世界经济接轨的程度日渐提高

1994年卡多佐执政后,巴西的进出口贸易额都大幅上升了。1995~1998年巴西出口总额接近2000亿美元,其中1997年达到530亿美元,创历史新高。同一时期进口总额接近2200亿美元,也是1997年最高,为600亿美元。1995~1999年贸易逆差为200亿美元左右,1998年对外贸易情况好转,随着雷亚尔的贬值1999年巴西结束贸易逆差状态。只要刺激出口措施继续实行,雷亚尔对美元的汇率保持低水平,这种增长趋势就会得到保持,具体如图6.4所示。

但是巴西在国际贸易中的份额还不算很大,出口额只占世界总出口额的1%。而经济总量只有巴西一半的墨西哥却占了世界出口额的2%。同样地,巴西的商品服务出口额占巴西GDP的6%,而智利的这一比例却为26%。

另外,我们从图6.1可以看到1991年以来巴西的直接投资总额状况。卡多佐政府执政时期,巴西的直接投资总额呈现稳定上升,这表明卡多佐采取的措施成功地引导了外国投资者将巴西作为世界经济的一部分。学者弗莱舍(Fleischer)曾指出,"雷亚尔计划"实施以来的10年间,已经产生了很多赢家:投资者——在直接投资上获得399%的回报;银行——利润增长了1039%;关税——增加了255%[①]。

---

① Fleischer & David, "Weekly Report", in Brazil Focus, 10 July – 16 July, 2004.

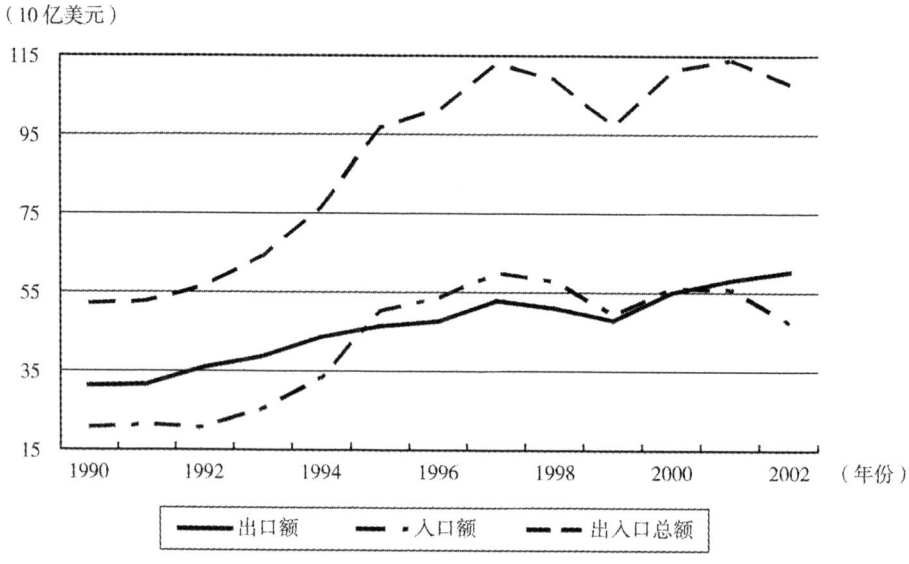

图 6.4　1990～2002 年巴西的对外贸易发展趋势图

资料来源：巴西外贸部（Foreign Trade Secretariat，SECEX）和巴西发展、工业和对外贸易部（Ministry for Development，Industry and Foreign Trade，MDIC）。

最后，值得强调的是，在卡多佐总统执政时期，在拓展对外经济关系和国际生存空间，扩充巴西的战略伙伴，扩大巴西对世界市场、技术与投资以及双边及多边活动的参与方面，做了大量的工作。卡多佐政府的经济外交策略与巴西民族利益之间的关系是紧密结合的，且巴西的外交政策具有实用主义色彩。

由于经济全球化浪潮席卷世界各国，世界经济已在生产、贸易与金融领域呈现出高度的国际化态势，各国经济之间已逐步形成合作与竞争交织的发展机制与利益格局。因此，卡多佐政府在此时也深切地体会到，以国家而言，巴西必须加快与世界经济互补互接。同时，从国内的情况来看，因为对外开放的趋势进一步增强，卡多佐政府也认识到巴西只有一方面大力吸引外资，以加速经济发展和扩大就业；另一方面，还必须继续拓宽国外市场，以扩大产品销售。整个巴西已认识到世界对于自己发展的重要性。正如卡多佐本人的说法：我们选择的是我们的战略伙伴，以及那些已表明未来可以成为我们的伙伴的国家。时任外交部长路易斯·费利佩·兰普雷亚将巴西当时的外交政策目标归纳为如下五个方面：①巩固和扩大南方共同市场；②加强同世界经济三极，即美国、欧盟和日本的关系；③积极发展同亚太国家的关系；④加强同中国、俄罗斯和印度的关系；⑤主张修改联合国宪章和改变安理会成员组成，并争取加入安理会[①]。

也正因此，自卡多佐总统上任以后，就频频率团出国访问，每到一个国家，他都要与东道国领导人进行会谈，向公众发表演说。目的旨在向全世界说明巴西对世界的看法，说明巴西的形势及未来的发展前景，以改变因军政府统治和外债以及恶性通货膨胀而损害了巴西的国际形象。他还与各国签订多项经贸、科技与文化协定，以吸引外资和推销产品。例如，在1995年上任不久，卡多佐总统就率团对中国进行国事访问，并与中国签订了多项合作协定，涉及卫星技术、植物检疫、水电合作、科技合作和人才交流、空间技术及广播电视等多个方面，力图拓展与中国的关系，以进一步推动中国、巴西之间的合作与交流，加深两国人民的相互了解。除此以外，在他访问中国行程中加插了访问中国澳门这一中巴关系的"桥梁"和"平台"的安排，也显现了卡多佐政府在处理对外关系方面的成熟和睿智。此举无疑同时增进了中国与巴西、葡萄牙与巴西的关系，而且还为巴西在发展与远东地区经贸关系寻找到了一个"桥梁"和"平台"。

三、经济体制发生巨大变化，企业的竞争能力得以提高

由于卡多佐政府继续实施经济对外开放政策，巴西的经济体制从计划经济

---

① 张宝宇：《评卡多佐的"总统外交"》，《拉美调研》，中国社会科学院拉丁美洲研究所，1996年2月28日。

与市场经济相结合的模式逐步转向市场经济为主的发展模式。多年来，巴西经济由于政府的垄断和干预，并非是完全意义上的市场经济。经济发展战略转变后，巴西企业拥有生产、贸易、投资、金融借贷、择员的自主权，市场逐渐成为企业发展的主要导向，从而加速企业步入国际金融和贸易市场的轨道。

截至 2002 年初，巴西已完成 72 家联邦国有企业的私有化，78 家社会服务事业机构转让私营，完成 40 家州属企业的私有化，15 家州属企业出售股份。巴西私有化总额超过 1000 亿美元，其中企业私有化收入 853 亿美元，转移国家公共债务 180 亿美元。由于私有化的顺利进行，政府可以集中更多的资金关注教育、卫生、安全、住宅等社会保障和福利事业部门的发展[①]。

同时，国有企业私有化的转变，也使企业的生产状况得到改善，效益得以提高。例如，在私有化前，巴西的铁路有联邦和州属铁路 28700 千米，其投资严重不足，服务质量差，运输量小，亏空十分严重。1996～1997 年实施私有化后，铁路货运量增长 37%，部门营业额增加 75%，2002 年运输营业额可望达到 40 亿美元[②]。又例如，巴西全国钢铁公司私有化前累积债务已达 20 亿美元，资金紧张甚至付不起电费，工人经常罢工。私有化后经过广泛重组，劳动生产率得到大幅提高。1991 年 320 万吨的产钢量和 16 亿雷亚尔的营业额，到了 1996 年已经分别增加至 410 万吨和 26 亿雷亚尔。该公司比先前扩大了经营范围，并且也参与了 Light 电力公司、联邦铁路公司和多西河谷公司的私有化，购买了这些企业的许多股票。到 20 世纪末其投资额已达到 10 亿雷亚尔，其中 2.6 亿雷亚尔用于建设一个火电厂，其余部分用于沃尔塔雷东达钢厂的自动化改造，以及设立了一些新的子企业[③]。

此外，实行经济对外开放以后，政府减少了对企业产品的市场保护和对

---

①② 中国驻里约热内卢总领馆经商室：《巴西国营企业私有化进程及成效》，中华人民共和国商务部网页，2002 年 11 月 19 日，http://riodejaneiro.mofcom.gov.cn/aarticle/ddfg/qita/200211/20021100048831.html，2006 年 12 月 23 日。

③ 张宝宇：《巴西现代化研究》，世界知识出版社 2002 年版。

经济的垄断，企业为了生存必须对自身结构进行适应国际市场的调整，必须应用先进的国际管理理念来管理企业，必须引进世界上最先进的科学技术，提高在国际市场上的竞争力。这对于增强巴西的经济实力是个极大的推动。

四、政府职能开始转变，趋于注重社会领域的发展

政府职能的改变与巴西经济和社会发展的根本改变息息相关，只有根本性的改革才能最终实现社会领域的发展。正是由于国有企业私有化进程为政府职能的转变创造了条件，政府的职能才有可能逐步转向社会领域，进一步加大对社会领域的投资，推动社会领域的发展。同时，在减少对经济直接干预的同时，政府将发展教育、注重医疗卫生、改革社会保障制度、关注失业、关注贫困阶层和缓解收入分配不公提到政府的议事日程，使之适应巴西未来经济发展的形势，逐步协调经济和社会发展的步伐。例如，为提高巴西的竞争力和降低社会领域落后的状况，1996年8月政府制订"巴西行动计划"，计划投资总额543亿雷亚尔，其中社会领域投资占该计划总投资额的55%。在社会领域中，为创造就业的投资达到71.4亿雷亚尔，教育投资17.83亿雷亚尔，卫生投资23.82亿雷亚尔，住房投资51.76亿雷亚尔，社会环境投资26.65亿雷亚尔。该计划完成后创造了大约150万个就业机会，其中绝大多数就业机会是为非熟练劳动人口的贫困阶层创造的[①]。

总的来说，卡多佐政府的经济改革政策，使社会政策的指数在市场经济的框架内整体获得提高，并且他们也深知社会政策不能以牺牲经济稳定为代价，政府对市场只是起着一种管理的作用。经济市场化以后，政府最紧迫的是优化管理机制，而不是像以前那样直接干预生产。当然，政府不直接干预并不意味着政府放弃对经济的管理和政府在经济领域无所作为。政府依然要

---

① 吕银春：《经济发展与社会公正——巴西实例研究报告》，世界知识出版社2003年版。

注重宏观调控，制定和颁布有利于私人企业发展的法令法规，加强基础设施建设，降低企业成本。

五、宏观调控能力得到加强，经济保持稳定发展

（一）加强中央银行的职能，并以合适的金融及货币政策作为辅助手段，强化联邦政府对宏观经济的调控能力

一段时期的经济繁荣曾一度掩盖了巴西各级政府财政赤字增长过快、公共债务过度累积和投资规模过大、项目过滥的潜在问题，这些已经严重制约了巴西联邦政府对经济的宏观调控能力。对此，自卡多佐政府执政以后，就大力着手施行以整顿国内财政制度为主的经济改革方案，加强了联邦政府对经济的调控能力，力图为巴西经济平稳发展奠定一个良好的基础。

以往的巴西各级政府都通过发行大量公债或者到国外寻找商业借贷及国际融资来保持财政平衡，偿还到期的外债和弥补巨额的国际收支赤字。这虽然有助于缓解燃眉之急，但不断增长的公共债务和居高不下的通货膨胀也日益削弱了联邦政府对经济的调控能力。巴西政府虽曾多次推行紧缩财政的计划，但收效甚微。这使巴西政府意识到，单纯地依靠行政命令来"冻结"物价或"削减财政开支"，只是治标不治本的缓兵之计。卡多佐政府实施的"雷亚尔计划"，则一举切断了这种恶性循环的"经济链"①，并从利率和汇率制度的改革入手，赋予巴西中央银行更大的自主权，使其能够充分运用金融和货币政策等工具来调控国民经济。在卡多佐总统的第一任期内，巴西基本确立了美元和本国货币"有幅度浮动的固定汇率制"。中央银行也将根据经济运行状况及时调整汇率幅度，以保持本国货币币值的稳定。与此同时，针

---

① 吴志华：《巴西加强宏观调控确保经济平稳发展》，转引自张小冲、张学军：《走进拉丁美洲》，人民出版社 2005 年版。

对公共赤字庞大、资金不足和消费过旺的问题,政府也利用了利率作为"杠杆"来控制通货膨胀,吸引国内外资金。1999年巴西爆发金融危机后,政府实行了浮动汇率制,同时采用了"盯住通货膨胀目标"的经济调控手段。这一时期,巴西政府确立了未来3年的通货膨胀预期目标。中央银行根据物价指数的变化及时调整货币政策,通货膨胀压力减轻时,及时降低利率,扩大货币发行量,以刺激生产和消费。

(二)制定和实施《财政责任法》,以法律的形式对地方政府的财政开支作了明确的规范

针对各地方政府为发展本地经济,取得政绩而不计后果扩大公共投资建设,造成地方财政赤字长期居高不下的问题,卡多佐政府1997年出台了《财政责任法》。该法规定:各级地方政府的财政收入必须先保障教育、医疗和公务员工资方面的开支,不得超预算开支,公共债务不得超过法定比例。一旦财政赤字超过一定的比例,地方政府不得招聘新的公务员,不得发放各种奖金,不得申请商业信贷和国外融资,联邦政府也将中止按财政分税制比例拨给地方政府的资金等,直到地方政府财政收支恢复平衡为止。造成地方财政失控的地方政府财政责任人将受到司法机构的调查,情况严重者将处以罚款或受到法律的制裁等。

可以说,《财政责任法》的实施和推行,使巴西地方财政状况明显改善,保证了巴西联邦政府的财政平衡。而自1999年以来,联邦政府年年实现或超额完成国际货币基金组织所规定的目标,2002年,巴西初级财政结算实现盈余,盈余额为523亿雷亚尔,相当于当年GDP的4.06%[1],其中地方政府的

---

[1] 吴志华:《巴西经济改革的成功与失误》,转引自张小冲、张学军:《走进拉丁美洲》,人民出版社2005年版。

初级财政盈余相当于当年 GDP 的 0.79%，扭转了过去由于乱开支造成财政连年赤字的局面。

（三）"国家和私人联合投资"新模式的建立，促成公共部门和私有部门共同发展的合作关系

以往导致巴西难以及时和准确调控宏观经济的一个主要原因是，各级政府公共基础设施建设投资项目混乱，效益低下。许多大型公共设施建设项目常常不是拖了多年不能完工，就是半途而废。国家和地方经济的发展，尤其是公共基础设施建设又十分依赖公共投资。

为了解决这个问题，卡多佐政府从 1995 年起推行经济体制的改革。其做法是：一方面减少政府直接参与生产，从而减轻国家的公共投资压力；另一方面则将有限的资金用于保障重点工程项目的建设，并在 42 项大型公共基础设施建设项目上，首次鼓励私人企业参与投资和项目管理。如此，大大提高了投资的效益，激励了私人投资者的积极性，使得各项投资项目的建设更能得到保障。

正如卡多佐卸任后在一次记者采访时谈道："私有化是一种方法，但不是唯一的方法。各种形式的公司合伙或合作都是可以选择的机制，尤其在利润不足以吸引私有部门且高昂成本难以由公共部门单独承担的情况下，公私营企业合作更为重要。然而，财政约束也不是迫使私人部门和非政府机构参与公共品供给的唯一原因，通过竞争和多样化来提高供给者的效率也非常重要。监管质量对于公共物品供给中的制度安排也相当关键。在一定环境下高效运营的私有企业本身就是私有部门和公共部门发展的一种合作机制。私有部门会从事非即刻盈利的项目，例如参与将萧条的产业区转变为信息技术产业群的活动吗？是的，它们可以，只要它们能够从投资中获得长期收益。换句话说，如果我们不想让私有部门仅是'增长的驱动器'，我们应该努力创

建使私有部门对未来充满信心的商业环境。它们的信心越强,就越倾向于更广泛地参与发展过程中私有部门与公共部门的合作①。"

(四) 经济改革方案多以立法的形式作为基础,有利实现依法改革

一直以来,卡多佐政府所提出的各项改革方案均以法律草案的形式提交国会讨论,经国会批准变成法律后,才加以实施。其好处是在改革前经过充分的讨论,以法律为基础,这样做将可避免反对派和利益集团的干扰,并且可避免形成社会动乱。

例如,巴西在拍卖国有采矿企业和电信企业等大型国有企业时,虽然受到工会组织的反对和抗议,但总体来看,进程还算比较顺利,没有引发剧烈的社会动乱。在私有化前,巴西政府也曾通过公开招标,聘请国内外知名企业资产评估公司对拟进行私有化的国有企业进行资产评估,以防止国有资产的流失,吸引更多私人资本参与拍卖竞标。由于参与收购国有企业的私人企业必须经过资格预审和缴纳定金,拍卖过程采取秘密竞标方式,以争取最好的拍卖价格。因此,实践证明,私有化程序和方式确实是有效的,除个别企业外,国有企业的实际拍卖收入都远远超过了开标的报价,差价为30%~170%。如巴西中西部电力公司的估价为8.7亿美元,实际拍卖收入为15.3亿美元,高出预期价格93%②。

六、社会保障体系的改革取得一定的进展

卡多佐总统上任后,改革巴西的社会保障体系已成为他的首要目标,因为该体系根本上是不公平的,也超出了政府所能承受的财政能力。实际上,

---

① "An Interview with Fernando Henrique Cardoso", Interviewed by Sara Regine Hassett and Christine Weydig, in Journal of International Affairs, Vol. 58, No. 2, Spring 2005.

② 吴志华:《巴西经济改革的成功与失误》,转引自张小冲、张学军:《走进拉丁美洲》,人民出版社2005年版。

巴西存在两套社会保障体系，一套是为政府公务员设计的，对他们也显得非常慷慨大方。公务员退休时可以拿到与他们在职最后阶段的工资一样高的退休金。联邦政府公务员的退休金甚至还会提高20%。他们的退休金还会不断提高以和现职公务员的工资保持一致。此外，他们可以在很年轻的时候就退休，取决于他们的服务年限和年龄，他们通常在55岁或更年轻的时候就能选择退休。女性可以比男性提前五年退休，不过她们的缴费数额是一样的。该体系是公务员的一项重要福利，也吸引了能力很强的人们。不过，它也是由收入更少或者获得更少福利的人们交纳的税款支撑起来的。

另一套体系则是为普通老百姓所设计的，采用现收现付制，福利金相当低。1998年以前来自农村工人的福利金要比城市工人的低，当然现在已经基本平等了。社会保障覆盖面扩大到农村工人可能是巴西进行收入再分配和消除贫困最重要的专门措施。巴西的社会保障还将贫困的老年人和其他退休金体系没有覆盖到的人群纳入其中，但支付的金额却非常低。基本统计数据如图6.5所示。

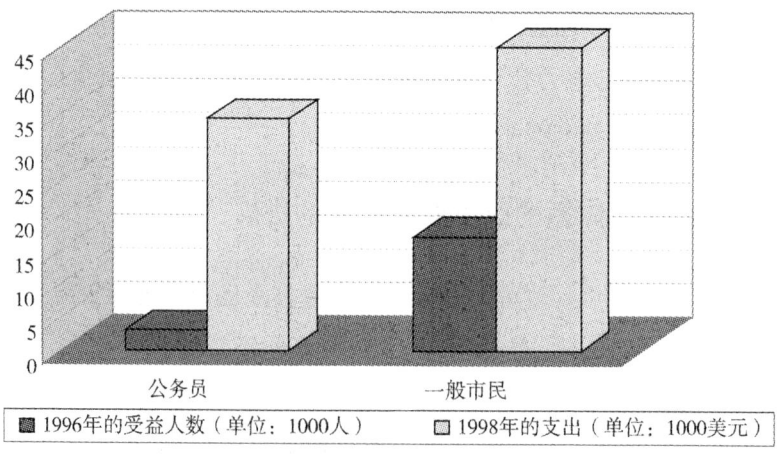

图6.5 巴西社会保障：公务员与一般老百姓受益人数和支出分布

资料来源：Sônia Draibe. "Social Policies in the Nineties", em Bauman, 2002.

如在1998年，有10.49%的GDP用于社会保障开支，其中42.3%支付给只占整个体系受益人15.2%的政府公务员。联邦政府公务员的福利尤其高，22.1%的社会保障收入支付给了只占受益人4.7%的联邦员工。

卡多佐之所以认为巴西不是一个福利国家，而是一个"将穷人的钱拿给富人的病态的福利国家"，主要是因为巴西的社会保障体系不平等。不幸的是，直到卡多佐卸任，这种情况还没有改变，他曾对国会说"要纠正这种情形意味着要付出持久艰辛的努力将巴西从特权群体的控制下解放出来，特权群体从外面包围了巴西和在内部殖民化巴西"。他同时承认，"还有许多仗需要打"，但又声称"在公共开支中要将贫困的大多数人放在首要位置，这一长期的争斗已经取得了一些非常重要的胜利[1]"。

不过，社会保障体系改革遭到的抵制其实要比卡多佐时期的其他任何改革都要大，而且很多旁观者都认为他处理得很糟糕。索尼亚·德雷彼（Sônia Draibe）曾说："这场改革的谈判从1995年持续到1998年底，进展缓慢、令人困惑，政府根本无法掌控……政府没有足够强的政治决心来实施他们的方案——至少看上去是这样——也没有一个取得正式或非正式舆论支持的有效的计划[2]。"

卡多佐政府在第一次执政时期没有成功地推行社会保障体系改革，部分原因可能在于他的很多政治资源投向了争取国会通过宪法修正案，让他能够参与再选。国会的成员受益于公务员体系尤其多，如果他们的福利受到威胁，其他改革就很难取得他们的支持。不过卡多佐没有很好地向公众解释他的改革计划和保证每个人年老时都能获得社会保障的支持。巴西的人口革命很成功，出生率和死亡率都很低，随之而来的是老龄人口的快速增加，供养老人

---

[1] Fernando Henrique Cardoso, "Mensagem ao Congresso Nacional", Brasília: Presidência da República, 2002.

[2] Sônia Draibe, "Social Policies in the Nineties", em Bauman, 2002.

在未来几十年内将同美国和其他国家一样成为一个大难题。

尽管遇到不少难题,1998年10月卡多佐确实成功地通过了部分社会保障体系改革议程。对普通公民的改革内容包括最低工资和缴费年限要求、限制畸高的养老金、取消获得与服务年限成比例的养老金的退休权利。对公务员的改革内容包括限制提前退休和同时规定年龄限制和服务年限要求。此外还对一些畸高的养老金规定了上限。不过,这些改革不足以平衡该体系的收支,更不必说完全改变社会阶层之间的不平等,但可以希望它们为下一届政府继续进行改革搭建起框架。索尼亚·德雷彼对此感到很乐观,并评论道,"在反对改革的政治群体看来前景是一片黑暗的。不过,这其实不算什么,因为他们忍受失败的方式就同他们处理棘手问题一样可疑,他们对从道德和社会角度看都无法辩驳的改革事项一概否决,从社会角度看显然是不公平的落后的立场上作负隅抵抗。其实随之而来的失去政治资本才可能是一场灾难,因为下一轮福利改革的号角已经吹响[①]"。

第三节 经济改革存在的问题

虽然我们已经重点探讨了卡多佐当政时期所取得的一些积极成效,但是事情往往具有两面性。一种改革可能在某一方面取得成效,却也会在另一方面出现瑕疵。例如,卡多佐政府积极推动的对外开放和私有化改革进程,一方面固然提高了企业的运营效率,不过另一方面却也提高了失业率,进一步呈现经济与社会发展失衡,改革成效远远低于预期目标,贫富悬殊的差距继

---

① Sônia Draibe, "Social Policies in the Nineties", em Bauman, 2002.

续拉大以及经济发展不平衡等现象。

总的来说,巴西20世纪90年代那场经济改革的主要失误在于缺乏强有力的政治领导和战略目标,过分强调市场经济作用,忽略了国家对宏观经济的指导和调控作用,并过分强调了经济稳定而忽略了社会发展的要求。

目前,国内外学术界普遍认为,指导巴西经济改革的理论主要来自西方发达国家所倡导的新自由主义理论,采取的改革措施基本上是"华盛顿共识"。美国里根政府和英国撒切尔夫人政府曾运用新自由主义经济理论进行了显著有效的变革。巴西经济制度和经济运行模式与欧美发达国家虽有许多相似之处,但其经济发展历程、发展水平和文化传统与西方发达国家有着巨大的差异。历史上巴西遭受过几百年的殖民统治,其经济以生产少数大宗农产品和矿产品为主,并实行出口欧美市场的单一生产方式;社会上两极分化严重,由少数人组成的"社会精英"和富裕家族挥霍无度,而广大民众却极端贫困,严重的贫富差距扭曲了国内的消费结构和生产投资需求[①]。

一、巴西的经济改革主动和被动地接受以新自由主义为纲,忽视国情,且政策调整缺乏弹性

(一)政府经济决策班子大多毕业于欧美大学,忽略了基本国情和改革的难度

20世纪90年代巴西经济改革之所以采纳发达国家经济学家提出的理论,与国内政策制定者的经历有很大的关系。政府经济决策班子成员基本上是从美国和欧洲大学毕业的年轻博士生,他们在国外对欧美经济理论的研究,在

---

① 吴志华:《巴西经济改革的成功与失误》,转引自张小冲、张学军:《走进拉丁美洲》,人民出版社2005年版。

制定改革政策和措施时习惯于引用西方经济学的理论，并且深信以新自由主义理论为基础的政策可以解决巴西当时的问题。因此，他们不可避免地出现照搬欧美发达国家的经济体制经济政策的倾向，在对本国经济的现状和深层次的经济问题缺乏了解的情况下，出台的企图实现民族经济快速发展以赶上发达国家社会发展水平的一些政策，无法取得预期的效果。

另外，国内经济界和企业界的专家虽然也从不同角度提出了自己的见解和看法，但最终没有形成一个能够被社会广泛接受、反映本国经济发展需要的经济理论。一些主张发展的经济理论却被政府决策班子和崇拜西方经济学的学者们视为"左派激进"主张而不屑一顾。国内经济改革理论研究的滞后使新自由主义和华盛顿共识"乘虚而入"。政府在改革进程中没有及时总结经验、认真研究相关的理论问题，也是造成改革指导思想失误的原因。这说明，在推进改革时，固然需要学习国外的经验和理论，但更需要的是加强对本国国情的研究，总结和创造自己的改革理论，并用它来指导改革①。

（二）在西方发达国家压力下，巴西被迫接受"华盛顿共识"的大部分内容，失去政策调整的弹性

由于巴西每年需要偿还 200 多亿美元的外债，每年需要从国际金融市场融资二三百亿美元来平衡国际收支，因此，巴西的一些经济改革措施在很大程度上不得不满足国际金融资本提出的要求。例如，保持财政收支平衡就是"华盛顿共识"开出的一个"处方"。国际货币基金组织也明确要求巴西每年必须取得占 GDP 一定比例的财政盈余。这些要求虽然有降低巴西国际融资风险的意义，但主要还是为了满足西方发达国家债权人的愿望，以避免巴西债

---

① 吴志华：《巴西经济改革的成功与失误》，转引自张小冲、张学军：《走进拉丁美洲》，人民出版社 2005 年版。

务危机给西方金融体系可能带来的风险。为此，巴西千方百计压缩各种财政开支来实现财政盈余。然而，财政盈余的结果"压抑"了国民经济发展的需求，许多公共投资项目被迫取消。再如"拍卖国有企业、减少国家干预"是"华盛顿共识"的又一"处方"。结果是西方跨国公司通过拍卖国有企业而迅速占领了巴西市场。这些跨国企业着眼于那些市场潜力大、投资回报率高的产业部门（如电信业、IT业等），而对那些投资周期长、利润薄、涉及国计民生的产业部门和市政建设却少有兴趣。然而巴西轻信西方的"劝告"，放弃了国家对重要经济部门的调控能力，已无力增加对这些产业部门和市政建设上的公共投资。实践证明，发展中国家的经济水平发展相对较低，因而在一定时期里通过国家的力量，集中人力、物力和资金发展涉及国计民生的基础设施是十分必要的。在推行市场经济的过程中不能放弃政府对国民经济的发展速度、公共领域投资项目的宏观经济调控能力。

二、在经济改革出现问题时，政府未能及时做出调整

随着改革的深入，新自由主义经济理论指导的巴西经济改革开始出现"水土不服"现象，而巴西政府又未能及时做出调整，因而在随后的改革中难免遇到政治上的阻力和措施上的失误。

例如，保持国内金融市场与汇率的稳定是"华盛顿共识"的基本观点之一。巴西政府按照这种经济理论提出的数学模式，采取高利率政策吸引外资和防止资金外流，以达到稳定汇率从而稳定经济的目的。1995～1998年，巴西银行基准利率分别提高到53%、27%、24%和28%。扣除通货膨胀因素，每年的实际利率分别高达38%、18%、17%和27%，这在发展中国家中是最高的。高利率政策在短期内稳定了汇率，大量外资也被吸引到巴西金融市场。但巴西各级政府铺张浪费、乱花公款的习惯根深蒂固，加上财经纪律松懈，政治干预过多，在此情况下，实行高利率政策必然造成各级政府公共债务的

"猛涨",因为政府没钱就向银行借贷,借贷就要付出高利息,没有钱偿还高利息,就要再借贷,由此引起恶性循环。据统计,巴西公共债务余额从1994年底的2000亿雷亚尔上升到1998年底的4400亿雷亚尔。2001年底又进一步上升到5000亿雷亚尔。对此,政府又没有及时进行相应的调整,便引发了1999年初的金融危机,使刚刚取得的改革成果付诸东流。1994~2000年,巴西公共债务新增3000亿雷亚尔,这相当于同期巴西拍卖国有企业总收入的3倍。拍卖得来的资金不仅没有用于生产性投资,而且全部用于弥补公共债务的漏洞还不够。只有国外投资者从巴西的高利率政策中获得了巨额的商业利润[①]。

三、"爬行钉住汇率制度"加大了经济的脆弱性

与其他国家不同,巴西退出"爬行钉住汇率制度"是在没有经过中间制度过渡的情况下完成的。在亚洲金融危机和俄罗斯金融危机中,巴西政府使用"利率政策"和"外汇市场干预"两种方法来保卫"爬行钉住美元的汇率制度",最后由于外汇储备损失严重而被迫退出。从某种意义上讲,导致巴西退出的那场金融危机是巴西债务危机、财政危机和货币危机等因素共同作用的结果,这些危机的根源之一是始于1994年的钉住汇率制度,以及为了维护这一制度而实行的高利率政策。

(一)长期实行高利率政策给巴西经济发展带来了许多负面影响

一是高利率抑制了国内私人投资,造成经济增长放缓,1994年巴西经济增长率为5.85%,1998年下降到0.5%。二是高利率政策加重了巴西政府公共债务还本付息的负担,1994年,巴西的公共债务相当于GNP的13%,

---

① 吴志华:《巴西经济改革的成功与失误》,转引自张小冲、张学军:《走进拉丁美洲》,人民出版社2005年版。

1999年这一比重高达41%；1994年，巴西的公共赤字相当于GDP的4%，1999年这一比重上升到8%。三是高利率抑制了消费和投资，造成市场萎缩，失业率上升，1998年8月，巴西失业率达7.5%，为15年来最高纪录。四是在亚洲金融危机和俄罗斯金融危机中，为了维持雷亚尔钉住美元的汇率制度，避免资本外流，巴西中央银行不断提高利率，最高达到41%。但是，高利率不仅没有改变资本外流和雷亚尔贬值的趋势，反而进一步加深了巴西的债务危机、财政危机和货币危机，加重了市场的恐慌情绪，使更多资本从巴西市场逃离。在这种情况下，一旦国际金融市场对巴西政府的偿债能力失去信心，不仅可能会造成财政危机，还可能对雷亚尔造成巨大的贬值压力。

（二）过度的外贸赤字和外债，增加了经济风险

外国投资和国际金融机构贷款的多寡已经成为巴西经济发展与衰退、金融健康与危机的重要因素，甚至可以说是决定性因素。巴西经济发展史表明，外国直接投资增加，巴西经济发展就顺利，反之，则困难重重。从20世纪90年代早期100亿~150亿美元的外贸盈余，到1997年出现83亿美元赤字，1995年美国调高美元汇率以后，巴西出口毫无增长，连续出现外贸逆差。1994年巴西经常项目赤字17亿美元，1998年即达到334亿美元，占GDP的4.5%。这就形成恶性循环：越是需要更多外资流入来解决"雷亚尔计划"造成的赤字，赤字就越大。

外贸赤字的结果是巴西的外债包袱越背越重。1979年，巴西所欠外债为539亿美元，1984年为1053亿美元，1999年巴西外债高达2300多亿美元，其中短期负债总额超过了1500亿美元，仅利息负担每年就需要200多亿美元。对于国外债务尤其是短期外债的过分依赖，使巴西背上了沉重的债务负担，不得不长期徘徊在"发展"还是"还债"的两难选择中，最后酿成严重的债务危机，成为金融危机的导火索。

（三）国外短期资市大量流入增大了流动性风险

20 世纪 90 年代，为了保持国际收支平衡，巴西用高利率政策吸引大量短期资本进入巴西金融市场。短期资本投机性强，当一国经济形势好、投资有利可图时，它会大量进入；一旦经济形势恶化，它又会迅速撤出。因此，短期资本的大量进入增大了巴西经济发展中的"流动性风险"。1998 年 7 月上旬，国际游资开始猛烈冲击巴西市场，投资巴西的短期资本不断撤出。1998 年 7 月，巴西还有 23 亿美元的净资金流入，到了 8 月，撤走的短期资本就达 83 亿美元，12 月资金外流 53 亿美元。大量短期资本的流出恶化了巴西的国际收支形势，进一步增加了雷亚尔贬值的压力。

四、外国资本的进入使本国资本受到排挤

从 1996 年起，巴西国企的私有化吸引了外国直接投资开始大量进入巴西。1996 年到 2002 年 4 月，309 亿美元的外国直接投资用于收购私有化的原国有电力、邮电、煤气和金融等部门。如果再加上巴西方面出资的交易，这一款额数还会更高，因为巴西国家银行为外资收购私有化的国企提供很多极低利率的贷款。另外，迅速的进口自由化和极高的高利率使外国资本得以轻易排挤和取代巴西本国资本，大量巴西企业，包括一些重要工业集团被迫关门、出售或加盟于跨国公司。

外资的大量涌入并没有为巴西带来预期的效果。这一期间，巴西本国的研发机构被弃置，而代之以从跨国公司进口技术。巴西的出口仍集中在传统产品——农产品、农产加工品和矿产品，巴西未能增加它在世界制造业产品出口中的份额。另外，外资并没有为巴西带来固定资本投资率的上涨，1999 年（这年外国直接投资额最高达 300 亿美元）固定资本投资率仅占 GDP 的 18.9%。

在极高利率和贸易自由化双重压力下，中小企业大量倒闭；国有企业在被私有化后纷纷减员增效，巴西失业率大幅度上升，由20世纪90年代初的3%~4%上升到90年代末的8%~9%；同期失业人员由250万人上升到760万~800万人。失业率的上升迫使政府加大在社会领域的投资，使政府财政赤字增大，并由此引起一系列负面的连锁反应。

第四节　功大于过的改革

2003年1月1日，卡多佐结束了他的总统生涯，并与其继任者卢拉保持着友好的关系。他接受邀请成为联合国特别顾问，并计划写两本书：一本是他担任总统的经历对领导能力而发的感悟，另一本是评述当前发展中国家面临的问题。卡多佐任期结束时各界评论不一，有的说他已经完成了大部分内容，有的说他还有大部分没有完成。

总的来说，卡多佐时代确实深刻地改变了巴西，也许经过多年的历史沉淀和积累，我们才能尝试客观地评价他的功过。1993年正值巴西遭受高度指数化这种特殊形式的恶性通货膨胀的第六年，恶性通货膨胀已经击败了五个非正统稳定计划："克鲁扎多计划"、"布雷塞尔计划"、"夏季计划"、"科洛尔第一计划"和"科洛尔第二计划"。20世纪80年代巴西先后三次宣布拒绝偿付外债后，当时即将担任财政部长的佩德罗·马兰排除万难，在所谓的"布雷迪计划"框架内对外债的谈判取得了成功。

卡多佐总统引入了一系列巴西人长时间都不能习惯的创新。也许最重要的是，巴西在一位总统的领导下经历了一次比较长时间的民主状态，在总统的旁边，各种制度机器（反对派、政党、司法体系、市民社会等）均一一发挥着自己的职能，从没有中断或遭破坏。

尤其在经济方面，卡多佐政府最伟大的胜利就是物价稳定，除了1995年通货膨胀率达到22.41%。此外，最坏的年度要数2002年，因为那时正值卡多佐即将离任，通胀率达到12.5%。

卡多佐任期结束时的通货膨胀率上升，容易让人认为他的主要经济成就随着通货膨胀上升而失败。我们认为，这种观点显然是错误和不公正的。1985~1994年巴西的年均通货膨胀率为757%，即月通货膨胀率为19.5%，均超过了卡多佐总统在任最后一年的年通货膨胀率。2002年巴西的生产价格指数上升了25.30%，但它衡量的并不是消费者价格，而且其中包含了当年美元升值54%，不能否认美元对这一指标的影响很大。1999年，即雷亚尔大幅贬值的另一年，综合市场物价指数也达到了20.20%，2000年回落到9.95%。如果说卡多佐总统将上涨的通货膨胀率留给了卢拉总统，增加了他的工作量，那么也可以说卡多佐这位前总统才是真正打破了20世纪80年代和20世纪90年代恶性通货膨胀和高度指数化循环的英雄。

在所有经济政策的最终目标——经济增长上，卡多佐却在不断"刹车"（Derrapou）。他的两届任期内年均增长率为2.3%，低于1985~1994年的2.8%（如果1994年被包括到卡多佐执政时期内，则年均增长率上升到2.7%）。一些批评家也将这些数据作为卡多佐政府在经济政策上惨败的证据。不过，卡多佐在经济领域的表现绝非无反驳之力。可以说卡多佐总统是将一个失败的经济模式从保护主义、中央集权统治和干涉主义转变成一个稳定和依赖私营部门的更加开放的体系。但是观念的错误、政策实施的不力和客观遭遇（如1997年的国际金融危机和2001年的阿根廷经济崩溃接连发生）也使经济增长成果难以在卡多佐总统执政时期实现。

无论历史做出什么样的评价，卡多佐政府领导下的巴西有了巨大变化。国有企业私有化（包括州级国有企业的私有化）收入910亿美元，工业企业和矿物企业的出售（如淡水河谷公司、电信行业和部分电力、铁路部门的私有化以及大部分国有银行的出售）。

在电话行业方面，固定电话从1330万部增加到了4940万部，移动电话从80万部增加到了3160万部。在电力部门方面，难以适应变化的模式导致了2001年的电力配给制。在与州和地区政府方面，社会民主党为这些政府的债务重新筹集资金，价值达2050亿雷亚尔。与以前的做法不同的是，联邦政府的这一行动还包括一项严格措施——2000年的《财政责任法》作为补充——迫使州政府和地区政府调整自身的财政账户。

卡多佐政府实施了"鼓励重建和加强国家金融体系的计划"（PROER）修补私营金融体系，该计划以其效率成为国际模式，尽管在巴西它只成为政府向银行家赠送的礼物。

批评卡多佐政府经济政策的人都认为，他灌输了一种错误的模式，但什么是正确的模式却从来没有弄清楚过。批评家们取得一致意见的是："他应该实施一个更有活力的工业政策，关注出口并配以税制改革。"但是批评家们没有详细说明在严格的预算约束下如何为刺激出口提供资金。

人们对卡多佐政府的负面影响争论不休，而这只是个开始。最常见的观点是，他最大的错误是在第一任期内高估了雷亚尔。20世纪90年代，欧洲、拉丁美洲和亚洲有近12个国家放弃了固定或半固定汇率政策，改为浮动汇率制，这一变化常常伴随着削弱或推翻当时政府的动荡。

尽管如批评家设想的这些都是难以避免的，但无论如何，必须承认高估的汇率是外部赤字和公共赤字的来源之一，这两项巨额赤字折磨着卡多佐政府。为了吸引资金以弥补外部赤字，巴西实行了异常高的利率，但是却因此加剧了公共赤字问题。

卡多佐政府在第二任期实施的一项原本可以平衡这些赤字的厉行节约的措施，却没有在卡多佐的第一任期采用。20世纪90年代中期大量外国资本加上卡多佐对那些为再选拉拢成功的政治力量施与的慷慨，决定了事态的发展。政府实现了初级财政平衡（不包括利息支出），但要完全偿还国家的债务必须有正的初级财政余额，直到1997年中，财政状况才有明显改善。但不久后，亚洲和俄罗斯的金融危机接踵而来，使得财政状况再次恶化。在卡多佐的第二任期，随着巴西的经济模式发生了巨大的变化，引进了浮动汇率制和通货膨胀目标制，巴西才实现了巨大的初级财政盈余。

在社会领域，卡多佐加强、巩固和加大了他第一任期规划的一系列计划。全国上下（从地区、州级到联邦级）都建立了直接将资源转移到最贫困的人群的计划，有的受协议约束必须允许他们的孩子上学，而有的不受此约束。几乎所有达到入学年龄的孩子都进入了小学。卡多佐任总统的8年里，巴西的婴儿死亡率从40‰降到了30‰，文盲率也降低了。公共卫生体系下的巴西人达到5000万人，而1994年这一数字为100万人左右。贫困和赤贫人数也稍有下降，但占整个人口的比重看不算有重大进步。平均收入增加了（尽管在第二任期内又下降了），但不平等的状况几乎没有改变。自1988年初的经济停滞发展以来失业率大大提高了。

在政治领域，巴西社会民主党（PSDB）和自由阵线党（PFL）两大党派的流血斗争削弱了支持卡多佐的政治联盟。最终，PSDB提名多面的若泽·塞拉为候选人，但是却被卢拉轻易打败了。

尽管很多人指责卡多佐总统是新自由主义者和追求建立最小化政府的先锋，实际上在他的主持下公共收入和开支都取得大幅增加。如果只考虑联邦政府的初级财政支出（不包括利息），则看到它从1994年占GNP的16.5%增加到了2002年占GNP的21.8%，州政府和地区政府的支出也增加了。在收入方面，税收收入也从GNP的29.5%跳到了34%。

卡多佐政府继承的公共开支增长趋势可以部分解释政府收入和支出的增长，这一增长趋势是因为1988年宪法和20世纪90年代的《统一公务员法》

（Unified Civil Service Law）的要求。卡多佐在任总统期间，初级财政支出（不包括利息）实际年增长率为6%。尤其是他的第一任期，宽松的控制是最重要的因素。另外，也许财政支出的这一扩张也解释了为什么最后人们发现卡多佐政府投资于社会领域（包括土地改革）的资金比大多数巴西人想象的要多。

不管怎么样，由于支出（包括利息）超过收入，卡多佐交付的政府带着巨大的名义公共赤字（包括金融支出）、高额的国内债务（占GNP的57.5%）以及这些因素所导致的高利率和不稳定性。卡多佐经济改革的另一个弱点就是形成了巨额外债，这在他的任期末段出现以货币大幅贬值为代价的根本性减少。

总的来说，对卡多佐执政时期的综合评价是：他传给卢拉的国家要比他任总统时好。当然，决定性的评价应该留给历史。如果他在第一任期更审慎、在第二任期运气更好的话，他传给卢拉的国家当然也会更好。如果当前的事态非常困难，仍存在很多严重的结构问题（如犯罪率的上升和社会保障赤字达到GNP的5.2%），则卡多佐政府执政时期的制度进步和思想进步的影响就更为深远了。如今在巴西，财政和货币责任已不再被认为是社会义务的天敌。这是建立一个成功政府的良好基础，是卡多佐总统在第一任期开始时所不曾拥有的。

结后语

本书试图从历史结构的观点，通过对巴西政治经济发展历史脉络的回顾，以及全球化浪潮下的国内外政治经济结构与角色互动，探讨巴西在卡多佐总统执政8年，受新自由主义影响，实行经济改革的几个问题。先要讨论的问题是：

巴西的改革受新自由主义影响因何而来？是基于简单的政策设计还是在当时特定的环境下不得已的选择？政治经济体系中的行为者又是如何在变迁的结构中互动以促成改革的？

新自由主义式的经济改革在20世纪90年代初期挟着全球化的威力直袭巴西，巴西迫于本身源自20世纪70年代末以来债务危机的财政困窘，只能接受如国际货币基金组织等多边国际金融机构的援助，并进而受其影响，改变原来以国家为主导的生产模式，逐渐退出直接参与生产的角色，转而通过规划、协商与奖励的方式来刺激资本家参与经济发展，国家本身则是以公共支出刺激经济增长以及同时解决教育、医疗服务及贫穷问题来参与发展。

由于国有企业长期以来在各种产业中的垄断地位，使其成为各种政治势力觊觎与瓜分利益的对象，国家本身依靠国有企业作为控制宏观经济的工具，来自扈从网络各方的政治力量的强烈压迫，造成企业冗员与各种不必要的浪费，使得国有企业在全球化的环境下竞争力薄弱，甚至负债累累，增加了政府的预算赤字，进而排挤其他私人部门的投资。而拉美国家的债务危机却使外资对新兴工业国家（NICs）信心大失，使资金大量回流先进工业国家，致使政府资金来源不断减少。政府的财政困难促使国家通过财政支持减弱国有企业的能力。

来自多边国际金融机构的压力（如世界银行和国际货币基金组织）通过对巴西的贷款发挥其影响力，促使巴西对经济决策的掌握能力逐渐减弱，也迫于这些机构的压力必须将原本的企业制度改革方向转向彻底的私有化。但是国家并非完全基于国际压力与财政困难加快国有企业私有化，理论上来说，国有企业私有化的推动符合国家本身的利益，国家完全可以通过将拍卖国有企业的收入来迅速地减少政府赤字，同时减轻政府在推动政治阻力庞大的税务与行政改革时的压力；由于国家财政危机而缺乏资本的企业，也因此获得更多的投资机会。

由此可知，卡多佐政府之所以要大力推崇新自由主义式的改革模式，并不是简单为了推行新自由主义而进行改革，也不是本身的意识形态作祟，而是在当时的国内外政治经济局势下，不得已也是唯一的选择。

整个国家在特定经济发展的过程中，在不同阶段扮演着不同的角色，其意志的形成受限于其国内政策制定过程与政治体制，甚至主要政治行为者的意志与意识形态。而国家的自主性也同样受限于国内社会体系，在全球化时代下更受国际社会体系制约。因此，本书第二个探讨重点在于：

巴西在何种国际环境下朝新自由主义的自由市场经济迈进？国内环境又对这样的政策给予何种反应，是扮演催生的角色还是欲迎还拒？

探讨问题的本质需要追溯其历史的根源与脉络，巴西自20世纪90年代以来的经济改革与发展，在很大程度上是为了应对20世纪80年代债务危机所带来的负面影响。而20世纪80年代的债务，则源于20世纪70年代军政府因为国际经济局势的转变，为了维持政权的正当性而采取扩张性的发展政策所积欠下的债务。

结后语

除了历史脉络导致巴西必须设法寻求出路，该时期特定的国内外环境因素的影响与制约，也着实迫使卡多佐政府必须朝着新自由主义改革的道路大步迈进。

由于巴西自从军政府时期以来即实行通过外资来推动第二阶段进口替代化的策略，采取一种联合国家、外国资本与本国企业的"三方成长同盟"经济发展模式。这种模式以国家为核心，通过外国企业的资金和技术及本国资本合作而达到经济增长的目的。然而，这样的发展模式在20世纪70年代两次石油危机中遇到困境。国际间的经济不景气导致主要工业国家多采取财政紧缩政策，巴西此时为刺激经济增长却反其道而行之，采取扩大内需的"第二次国家发展计划"，资金来源顿时出现问题，国际上适时的石油美元流入逐渐引导巴西走向以债务为主的发展模式。债务高度膨胀和大量印钞来还债，为巴西带来了高度通货膨胀的后遗症，而随着国际石油美元逐渐匮竭与利率高涨，使得巴西借债来发展经济的战略缺陷——浮现。

为了摆脱当时的经济困境，政府转而向国际货币基金组织求援，被迫接受国际货币基金组织所要求的改革要求，实行紧缩性财政政策、削减财政赤字，缩减公共部门的支出，减少出口补贴，并且进一步推进贸易自由化，促使货币小幅贬值等。这些措施的施行也迫使巴西最终不得不往新自由主义经济改革的方向迈进。

在区域经济一体化方面，由于20世纪80年代的债务危机造成拉美国家经济竞争力下降，美国陆续以"贝克计划"和"布雷迪计划"来解决拉美国家的债务问题，促使拉美国家经济制度较为改善，但这些国家也被迫接受援助国的要求，朝更自由化与市场开放的方向前进。

随着欧洲、北美和亚太经济一体化脚步的加快，拉美国家普遍感到加强区域经贸合作的重要性。如果不积极提升自身的经济竞争力，充分利用本身区域的合作潜力，形成更开放与一体化程度更高的市场，势必会被孤立于世界经济体系的外围。巴西正是顺应了这股一体化风潮，与阿根廷、巴拉圭、乌拉圭合组形成南方共同市场，与美国等整合成美洲自由贸易区的计划，都将继续制约与深化巴西未来朝自由市场改革的方向推进。

在国内制度环境方面，由于政党与政治人物只计较个人及区域利益、选举制度及政党属性不清，造成政党体系极端分化，使得巴西的总统制运行常面临许多障碍。卡多佐在推动改革时，由于形成极化的政党体系而无法形成坚固的改革阵线，因此必须不断通过传统的利益交换与职位笼络等方式，才能顺利地推动改革，并且由选举组成的联合政府其实也并不稳定，随时会因不同的议题和利益而出现新的结合或分裂，导致涉及国会议员更根本利益的法案改革均无法顺利过关，也不可避免地阻碍了巴西经济结构改革的进程，随着时间的流逝使这些日积月累的问题更严重。

在巴西国内，执掌立法权力的国会议员分别因为政党、地区等利益而不断转向支持新自由主义改革。除了左派反对联盟以外，这些新自由主义改革的支持者均分散在各个政党，不分右派、左派和中间派；而来自落后的北部、东北、中西部等地区的国会议员则较工业化的南部和东南部州市支持改革。

除了国际环境因素、国内制度结构因素以及包括卡多佐总统本身、当时的国会议员、卡多佐政府的主要经济领导班子成员在内的国内许多个人行为者外，当然还包括其他行为者，如本国企业家、跨国公司、教会、大众传播媒体等，都对新自由主义改革有相当程度的影响。这些为数众多的行为影响者都基于其各自的利益，而选择在适当的议题上支持政府实行新自由主义式的改革。反之，当改革过程侵害到其利益时，退出支持改革的同盟。当时的左派政党虽然持续反对卡多佐的改革，但是由于势力太小而无法在全国性的选举中赢得大选，所以只能迟缓改革进程，却不足以阻挡其他受益于巴西经济自由化改革的利益共同体。所以可以说，在当时的国内外环境的影响下，巴西的改革势将继续深化。

结后语

面对继续深化的改革，我们的第三个问题是：

新自由主义式的改革对巴西经济发展进程而言，究竟是一剂振衰起敝的强心针？还是"一只披着羊皮的狼"？发展进程中出现的政治、经济、社会后果，国家如何因应？巴西经济发展的前景如何？与社会脉络是契合还是对抗？

巴西严重的通货膨胀问题在卡多佐成功推行"雷亚尔计划"后有了一定的遏制效果。"雷亚尔计划"的推行，短期内确实缓和了通货膨胀，低通货膨胀终止了通货膨胀对巴西民众薪资的腐蚀效果，促使数百万穷人重回市场成为消费者。长期而言，"雷亚尔计划"希望借着吸引国内外资金以及缩减政府支出，达到经济增长与改善财政状况的目的，然而也因此造成了巴西经济发展致命的危机。这原本是一个双轨的战略，一方面，借着外资短期填补财政缺口；另一方面，从长期而言，则通过财政结构的根本改革来解决巴西的财政问题，同时对财富进行平均分配。

然而双轨并进的战略却被迫陷入国会内部错综复杂的政治生态，财政结构改革的法案也因此迟迟无法通过，确实迟滞了改革进程，也消蚀了资本的信心。于是，在利用外资解决财政缺口与发展经济的策略单线进行下，造成巴西过度依赖外资，在国际经济体系上呈现出其非常脆弱的一面。在国际局势发生转变，在亚洲和俄罗斯爆发金融危机的形势下，小小的一个政争式的延缓债务给付声明，就差一点击垮巴西近十年经济努力的成果，酿成1999年的金融危机。而由于制度改革的缺陷，也迫使巴西在阿根廷金融危机的影响下促成了2002年的金融动荡，让巴西尚未享受增长的果实前，就先尝到墨西哥的"龙舌兰"（Tequila）式又呛又辣的艰涩苦味。

国际局势的转变给巴西金融危机提供了一个孕育的温床，同样也因国际环境不同，以美国为首的国家对巴西的全力支持，让巴西免于步泰国和墨西哥的后尘而造成严重崩盘。国际货币基金组织和世界银行在1999年初前后答应给予415亿美元的金援,稳定了需金甚殷的巴西金融,由此也稳住了国际资本的信心。

然而对多边国际金融机构的资金依赖却让巴西更难走出金融危机前的经济泥潭,巴西金融危机虽很快告一段落,但问题却一点也没解决,资金短缺仍然严重,负债问题更是让巴西束手无策,亚洲金融危机后,巴西的融资成本不断提升,债务负担也不断加重。2000年巴西公共部门债务总额在GDP中的比重已经达到50%。且由于巴西债务中有将近1/5已经"美元化",1999年初的雷亚尔剧贬,也使巴西的外债多出了近200亿美元,这对短缺资金的巴西来说是一个非常大的负担,即使国际货币基金组织已提供了415亿美元贷款,虽足以解决眼下的困境,但实质上这笔钱对于内外债缠身的巴西并不够。巴西政府如何解决这次直接引发危机的联邦政府与地方政府的到期债务纠纷,也是一个不容忽视的难题,其中既有经济上的因素,也有政治上的原因,如果这些问题不解决,巴西的经济前景依然令人担忧。

资金不足,高利率政策的调整空间有限,虽然明知其对经济的负面影响巨大,却无法不实行这项政策,否则没有资金投入,巧妇难为无米之炊。而偏高的利息同样对本国资本的投资产生窒息效果,于是就形成经济颓势无法挽回的恶性循环。

此外,巴西近年来主要是以雷亚尔和美元挂钩和稳定汇率的方式抑制通货膨胀,但是这一机制很快被打破,通货膨胀将更容易随着巴西本身及国际经济局势的起伏而波动,巴西的经济显得更为脆弱。

同时为了取得国际货币基金组织和世界银行的贷款,巴西被要求迅速调整其财政赤字,然而短时间内将财政赤字调整为财政盈余会加速经济衰退,对于整体的经济发展更是雪上加霜。

巴西政府要想在如此短的时间内,而且如此险峻的经济环境下实现财政盈余的目标也是十分困难的,尤其在雷亚尔贬值后,巴西政府采取高利率政策已对经济增长造成不利影响，此时还要将很高的财政赤字变盈余，可采取的措施更是极为有限。而巴西当时采取的那种传统的增加政府财源与大幅削减开支等做法，着实将会使经济衰退的情形无法避免，使得经济更难以稳定下来。

新自由主义式的改革在经济层面表现不佳，经济自由化的结构转型并没有为巴西解决贫穷和收入分配不均的社会问题，而且有更加恶化的趋势。1994年卡多佐在竞选总统时的演讲中曾指出："巴西已不再是一个未开发国家，但它却是一个不公平的国家。"由他这两句话可以看出巴西在经济发展过程中所引发的社会问题的严重性。

从统计数字看，巴西的自由化改革并没有带来预期的高度经济增长，一切以压制通货膨胀为第一要务的紧缩性经济政策造成经济增长率直线下滑，而伴随经济衰退而来的高失业率，更将巴西的收入分配和贫穷问题推向新高点，至少4000万巴西人生活在收入不足60美元的贫穷线下。

新自由主义式的市场经济改革强调效率与市场竞争力，但同时造成的负面效应就是过度剥削劳工、失业率增加和工作不稳定，加上政府财政困难，许多重要的社会政策（包括就业、教育、医疗、收入重新分配等议题）均被忽略或无法执行，而这些问题的日益恶化反过来又对经济改革的推行造成反效果。

回答完这三个问题，事实上也对巴西经济改革的启动、运作与影响做了一个简单的回顾。巴西的经济改革在新自由主义的影响下，推展已有十来年，卡多佐政府执政时期将之推向顶峰。可以说，这种模式的改革不一定带来丰硕的成果，成为解决经济困境的"万灵丹"；但显见它也并非一定是国际资本大举入侵，并且专事剥削的万恶罪魁，任何改革的结果还应视其所处的情境与历史脉络而定。在巴西的例子中，改革的双轨战略因为国内的政治经济阻力而未竟全功，一轨的跛足蹒跚，让另一轨的躁进拖垮了整体的发展与宏观调控。国际局势的转变让巴西脆弱的制度彻底浮现,金融危机的出现是否将成为经济转机还有赖于时间与空间的继续运行来检验。但是,如果无法真正克服国内险峻的政治及经济困阻,最终将无法完成深度的结构改革,仅解决通货膨胀问题,对巴西未来经济发展显然并不乐观。

参考文献

中文部分

[1] 阿赫塔尔·霍赛恩、阿尼斯·乔杜里：《发展中国家的货币与金融政策》，陈延军等译，经济科学出版社2001年版。

[2] 芭芭拉·斯托林斯、威尔逊·佩雷斯：《经济增长、就业与公正——拉美国家改革开放的影响及其经验教训》，江时学等译，中国社会科学出版社2002年版。

[3] 白凤森：《卡多佐总统谈拉美的经济、社会思想》，《拉丁美洲研究》1996年第4期。

[4] 蔡东杰：《巴西在第三波民主化过程中的转机与危机》，《问题与研究》1999年第11期。

[5] 陈舜英、吴国平等：《经济发展与通货膨胀——拉丁美洲的理论和实践》，中国财政经济出版社1990年版。

[6] 陈子钊、王玉晴、张明蒂：《浴火重生的巴西》，《输出入金融》1999年总第83卷。

[7] 邓国庆：《卡多佐卫冕高原官》，《当代世界》1998年第11期。

［8］多恩·布什、赫尔默斯：《如何开放经济》，经济科学出版社1999年版。

［9］费尔南多·恩里克·卡多佐、恩佐·法勒托：《拉美的依附性及发展》，单楚译，世界知识出版社2002年版。

［10］高鸿业：《西方经济学》，中国人民大学出版社2001年版。

［11］宫国威：《拉丁美洲区域整合之今昔》，《输出入金融》1999年第83卷。

［12］顾莹华：《巴西经济问题产生的背景与原因》，《经济前瞻》1992年第27期。

［13］郭元增：《从讲堂到总统府——记巴西新总统卡多佐》，《当代世界》1994年第12期。

［14］洪朝辉：《全球化——跨世纪的显学》，《问题与研究》2000年第8期。

［15］霍华德·威亚尔达：《新兴国家的政治发展——第三世界还存在吗？》，刘青等译，北京大学出版社2005年版。

［16］江时学：《当代拉丁美洲经济发展》，淡江大学出版中心2004年版。

［17］江时学：《金融全球化与发展中国家的经济安全——拉美国家的经验教训》，中国社会科学出版社2004年版。

［18］江时学：《拉丁美洲和加勒比发展报告（2002～2003）》，社会科学文献出版社2003年版。

［19］江时学：《拉美发展模式研究》，经济管理出版社1996年版。

［20］江时学：《拉美国家的经济改革》，经济管理出版社1998年版。

［21］江时学等：《拉美与东亚发展模式比较研究》，世界知识出版社2001年版。

［22］焦震衡：《巴西经济外交在经济模式转型中的作用》，《世界经济与

政治》1996年第6期。

[23] 李国雄、叶明德:《各国政府与政治》,中国台湾空中大学2000年版。

[24] 李明德:《拉丁美洲和中拉关系——现在与未来》,时事出版社2001年版。

[25] 李玮琪:《力挽狂澜的拉丁巨人:巴西》,《台湾经济研究月刊》1999年第9期。

[26] 刘玉娥:《巴西新总统卡多佐》,《世界经济与政治》1995年第3期。

[27] 吕银春、周俊南:《巴西》,社会科学文献出版社2004年版。

[28] 吕银春:《对巴西金融动荡几个问题的探讨》,《拉丁美洲研究》1999年第3期。

[29] 吕银春:《对巴西经济奇迹的再认识》,《拉丁美洲研究》1994年第4期。

[30] 吕银春:《经济发展与社会公正——巴西实例研究报告》,世界知识出版社2003年版。

[31] 吕银春:《社会保障基金赤字困扰巴西政府》,《中国税务报》,国际税收专栏,2000年5月22日。

[32] 罗纳德·科特:《比较政治学理论》,高铦等译,社会科学文献出版社1997年版。

[33] 罗纳德·奇尔科特、江时学:《替代拉美的新自由主义——"拉美透视"专辑》,江心学译,社会科学文献出版社2004年版。

[34] 罗纳德·奇尔科特:《比较政治经济学理论》,高戈等译,社会科学文献出版社2002年版。

[35] 玛·罗哈:《巴西:新自由主义发展路径与新依附经济》,周通摘译,《国外理论动态》2003年第3期。

[36] 美洲开发银行：《经济发展与社会公正》，林晶等译，中国社会科学出版社 2002 年版。

[37] 美洲开发银行：《拉美改革的得与失》，江时学等译，社会科学文献出版社 1999 年版。

[38] 塞尔索·富尔塔多：《巴西经济的形成》，徐亦行等译，社会科学文献出版社 2002 年版。

[39] 尚德良：《巴西卡多佐政府的内外政策》，《国际资料信息》1995 年第 6 期。

[40] 苏振兴、陈作彬等：《巴西经济》，人民出版社 1983 年版。

[41] 苏振兴、袁东振：《发展模式与社会冲突——拉美国家社会问题透视》，当代世界出版社 2001 年版。

[42] 苏振兴：《拉丁美洲的经济发展》，经济管理出版社 2000 年版。

[43] 苏振兴：《拉美区域经济合作的发展趋势》，《拉丁美洲研究》1993 年第 4 期。

[44] 多斯·桑托斯：《帝国主义与依附》，杨衍永等译，社会科学文献出版社 1999 年版。

[45] 维克托·布尔默：《独立以来拉丁美洲的经济发展》，张凡等译，中国经济出版社 2000 年版。

[46] 吴国平：《21 世纪拉丁美洲经济发展大趋势》，世界知识出版社 2001 年版。

[47] 吴洪英：《浅论巴西地区经济发展失衡与地区开发》，《拉丁美洲研究》1998 年第 2 期。

[48] 肖全政：《政治与经济的整合：政治经济的理论基础》，中国台北桂冠图书股份有限公司 1994 年版。

[49] 雅尼丝、伊利克：《世界秩序变动中的双边关系——巴西与中国》，

张宝宇等译，世界知识出版社2001年版。

［50］亚历克斯·E. 费尔南德斯·希尔贝尔托、安德烈·莫门：《发展中国家的自由化》，陈江生译，经济科学出版社2000年版。

［51］袁东振、徐世澄：《拉丁美洲国家政治制度研究》，世界知识出版社2004年版。

［52］曾昭耀：《现代化战略选择与国际关系》，社会科学文献出版社2000年版。

［53］张宝宇：《2002年巴西形势述要》，中国社会科学院拉丁美洲研究所，http：//ilas. cass. cn/xingshi_ fx/Untitle－11. htm。

［54］张宝宇：《巴西金融动荡对经济的影响》，《世界经济》1999年第4期。

［55］张宝宇：《巴西雷亚尔计划与卡多佐当选》，《世界经济与政治》1995年第3期。

［56］张宝宇：《巴西现代化研究》，世界知识出版社2002年版。

［57］张小冲、张学军：《走进拉丁美洲》，人民出版社2005年版。

［58］钟世静：《良药苦口？——备受批评的IMF金融纾困贷款方案》，《国际金融参考资料》1999年第44辑。

［59］周长城：《巴西总统、社会学家卡多佐》，《社会》1996年第5期。

［60］周长城：《新依附理论：卡多佐对传统依附理论的挑战》，《社会科学研究》1997年第4期。

［61］周世秀：《论中国巴西建交及两国战略伙伴关系的重要意义》，《湖北大学学报》（哲学社会科学版）2004年第4期。

［62］周志伟：《南方共同市场运行十周年回顾及展望》，http：//ilas. cass. cn/BVNews/admin/file/33/nanfang. pdf。

英文部分

[1] Abraham F. Lowenthal, "Partners in Conflict: The United States and Latin America in the 1990s", Baltimore, Maryland: The John Hopkins University, 1990.

[2] Albert Fishlow, "Is the Real Plan for Real?", in Susan Kaufman Purcell and Riordan Roett eds., Brazil under Cardoso, Boulder, Colorado: Lynne Rienner Pub.

[3] Alfred P. Montero, "State Interests and the New Industrial Policy in Brazil: The Privatization of Steel, 1990 – 1994". In Journal of Interamerican Studies & World Affairs, Vol. 40, Fall 1998.

[4] Amando Castelar Pinheiro, "Fabio Giambiagi, and Maurício Mesquita Moreira", Brazil in the 1990s: A Successful Transition? In Textos Para Discussão, No. 91, Rio de Janeiro, November 2001.

[5] Andre G. Frank, "Economic Crisis and the State in the Third World", in Development Discussion Paper, 30, University of East Anglia (England), February 1979.

[6] Andre G. Frank, "The Development of Underdevelopment, in Latin America: Underdevelopment Revolution", New York : Monthly Review, 1969.

[7] Bealey and Frank W., "The Blackwell Dictionary of Political Science", Oxford: Blackwell Publishers Inc., 1999.

[8] Ben Ross Schneider, "Brazil under Collor", in World Policy Journal, Vol. 8, No. 2, 1991.

[9] Bernardo Sorj, "A Construção Intellectual do Brasil Contemporaneo: Da Resistência à Ditadura ao Governo FHC", Rio de Janeiro: Jorge Zahar Editor, 2001.

[10] Bill Warren, "Imperialism: Pioneer of Capitalism", London: New Left Book, 1980.

[11] Chaffee and Wilber Albert, "Desenvolvimento: Politics and Economy in Brazil". Boulder, Colorado: Ivynne Rienner Publishers, 1997.

[12] Cook P., Privatisation, "Public Enterprise Reform and the World Bank: Has 'Bureaucrats in Business' Got It Right?", in Journal of International Development, Vol. 9, No. 6, 1992.

[13] David Fleischer, "The Cardoso Government Reform Agenda: A View from the National Congress, 1995 – 1998", in Journal of Interamerican Studies and World Affairs, Vol. 40, No. 4, 1999.

[14] David P. Calleo, "The Bankrupting of America: How the Federal Budget is Impoverishing the Nation". New York : William Morrow and Company Inc., 1992.

[15] de Souza and Amaury, "Redressing Inequalities: Brazil's Social Agenda at Century's End", in Susan Kaufman Purcell and Riordan Roett eds., Brazil under Cardoso, Boulder, Colorado: Lynne Rienner Pub., 1997.

[16] de Souza, "Latin America Imperiled Process: Cardoso and the Struggle for Reform in Brazil", in Journal of Democracy, Vol. 10, No. 3, July 1999.

[17] Dos Santos T., "The Crisis of Development Theory and the Problem of Development in Latin America", in H. Bernstein (eds.) Underdevelopment and Development. Bungay: Richard Clay (The Chaucer Press) Ltd., 1973.

[18] Dos Santos T., "The Structure of Depedence", in American Economic Review, Vol. 60, No. 2, 1970.

[19] Draibe and Sônia, s "Social Policies in the Nineties", em Bauman, 2002.

[20] E. Amann and F. I. Nixon, "Globalization and the Brazil Steel Industry: 1988 – 1997", in The Journal of Development Studies, Vol. 35, No. 6, 1999.

[21] Eclac, "Statistical Yearbook for Latin America and the Caribbean 2000", Chile, Santiago: UN Publishers, 2001.

[22] Edward J., "Amadeo and I. Szkurnik, Saldo Comercial, Produçao e Emprego na Manufatura". Economia, Capitaln e Trabalho, Vol. 5, No. 1, 1997.

[23] Edward J., "Amadeo and Valeria Pero, Adjustment, Stabilisation and the Structure of Employment in Brazil", in the Journal of Development Studies, Vol. 36, No. 4, 2000.

[24] Fernando Henrique Cardoso and Enzo Faletto, "Dependency and Development in Latin America", CA: University of California Press, 1979.

[25] Fernando Henrique Cardoso, "Associated – Dependent Development: Theoretical and Practical Implications", in A. Stephen, eds. Authoritarian Brazil: Origin, Policies, and Future. New Haven: Yale University Press, 1993.

[26] Fernando Henrique Cardoso, "An Age of Citizenship", in Foreign Policy, Summer 2000.

[27] Fernando Henrique Cardoso, "Mensagem ao Congresso Nacional, Brasília: Presidência da República, 2002, http: //www. planalto. gov. br/publica. html", Oito Anos de Estabilidade, Desenvolvimento e Conquistas Sociais.

[28] Fernando Henrique Cardoso, "Mensagem ao Congresso Nacional", Brasília: Presidência da República, 2002.

[29] Fernando Henrique Cardoso, "Sete Anos do Real: Estabilidade, Crescimento e Desenvolvimento Nacional", Brasilia: Prêsidencia da República, 2001.

[30] Flecha de Lima and Paulo - Tarso, "Liberalism versus Nationalism: The Prodevelopement Ideology in Recent Brazilian Political History (1930 - 1997)", in Presidential Studies Quarterly, Vol. 29, No. 2, June 1999.

[31] Fleischer and David, "Weekly Report, 10 July - 16 July, 2004", in Brazil Focus, 2004.

[32] Gary Gereffi and Peter Evans, Transnational Corporations, "Dependent Development, and State Policy in the Semiperiphery: A Comparison of Brazil and Mexico", in James L. Dietz and James H. Streets eds., Latin America Economic Development: Institutionalist and Structuralist Perspectives, Boulder and London: Lynne Rienner Publishers, 1987.

[33] Hoge and James F., "Fullfilling Brazil's Promise: A Conversation with President Cardoso", in Foreign Affairs, Vol. 74, 1995.

[34] Jeffrey J. Schott, "US - Brazil Trade Relations in a New Era", https://www.iie.com/publications/papers/schott1103 - 2.pdf.

[35] José Luiz Fiori, "NACLA Report on the Americas", May 1995.

[36] Juan de Onis, "Brazil New Capitalism", in Foreign Affairs, Vol. 79, No. 3, 2000.

[37] Kane and Cheikh T., "Reforming the Brazilian Pension System", in Do Options Exist? The Reform of Pension and Health Care Systems in Latin America, eds. Maria Amparo Cruz - Saco and Carmelo Mesa - Lago. Pittsburgh, Pa.: University of Pittsburgh Press, 1998.

[38] Karl Marx, "The Eighteenth Brumaire", New York: International Publishers, 1963.

[39] Kenneth Maxwell, "Brazil in Meltdown", in World Policy Journal, Vol. 16, No. 1, 1999.

[40] Kinzo, Maria D'Alva G. and Simone Rodrigues da Silva, "Politics in Brazil: Cardoso Government and the 1998 Re-election", in Government and Opposition, No. 34, Spring 1999.

[41] Kurt Weyland, "Obstacle to Social Reform in Brazil's New Democracy", in Comparative Politics, Vol. 29, No. 1, 1996.

[42] L. Rojas-Suarez and S. Weisbrod, "Banking Crises in Latin America: experience and issues", in R. Hausmann and L. Rojas-Suarez eds., Banking Crises in Latin America. Washington, DC: Inter-American Development Bank, 1996.

[43] Lourders Sola, "The State Structural Reform", and Democratization in Brazil, in William C. Smith et al. eds., Democracy Markets and Structural Reform in L. A., Boulder, Colorado: Rienner, 1994.

[44] Lucio Fernando Oliver Costilla, "The Reconstitution of Power and Democracy in the Age of Capital Globalization", in Latin American Perspectives, Issue 110, Vol. 27, No. 1, 2000.

[45] Luis Nassif, "Uma obra de arte política", O Estado de São Paulo, 9 March 2002.

[46] Luiz Carlos Bresser Pereira, "Economic Crisis and State Reform in Brazil". Boulder, Colorado: Lynne Rienner, 1996.

[47] Maddison, Angus and Associates, "The Political Economy of Poverty, Equity, and Growth: Brazil and Mexico". New York: Oxford University Press, 1992.

[48] Maria Helena Moreira Alves, "Dilemmas of the Consolidation of Democracy from the Top in Brazil: A Political Analysis", in Latin American Perspectives, Vol. 15, No. 3, 1988.

[49] Martin Carnoy, "The State and Political Theory", Princeton, NJ: Princeton University Press, 1984.

[50] Martin Staniland, "What Is Political Economy?", New Haven: Yale University Press, 1985.

[51] Maurício Mesquita Moreira and Sheila Najberg, "Trade Liberalisation in Brazil: Creating or Exporting Jobs?", in the Journal of Development Studies, Vol. 36, No. 3, 2000.

[52] Michael Todaro, "Economic Development", Harlow England: Addison Wesley Longman, 2000.

[53] "Ministry of Planning, Budget, and Management", Boletim Estatístico de Pessoal, No. 51, 2000.

[54] Morais and Lecio, "Alfredo Saad Filho and Walter Coelho", Financial Liberalism, Currency Instability and Crisis in Brazil: Another Plan Bites the Dust. In Capital & Class, No. 68, Summer 1999.

[55] Moreira, Maurício Mesquita and Correa, Paulo Guilherme, "A First Look at the Impact of Trade Liberalization of Brazilian Manufacturing Industry", in World Development, Vol. 26, No. 10, 1998.

[56] Nelson Joan M., "Introduction: Politics of Economic Adjustment in Developing Nations", in Joan M. Nelson eds., Economic Crisis and Policy Choice: The Politics of Adjustment in the third world. Princeton, N. J.: Princeton University Press, 1990.

[57] Ohmae K., "The End of the Nation State", New York: Free Press, 1995.

[58] Paul R. Krugmanand and Maurice Obstfeld, "International Economics: Theory and Policy", New York: Harper Collins, 1991.

[59] Peter Evans, "Dependent Development: The Alliance of Multinational, State, and Local Capticalist in Brazil", Princeton, NJ: Princeton University Press, 1979.

[60] Petras and Veltmeyer, "Brasil de Cardoso: A Desapropriação do Pais", Petrópolis, RJ: Vozes, 2001.

[61] Pinheiro A. C. and Moreira M. M., "O Perfil dos Exportadores Brasileiros de Manufaturados Nos Anos 90: Quais as Implicações de Política?", http://www.bndes.gov.br/conhecimento/td/td-80.pdf.

[62] Power Timothy J., "Brazilian Politicians and Neoliberalism: Mapping Support for the Cardoso Reforms, 1995 – 1997", in Journal of Interamerican Studies and World Affairs, Vol. 40, No. 4, 1999.

[63] R. P., Cruz L. E., "Foguel M. Barros and R Mendonça, Brasil: Abertura Comecial e Mercado de Trabalho", Document No. 39 of ILO/ Latin American Regional Office, 1996.

[64] Regis Bonelli and Lauro Ramos, "Income Distribution in Brazil: An Evalution of Long Term Trends and Changes in Inquality Since the Mid – 1970s", in Rosane Mendonça and André Urani eds., Estudos Sociais e do Trabalho, Vol. 1. Rio de Janeiro: Instituto de Pesquisa Econômica Aplicada, 1994.

[65] Rhys Jenkins, "Transnational Corporations and Industrial Transformation in Latin America", N. Y.: St. Martins Press, 1984.

[66] Roett and Riordan, "Brazilian Politics at Century", in Julio Cesar Pino's Brazil under Cardoso, Susan K. Purcell and Riordan Roetteds eds., Boulder, Colorado: Lynne Rienner Pub., 1997.

[67] Rua and Maria das Graças, "Brazilian Congressional Guide: 1995 – 1999". Washington DC: Institute of Brazilian Business and Public Management Is-

sues, George Washington University Press, 1995.

[68] Rubens and Penha Cysne, "Macro - and Microeconomic Aspects of the Reforms", in Renato Baumann, eds., Brazil in the 1990s: An Economy in Transition, New York: Palgrave, 2002.

[69] Schneider and Ben Ross, Big Business and the Politics of Economic Reform: Confidence and Concertation in Brazil and Mexico, in Sylvia Maxfield and Ben Ross Schneider eds., Business and the State in Developing Countries. Cornell University Press, 1997.

[70] Scott Mainwarning, "Brazil: Weak Party, Feckless Democracy", in Scott Mainwarning and Timothy R. Scully eds., Building Democratic Institutions: Party System in Latin America, Stanford: Stanford University Press, 1995.

[71] Sola and Lourders, "The State, Structural Reform, and Democratization in Brazil", in William C. Smith et al. eds., Democracy, Markets and Structural Reform in L. A., Rienner Press, Boulder, Colorado, 1994.

[72] Sucupira R. and Moreira M. M., "Development, Exports and Trade Finance: Brazil's Recent Experience", in Hufbauer, G. and Rodriguez, R. eds., Exi - Im Bank in the 21st Century: A New Approach? Institute for International Economics, Washington, January, 2001.

[73] Susan Kaufman Purcell, "Brazilian Politicians and Neoliberalism: Mapping Support for the Cardoso Reforms, 1995 - 1997", in Journal of Interamerican Studies and World Affairs, Vol. 40, No. 4, Winter 1999.

[74] Sylvia Ann Hewlett, "Poverty and Inequality in Brazil", in Sylvia Ann Hewlett and Richard S. Weinert eds., Brazil and Mexico: Patterns in Late Development. USA: Institute for the Study of Human Issues, 1982.

[75] Takahashi and Yurico, "The Politics of Public Pension Reform in Bra-

zil", in Anales de estudios Latinoamericanos, No. 21.

[76] Ted G. Goertzel, "Fernando Henrique Cardoso: Reinventing Democracy in Brazil", Boulder, Colorado: Lynne Rienner, 1999.

[77] Ted Goertzel, "Eight Years of Pragmatic Leadership in Brazil: A Supplement to: Fernando Henrique Cardoso: Reinventing Democracy in Brazil", in Ted Goertzel's Website: http://crab.rutgers.edu/~goertzel/fhc.htm, January 1, 2003.

[78] Theda Skocpol, "State and Social Revolution: A Comparative Analysis of France, Russia, and China", New York: Cambridge University Press, 1979.

[79] Tullio G. and M. Ronci, "Brazilian Inflation from 1980 to 1993: Causes, Consequences and Dynamics", in Journal of Latin American Studies, No. 28, October 1996.

[80] Werner Baer, "Changing Paradignms: Changing Interpretations of the Public Sector in Latin America's Economies", in Public Choice, Vol. 88, 1996.

[81] William C. Smith and Nizar Messari, "Democracy and Reform in Cardoso's Brazil: Caught between Clientelism and Global Markets?", for a Discussion of Alternative Scenarios. Available in Jeffrey Stark, eds., The Challenge of Change in Latin America and the Caribbean, Boulder, Colorado: Lynne Rienner Publishers, 2001, or Online at http://www.miami.edu/nsc.

后　记

本书是在本人的博士论文的基础上充实完善而成的，随着书籍即将付梓之际，我怀着深深的眷恋与惜别之情，非常感谢所有曾经帮助过我的老师、同学、朋友和亲人。

首先要感谢的是我的导师江时学研究员，感谢他3年来在学习上给予我的悉心指导，在研究过程中积极为我创造条件，时常对我进行鼓励和启发。作为一位来自中国澳门的学生，能师从江老师，我感到十分荣幸。在江老师的指导下，我顺利地完成了各项培养计划，从事了一些研究，拓展了学术视野并提高了研究能力；在与江老师相处的日子里，我学到了很多做学问和做人的道理；江老师的严格要求与敬业精神也将使我受益终身。同时，最令我难忘的是每次到京学习时，师母何卫研究员都热情款待，在此也向她表示诚挚的谢意。

此外，我要感谢苏振兴研究员、吴国平研究员、贺双荣研究员、吴洪英研究员、吴志华老师等，在我学习与发展的道路上，他们给了我无私的帮助与热情的鼓励。中国科学院拉美所宋晓平原副所长、徐世澄研究员、袁东振研究员、杨志敏副研究员、赵重阳老师、刘亚楠老师、张勇老师、高静老师和周志伟老师等在学习和生活上给了我很多帮助，在此一并致谢！

在本书的写作过程中，张宝宇研究员、蔡同昌主任、澳门城市大学校长张曙光教授、澳门理工学院原副院长王浦劬教授、澳门亚太拉美交流促进会理事长魏美昌先生和安徽财经大学李晓平副教授等也给予了有益的指导与帮助,谢谢他们!

在3年研究生生涯中,很荣幸能遇到很多优秀的同学(如孙洪波、赵平、冯丹、武峰等),感谢他们3年来对我的帮助、支持与鼓励!

最后,我要感谢我的父母、岳父母、爱人、弟弟、弟妹、妻妹和儿女,如果没有你们无微不至的关怀、支持和理解,我是很难在漂泊中坚持信念、勇往直前的。

叶桂平